"品读南京"丛书

南京历代陵墓

邵磊 著

南京出版传媒集团
南京出版社

图书在版编目（CIP）数据

南京历代陵墓 / 邵磊著. -- 南京：南京出版社，
2019.3
（品读南京）
ISBN 978-7-5533-2508-8

Ⅰ.①南… Ⅱ.①邵… Ⅲ.①陵墓—概况—南京
Ⅳ.①K928.76

中国版本图书馆CIP数据核字（2019）第018411号

丛 书 名：品读南京
书 　 名：南京历代陵墓
本书作者：邵　磊
出版发行：南京出版传媒集团
　　　　　南 京 出 版 社
社址：南京市太平门街53号　　　　　邮编：210016
网址：http://www.njcbs.cn　　　　　电子信箱：njcbs1988@163.com
天猫1店：https://njcbcmjtts.tmall.com/　　天猫2店：https://nanjingchubanshets.tmall.com/
联系电话：025-83283893、83283864（营销）　025-83112257（编务）

出 版 人：项晓宁
出 品 人：卢海鸣
责任编辑：徐　智
装帧设计：潘焰荣
责任印制：杨福彬

排 　 　 版：南京新华丰制版有限公司
印 　 　 刷：南京工大印务有限公司
开 　 　 本：787毫米×1092毫米　1/16
印 　 　 张：14.75
字 　 　 数：224千
版 　 　 次：2019年3月第1版
印 　 　 次：2019年3月第1次印刷
书 　 　 号：ISBN 978-7-5533-2508-8
定 　 　 价：48.00元

天猫1店

天猫2店

目 录

英名万古传飞将

前 言

地处长江下游的南京，有着独具优势的山水自然环境，自古以来就特别适合人类生息繁衍，先民在此开垦生产，创造了丰富灿烂的历史文化，给今人留下了无比宝贵的物质与精神遗产。由于地形地貌沧海桑田般的巨大变迁，古人的生活场景虽难于再现，但通过对地下陵墓的考古发掘，仍然可以直面古人的物质生活与精神世界。

考古工作者在现今南京鼓楼北阴阳营、高淳薛城、浦口营盘山北坡等处遗址发现了原始社会带有公墓性质的氏族墓地。1954年至1958年，南京博物院先后对北阴阳营遗址进行了4次发掘，在第四层堆积发现了271座分布密集、层层叠压的古墓葬，出土了红、白、黑三色彩陶，包括陶制鼎、豆、罐、碗、盆、壶在内的器物群，以各类石器、玉器等为代表的遗存，展现了这一时期南京地区特有的古文化面貌。1997年发掘的高淳薛城遗址的下层建筑基址符合马家浜文化面貌，是目前南京地区所发现最早的新石器时代遗存，其上层密集的墓葬群则与北阴阳营的文化面貌相当。1982年发掘的浦口营盘山遗址为一典型的新石器时代墓地，营盘山北坡共发掘了31座排列有序的墓葬，出土的鼎、罐、壶、豆、盆、杯等陶器和穿孔石斧、石锛、石凿等石器乃至丰富的包括玉璜、镯、环、动物形饰、玉料在内的玉器遗存，既蕴含浓郁的崧泽文化因素，又彰显出南京地区独具特色的玉文化。1979年发掘的江宁陶吴旮庙遗址的下层新石器时代遗存与 1989 年发掘的高淳朝墩头遗址，兼有崧泽文化与良渚文化因素，特别是旮庙遗址出土的极具良渚文化色彩的兽面纹玉冠饰，当时氏族首领之类的重要人物才能够拥有。

南京地区富于特色的商周遗址，是被命名为"湖熟文化"的台形遗址，而与"湖熟文化"遗址大致相对应的，则是被命名为"土墩墓"的古墓葬。外观呈馒首状的土墩墓，往往分布于地势较高的平地或冈峦起伏的丘陵地带，常沿岗埠走向排列，其封土高 3—10 米，底径少则十余米，也有达七八十米者。由于土墩墓是就地取土堆筑而成，故周围多存环壕或取土留下的水塘。土墩墓约肇始于西周前期，盛行于西周后期和春秋时期，在南京地区集中分布在江宁、溧水、高淳三地。

土墩墓内一般有一座或多座墓葬，随葬器物以饰几何纹图案的印纹硬陶器与原始青瓷器最具特色。2007 年发掘的江宁陶吴竹连山大型春秋时期土墩墓，在土墩内的中部与西部分别发现了石框形主墓与六座祭祀坑，墓内可辨木棺痕迹。该土墩墓东西长 48 米、南北长 62 米、高 9 米，是南京历年发掘的体量最为宏大的土墩墓。

土墩墓平地掩埋的埋葬方式，可能来源于新石器时代。南京北阴阳营、苏州草鞋山等遗址中都发现过数量较多的平地掩埋或浅坑埋葬的新石器时代墓葬，如北阴阳营遗址所发现的 271 座新石器时代墓葬，十分密集，重重叠叠，均系平地掩埋，没有明显规整的墓圹。句容城头山遗址西周文化层下发现有覆以小型馒首状封土的墓葬，为土墩墓葬俗继承江南史前文化提供了考古地层学上的依据。近数十年来，随着考古工作的愈发细致和考古技术手段的不断提高，关于土墩墓的一些以往多被忽视的祭祀遗迹现象，也都被越发清晰地揭示出来。考古工作者逐渐认识到土墩墓在墓葬结构方面，除了不挖墓穴、平地掩埋之外，还包括有土坑、有石床、有石框、有石椁和无坑无床等多种类型。大型土墩墓不仅随葬青铜礼器、兵器，还发现人殉、人祭的现象，这与《吴越春秋》中关于吴王阖闾为其女滕玉下葬时"童男童女与鹤俱入羡门"的记载完全相合，印证了春秋时期江南人殉人祭现象的存在。

约至春期末、战国初期，土墩墓逐渐消失，渐而为楚式竖穴土坑木椁墓取代。总的来看，土墩墓的时空分布与吴国崛起、强盛及其疆域大致相符，所以一般认为，包括南京地区在内的宁镇区域的土墩墓属于吴文化的重要遗存。

南京地区发现的具有楚系风貌的贵族墓葬多分布于江北，并以六合程桥中学发掘的三座春秋晚期墓最引人瞩目。三座墓位置毗邻，均为竖穴土坑墓，出土的文物种类与形制亦相近，表现出吴、楚风格并行而存的特征。三座墓均出土了成组的青铜礼器、兵器与车马器等，特别重要的是，在不少编钟、簠、盘、匜等青铜器上发现了大量铭文。据这些青铜器铭文推断，程桥1号墓墓主"臧孙"，是吴王阖闾太子终累的外孙，参考其葬式取头向朝东的楚俗来看，"臧孙"应是在吴为官的楚族人；程桥2号墓墓主可能为吴王室之女；程桥3号墓墓主"罗儿"系吴王僚的外甥，是一位曾流亡于楚国的徐国贵族。程桥东周墓的考古发掘，对研究吴国和周边国家的关系具有重要意义。

秦汉时期的南京地区，县级政区建置较春秋战国时期增多。秦在南京置棠邑、秣陵、溧阳、丹阳和江乘五县；有汉一朝，县与侯国并存，除江乘、溧阳置县始终外，棠邑县、丹阳县、胡孰县、秣陵县，均一度也为侯国。而从地理位置上看，南京地区发现的两汉时期的墓葬，皆是这些县或侯国的实物见证。

南京地区西汉至东汉早期流行竖穴土坑墓，东汉中期以后流行砖室墓。2006年5月，江宁湖熟窑上村发掘了两座规制较高且未遭盗扰的西汉初年的土坑木椁墓，出土了玉璜、玉璧、玉佩等玉器与成组的青铜编钟、铎等，是迄今所见南京地区品秩最高的汉墓，墓主可能是第一代胡孰侯即胡孰顷侯刘胥行的属官。此外，江宁湖熟一带西汉晚期至东汉早期墓多见有砖、木混合砌筑的墓葬，反映出由木椁墓向砖室墓过渡的情形。这类墓葬在椁室周围的隔墙上辟有对开的门和窗，木门皆有门楣、门槛、门轴、门柱，堪称西汉木构建筑的缩影。

南京地区东汉中期以后兴起的砖室墓分单室墓和多室墓两种形制，多室墓的前室作穹窿顶、后室为券顶，其平面往往为前后双"凸"字形，并附有侧室或耳室。多室砖墓的前室象征地上居室的堂，前室中部或贴壁一侧，砌有长方形砖构祭台，用于进行祭奠，故随葬品主要也放置在前室；后室置棺，象征地上居室的寝。这类墓的侧室亦为券顶，但其功用与耳室不同，侧室也可以安葬死者，而耳室却只放随葬品。在葬俗方面，西汉出现的夫妻同穴合葬，已发展为一家数代同穴异室合葬，从而使墓室愈造愈大，结构日趋复杂，甚至整座墓室就象征阳间的大宅院。高淳、溧水两地的东汉中晚期砖室墓，往往全部或部分以模制的画像砖砌成，画像内容有青龙、白虎、羽人戏虎、历史人物故事等。从技法上区分，南京东汉画像砖上雕刻的花纹，一种是浅浮雕式，粗犷豪放，浑朴古拙；一种是阴线刻，线条流畅，清秀挺拔。

南京东汉墓中亦见有一定数量的石椁墓，石椁表面雕刻画像的，称之为画像石墓。南京高淳固城李家村附近有一座闻名遐迩的"双女坟"，民间相传是有着"东国儒宗"之誉的韩国先人崔致远出任溧水县尉之际，与冢中"双女"结缘幽媾并为之写下名篇《仙女红袋》的遗存。经考古发掘，可知固城"双女坟"正是一座东汉时期的石椁墓，不啻南京最富传奇色彩的汉墓了。

公元 229 年，孙吴迁都南京，掀起了南京"六朝古都"的序幕。被称之为"蒋陵""孙陵岗"的吴大帝孙权的陵墓，一向被认为就在南京紫金山南麓梅花山。但这素有"南京第一陵"之誉的孙权陵寝，在地表已经没有遗迹。近十多年来，考古工作者相继对梅花山及其周围地区进行了大范围的调查勘探，意欲探求孙权陵寝的位置，期待这项旷日持久的考古工作能够取得进展。位于江宁上坊的东吴晚期大墓，是南京发现的规模最大的六朝墓葬，其规模甚至比被推测为孙吴帝陵的安徽马鞍山"天子坟"孙吴墓规模更大，其墓主也应为孙吴宗室成员，墓中出土的成组青瓷伎乐俑，堪称填补空白的重要发现。此外，南京地区还发现了不少规模虽然不大，但却有较高价值的孙吴墓葬。如雨花台区长岗村 5 号墓随葬的青瓷釉下彩盘口壶，突破性地提升了对我国瓷器釉下彩起源的认识；再如位于南京幕府山、墓主同为九江黄甫的孙吴墓，竟然先后发现了两座，究竟是属于迁葬？抑或是墓主黄甫"故布疑阵"的所谓疑冢？都是让人颇感兴味的。

永嘉南渡建立的东晋朝廷，前后历103年，是六朝延续时间最长的政权。东晋皇帝除了晋穆帝葬于幕府山之阳外，几乎全都葬于鸡笼山之阳与钟山之阳。东晋帝陵严格遵循了"不封不树"的遗制，墓上既无封土，也无神道石刻，地下的墓室玄宫部分也不约而同地统一构筑为平面呈"凸"字形、附甬道的单室墓，较诸西晋时期帝陵的规制明显减杀。近数十年来，考古工作也触及了若干可能属于东晋帝陵的大型墓葬。相较而言，这些东晋帝陵的墓室更近乎正方形，墓室前部的甬道内皆设有两重木门，随葬品中的陶俑也异乎寻常高大。但由于缺乏文字材料的证实，对于上述已发现的东晋帝陵的具体墓主，仍难有定论。

南京地区经考古发掘的东晋、南朝时期的世家大族墓地，包括象山琅琊王氏家族墓、老虎山琅琊颜含家族墓、郭家山太原温峤家族墓、吕家山广平李氏家族墓、仙鹤观广陵高崧家族墓与司家山陈郡谢氏家族墓等。此外，未经发掘但已有线索可循的，尚有位于铁心桥附近的汝南袁氏家族墓、江宁祈泽寺附近的颍川荀氏家族墓、中山门外首蓿园一带的谯国桓氏家族墓等。这些世家大族墓出土的墓志对于补正彼时门阀士族的家族谱系与社会关系，具有无与伦比、不可替代的价值。特别是王、谢、颜等家族墓出土的墓志，还曾引发过关于东晋"书圣"王羲之创作的千古第一行书《兰亭序》书法真伪的辩论，影响深远。东晋高崧家族墓出土的组合完整的精美玉器与金银器，无论数量抑或质量，在东晋墓葬中都罕遇其俦，是研究当时服章制度与手工技艺的珍贵资料。

南朝以降，以军功出身的庶族寒门登上历史舞台，成为舞动政治风云的主角。主角既然换了一茬，在意识形态方面自然也会生发出不同于以往的选择。与"不封不树"的东晋帝王陵墓相比，南朝帝王陵墓最大的变化，表现为墓上神道石刻的骤然兴起。南朝陵墓神道石刻的排列组合所见有四种，其一为石兽、石柱、石碑三种六件，其二是三种八件（多一对石碑），也有仅一对石兽或一对石柱的。值得一提的是,《隋书·礼仪三》虽谓梁天监六年申明葬制"凡墓不得造石人兽碑,唯听作石柱",但实际上南朝陵墓神道石刻迄未见有石人,唯南京、丹阳等地南朝陵寝的墓室壁面可见挂刀介甲的宿卫直阁将军镶拼砖画,石墓门上也见有阴线刻的武士画,其寓意或皆与墓上石人相近。此外,20世纪80年代后期在南京东善桥砖瓦厂发掘的一座可能为梁末陈初的南朝晚期墓中,甬道左右两壁均砌有浅浮雕褒衣博带文官形象的特制大型方砖,或可见墓葬仪卫观念在6世纪中叶以后变迁之一斑。

南朝帝王陵墓墓室玄宫之内的变化,则突出表现在大量石质葬具的使用。如甬道内以石门替代东晋陵寝的木门,棺床前以围屏石榻替代东晋的砖砌祭台或陶榻,包括在砖砌棺床石铺设石棺座等。在具体设施方面,如分别位于棺床前后的排水孔与平面呈"中"字形的地下排水管线的经营排布,其工程技术的周详合理,也较东晋帝王陵墓有显著提升。

经考古发掘的南朝陵墓,以国祚相对较长的刘宋与萧梁两朝居多,属于齐、陈两朝的甚少。如位于南京炼油厂子弟中学、一度被认为是萧齐宗室萧颖胄墓的一对狮形石兽(辟邪),经考古发掘始知为梁桂阳简王萧融夫妇墓上的遗存;以往几乎一致被认为是陈武帝陈蒨永宁陵的一对有角石兽(麒麟),经考古发掘始确认为梁昭明太子及其生母丁贵嫔的安宁陵。此外,位于江宁上坊石马冲的一对被认为是陈武帝陈霸先万安陵所有的一对石兽,也可能是南朝刘宋时期的遗存。萧齐帝王陵墓在南京迄未发现,2008年3月在仙林灵山发掘的齐高帝萧道成孙、齐豫章文献王萧嶷之子萧子恪墓,为探讨萧齐宗室墓在都城建康的分布提供了重要线索。据此可知,萧齐宗室成员在都城建康的墓区亦位于东北郊,但与同位于南京东北郊的萧梁宗室墓区在地理位置上有所区别的是,萧齐宗室贵族墓区可能更偏于仙林至摄山镇一线,在这一区域卜葬的萧齐宗室,品秩上更高于埋骨于尧化门至甘家巷一线类如梁武帝叔父萧崇之家族等相对于齐室而言的疏宗。

南京西善桥砖瓦厂发掘的陈义阳郡公黄法氍墓,是迄今南京地区发掘的唯一墓主身份、纪年皆确凿无疑的陈朝墓葬。据文献记载,陈朝陵墓多有位于南京南郊者，考古工作者结合罐子山南朝大墓等考古发现也曾做出过相应的推测，但并没有确凿的证据。不过，黄法氍墓作为陈朝帝陵的陪葬墓，应是没有什么疑问的。

南朝陵墓规制的流风所及，如唐高祖李渊献陵的神道石望柱的形制，几乎完全脱胎于南朝帝王陵墓上的神道石柱；而扬州新发现的唐初营建的隋炀帝、萧后夫妇两人的墓葬，也分明可以看到南京西善桥陈朝名将黄法氍墓的影子。这些例证都足以证明，唐初帝王陵墓在其内容组合尚未定型之前，显然曾经受到南京境内的南朝陵墓的巨大影响，而这种影响在以往的研究中尚未引起足够的重视。

唐末五代十国的乱世里，战乱连年，礼崩乐坏，与中原地区形成鲜明对比的是，建都南京的南唐出于标榜政权正统性的考虑，反倒不惜铺张原本就不甚雄厚的国力，任用熟悉中原礼制的北方士人江文蔚、韩熙载与萧俨等人裁定山陵兆域，为开国皇帝李昪悉心经营远承唐风绪余的陵寝建筑。20世纪50年代初，文物部门在位于南京南郊祖堂山麓的南唐园寝范围内发掘了南唐烈祖李昪钦陵与中主李璟顺陵，这是中华人民共和国成立后最早经考古发掘的两座帝陵，即名闻遐迩的"南唐二陵"。2010年，文物部门再次对"南唐二陵"遗址进行了较为全面的考古调查和发掘，初步揭示出了整个园寝的规制，并在"南唐二陵"的西北又发掘了南唐后主李煜昭惠国后周氏的"懿陵"，庶几使得祖堂山南唐园寝的内涵得以完整展示，"南唐二陵"也摇身一变为"南唐三陵"。而在南唐园寝的附近，还埋葬着不少"归顺"南唐的异国贵族，包括杨吴第三任皇帝杨隆演宣懿皇后墓、马楚开国皇帝马殷的孙子马光赞墓、闽国开国皇帝王审知的孙子王继勋墓、自中原政权南逃的范阳王卢文进家族墓等，皆为南唐园寝的重要组成部分。

两宋时期，南京的地位殊为重要，分布着不少宋代著名人物的墓葬。位于江宁将军山的北宋著名政治家王安石父、兄墓，均是在墓坑内用石灰砖砌成长方形的椁室，构造简单，几乎没有像样的随葬品，让人真切感受到锐意改革的一代名相清素传家的门风。与之形成鲜明对比的是，仿效南宋帝陵石藏子构造、墓主被推断为奸相秦桧妻王氏的建中宋墓，则充斥了令人为之目眩的各类金玉珍宝。两相比较，何啻霄壤。

南宋帝陵由于"权宜择地攒殡"，故未设石像生，但南宋品官墓则不受这一限制。其中，位于燕子矶下庙村的抗金名将王德墓，至今仍保存有龟趺石碑一、石马二、石虎一、石羊一、石文官一，较《宋史·凶礼三》之"诸臣丧葬"等仪条记载的"坟所有石羊、虎、望柱各二，三品以上加石人二人"，多出了一对石马。

明太祖朱元璋定都南京后，既强调恢复唐宋古制，同时也刻意彰显出新兴王朝锐意创新的意识，这在陵墓建制上表现得尤为突出。明孝陵的墓上石刻摒弃了唐宋陵墓的朱雀浮雕，也摒弃了石虎与石羊，新增了骆驼和獬豸，恢复了象，保留了马，但取消了象奴和控马官。在布局上以望柱为中分，即望柱之前均为石兽，望柱之后均为石人，人兽自然区分。从明孝陵开始，陵墓神道石兽、石人的内容与造型遂大体固定下来，并确立了神道石兽每种两对，均为一对蹲踞、一对伫立的姿态，避免了重复单一之感。凡此种种，均为包括北京天寿山明长陵、湖北钟祥明显陵、清东陵、清西陵在内的明清诸陵所承继。

作为明初洪武、建文、永乐三朝的都城，南京还分布着一大批明代功臣墓，尽管遭受岁月销蚀，但这些功臣墓的神道石刻却仍然得以相对完好地保存下来，成为人们领略明代早期石作艺术、探讨明代礼制变迁的重要实物见证。

除了在数量上的减杀外，较诸"入古出新"的明初三陵，明代功臣乃至品官墓的神道石刻在组合与序列上，更多还是体现了宋代尤其是南宋品官墓神道石刻的特征。在人物的面部表情上，明代早期的石翁仲多呈露出刻意营造的威严之势，五官特别是眼部的刻画上显出不够圆融的图案化倾向，虽不乏古奥的意味，但也相对缺乏表现力。受生活相对安定、财富日益积累的大背景潜移默化的影响，明代中期以后的石翁仲似乎力图改变这种倾向，其面容不再追求纯粹单一的威武之势，逐渐变得丰富起来，显露出渐趋浓厚的世俗化意味。此外，约自明代中期开始，崇文抑武渐成风尚，品官墓前成对的石翁仲多为文官像，较少见设置武官形象，这也是武将地位尊崇的明代早期难以想象的。

自明代中后期始，直至清代、民国时期，石牌坊皆被引为墓葬神道起始的显要标识。并且自清代以来，由于饱受战乱兵燹、西学东渐等诸多因素的影响，传统丧葬习俗与观念也发生了较大的转变。其重要表现之一，便是墓上神道石刻的组合出现了简化的趋势，墓上设石像生的风尚也不再流行，成系列的石人、石马之属日益少见，唯有作为导引标识的石牌坊（包括石坊下所附石狮或石兽）或望柱与神道碑（墓碑）发展成为墓上相对固定的石刻组合。譬如晚清重建的伊斯兰教学者刘智墓、位于南京东郊的中山陵、国民革命军阵亡烈士公墓等，莫不如是。

国民政府定都南京后营建的大型陵墓，包括中山陵、廖仲恺墓、谭延闿墓等，虽然多采用了花岗岩、钢筋混凝土等新式建材，但所呈设计乃至具体的造型诸方面，仍几乎处处可见传统元素的影响，甚至很多地方实属"就地取材"，即现学现用地直接照搬了南京地区自南朝以至明代以来的建筑造型实例。如廖仲恺墓入口处的一对石望柱，其柱身顶部承举圆盘、吼兽的造型，就是直接摹袭了南朝陵墓神道石柱的形制。而受西方建筑风格的影响，作为墓上标识，方尖碑的造型也在与中国传统望柱造型糅合的基础上应运而生。依山势构筑、尽得曲折幽深之妙的谭延闿墓，其墓上石刻数量之多、品类之富，在江苏地区民国名人墓中大约是仅有的了，不过这些石刻多属北京圆明园与昌平仙人洞晚清名臣肃顺墓前的遗物，唯水泥墓冢所在的台基及栏板，在做法上仍可见系效仿了明孝陵的遗构。凡此，都体现了民国时期建筑师们在仿古建筑设计上普遍的审美趋向。对于今人而言，这些优秀的仿古陵墓建筑，业已成为了承前启后的经典之作。

先秦—秦汉

葬制特殊的江南土墩墓

南京溧水广泛流传着先秦时期左伯桃与羊角哀的故事。据南宋《景定建康志·风土志》记载："左伯桃墓、羊角哀墓，并在溧水县南四十五里仪凤乡孔镇南，大驿路西，……左伯桃、羊角哀，燕人也，二人为友，闻楚王待士，乃同入楚。至梁山，值雨雪，粮少。伯桃乃并粮与哀，令往楚，自饿死于空树中。哀至楚，为上大夫，乃告楚王备礼葬于此。一夕，哀梦伯桃告之曰：'幸感于葬我，奈何与荆将军墓相邻，每与吾战，为之困迫。今年九月十五日，将大战以决胜负，幸假我兵马，叫噪冢上以相助。'哀觉而悲之，如期而往。叹曰：'今在冢上，安知我友之胜负？'乃开棺自刎而死，就葬伯桃墓中。"

左伯桃、羊角哀的事迹非常感人，后世如颜真卿、胡宗愈、周邦彦、史弥巩等都曾作诗凭吊。从这些诗作来看，左伯桃、羊角哀的墓可能是真实存在的，但要探究其确切位置已不可能，因为左、羊之墓很可能就是西周至春秋时期南京溧水乃至整个江南地区特有的堆筑土墩后聚族埋葬先人的墓葬——土墩墓。宋神宗、哲宗年间的御史中丞、吏部尚书胡宗愈在诗中曾说："告还葬遗骸，至今溧水傍，突兀穴土堆，何人致荐奠。""突兀穴土堆"意思是指他们的墓只是一个高高的大土堆，这和先秦时代吴越地区流行的土墩墓的形制是很相像的。

土墩墓的发现，可以追溯到20世纪50年代在无锡荣巷华利湾、镇江丹徒大港烟墩山、南京江宁东善桥附近发掘的相关遗存。发掘者注意到了这类葬俗特殊的遗存具有"硬陶与釉陶"共存且有土坑的特点，但囿于当时的条件，对这种特殊形制和内涵的墓葬并不认识。直至20世纪70年代，始由镇江市博物馆刘兴和南京溧水博物馆吴大林两位考古学者结合镇江句容、南京溧水地区的相关考古发现，提出了土墩墓的名称和概念。

20世纪80年代末期至90年代，考古工作者对土墩墓的发掘更加系统和科学，多强调在相对独立的地理单元内进行连续的考古工作，从而搞清特定区域内土墩墓的面貌，进而对整个江南地区的土墩墓进行宏观的研究，而经过发掘的土墩墓也已有数百座。多年来，考古工作者对土墩墓的分布范围和规律、内涵特征、文化渊源、年代分期、区域特点等问题，包括对土墩墓与湖熟文化、马桥文化和吴文化的关系，土墩墓与台形遗址和石室土墩的关系等问题也都进行了深入的研究，取得了可观的成果。

总的来看，土墩墓的封土外观呈馒首状，平面多呈圆形。封土一般高 3—10 米，也有高达数十米的，底径一般为 10—50 米，也有底径达七八十米者。封土多为堆筑，也发现有施夯或经过特殊加工处理的。

土墩墓一般分布于地势较高的平地或冈峦起伏的丘陵地带，常沿岗埠走向排列，地势高爽而又开阔。一般为就地取土培堆而成，故在其周围往往可见环壕或取土留下的水塘，有的土墩墓周围整个被一圈水塘包围。土墩墓的分布多为集群式分布，也有散点式分布。在宁镇地区，土墩墓以茅山山脉的坡麓地带为密集中心，向外扩散，数量递减。中心区的土墩墓，数量或三五成群，或上百座以至数百座连成一片。规模以底径 10—50 米、高 2—10 米的中小型土墩墓居多。每个土墩墓群，例以大型墓居中，中小型土墩墓依次环绕分布。

宁镇地区海拔 50 米以上的山地多石质，不易挖掘。海拔 10 米以下的低凹区多河流湖泊，地下水位高，也不宜作为墓地，而夹于两条交汇河流之间或与河流相距不远的海拔 10—50 米的缓坡，地势高爽，土质松软，便于挖掘，故而常常成为土墩墓群的聚集地。

土墩墓平地掩埋的埋葬方式，可能来源于新石器时代。南京北阴阳营、苏州草鞋山等遗址中都发现过数量较多的平地掩埋或浅坑埋葬的新石器时代墓葬，如北阴阳营遗址所发现的 271 座新石器时代墓葬，十分密集，重重叠叠，均系平地掩埋，没有明显规整的墓圹。句容城头山遗址西周文化层下发现有覆以小型馒首状封土的墓葬，为土墩墓葬俗继承江南史前文化提供了考古地层学上的依据。良渚文化时期，堆筑高土台作为家族墓地的习俗也对土墩墓的葬俗有深刻的影响。总之，土墩墓平地掩埋、聚族而葬、堆土成封的三大特征，与江南地区新石器时代文化应有一定的渊源关系。

近数十年来，随着考古工作的愈发细致和考古技术手段的不断提高，关于土墩墓的一些以往多被忽视的遗迹现象如土墩内因祭祀墓主形成的祭祀坑及其他祭祀现象和建筑遗迹等，被越来越清晰地揭示出来。考古工作者对土墩墓的形制结构也有了更全面深入的了解，认识到土墩墓的墓葬结构可分为有土坑、有石床、有石框、有石椁和无坑无床等多种类型，而无坑无床型即考古学界早期所持关于土墩墓不挖墓穴、平地掩埋的葬式。为了防潮，有的在筑墓之前先垫土，或在墓底铺石块、草木灰等。按墓葬数量可分为一墩一墓和一墩多墓，后者互有叠压或打破关系，墩内各个墓葬之间的关系应为同一个家族成员。

规模较大的土墩墓，随葬有青铜礼器、兵器等，一般则以各类印纹硬陶、夹砂红陶、泥质灰陶和原始青瓷器为主，也见有少量玉石器、纺轮等。土墩墓中出土文物既丰富，也颇有观赏价值。土墩墓所随葬的青铜器，品种有鼎、戈、矛、剑、箭镞等，虽然受当时中原地区青铜文化的影响，却又具有自身的地域风格。土墩墓出土的原始青瓷器尤为精美，有的出土时釉色如新，历数千年而保持不变，反映了古代江南卓越的制瓷工艺水准。大型土墩墓不仅随葬青铜礼器，有的还发现人殉、人祭的现象，这与《吴越春秋》中关于吴王阖闾为其女滕玉下葬时"童男童女与鹤俱入羡门"的记载完全相合，印证了春秋时期江南人殉人祭现象的存在。

南京地区的土墩墓约肇始于西周前期，盛行于西周后期和春秋时期，主要分布于高淳、溧水、江宁等地。至春期末、战国初期，土墩墓逐渐消失，渐而为楚式竖穴土坑木椁墓取代。一般认为，包括南京地区在内的宁镇区域的土墩墓属于吴文化的遗存，墓内所葬应为湖熟文化的先民。近年来的考古发现表明，南京江宁禄口、横溪街道分布着一些规模相对较大的土墩墓。2007年10月发掘的江宁陶吴竹连山大型春秋时期土墩墓底部为椭圆形，南北直径约62米，东西直径约48米，高9米。发现的六座祭祀坑均位于土墩西部，发现的石框形主墓位于土墩中部，墓内有木棺痕迹，墓道外侧西部有大量柱洞和烧土面。尽管此墩遭多次盗掘，但在其主墓、祭祀坑及土墩的封土内仍出土陶、原始青瓷、青铜、石等质地文物200余件，主要器类有红陶鼎、灰陶罐、灰陶钵、硬陶坛、硬陶罐、原始青瓷碗、盘、器盖、双系罐，铜铃，石镞、石锛、穿孔石斧、石斧、

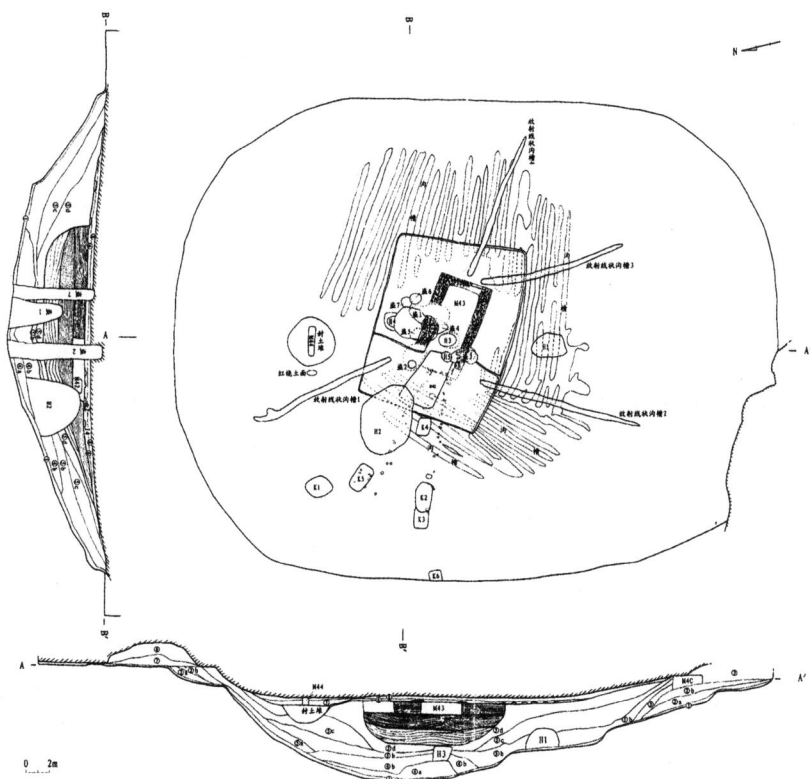

江宁陶吴竹连山春秋时期土墩墓平、剖面图

砺石等。

　　"土墩墓"这种特殊的古代墓葬遗存被发现以后，不仅在国内受到重视，也引起了邻近国家和地区的关注。1989年10月，以日本奈良·橿原考古研究所所长樋口隆康为团长的东亚文化交流史研究会江南学术调查团曾到南京溧水和凤沙塘庵一带考察土墩墓。日本福冈市的《西日本新闻》发表了题为《吉野个里坟丘墓之源在中国的江南吗》的文章，认为中国江南地区的土墩墓与日本最大的环濠村落——吉野个里遗迹的巨大坟丘墓很相像，提出"土墩墓是不是吉野个里坟丘墓之源"的疑问，并呼吁"日本的学者有必要更加重视（中国）江南"。

星罗棋布的汉代墓葬

秦汉时期的南京地区，县级政区建置较春秋战国时期增多。秦在南京置棠邑、秣陵、溧阳、丹阳和江乘五县；有汉一朝，县与侯国并存，除江乘、溧阳置县始终外，棠邑县、丹阳县、胡孰县、秣陵县，均一度也为侯国。南京地区发现的两汉时期的墓葬，应皆是这些县或侯国的实物见证。如南京六合雄州及其附近发现的汉墓，固与建置于南京江北的棠邑县或棠邑侯国有关；南京栖霞山一带发现的汉墓，固与建置于南京东北摄山乡的江乘县有关；1986年在南京江宁小丹阳窑场发现的出土朱雀云气纹漆碗、鸟纹青玉璧等重要文物的西汉墓，无疑与丹阳县或丹阳侯国有关；南京江宁区湖熟镇至今还保留着诸如"城岗头"这样与汉胡孰城址有密切关系的犹如活化石般的地名，而20世纪80年代以来在江宁湖熟镇及其周边地区清理的大批两汉墓葬，显然也与建于湖熟镇秦淮河北岸城岗头至梁台一线的湖孰城邑有关；溧水、高淳发现的大量汉墓，显然也与溧阳县或溧阳侯国有关。目前，唯有对秣陵县治的认识尚存歧异，通常认为汉代秣陵城继续沿用秦代县治，仍在今江宁区秣陵镇，即秣陵桥东北故城。直到东晋安帝义熙九年（413），秣陵县治才迁往都城建康东南的斗场。但由于秣陵街道周围迄今尚未发现两汉时期的墓葬，所以也有观点认为汉代秣陵县城有可能继续沿用了战国楚金陵邑城，仍在南京城西的石头城。汉初，在全国县邑筑城的形势下，秣陵县治东迁至南京城西的冶城与西州桥之间，至东汉未改。孙吴时期继续沿用为建业县治，亦即后世东晋、南朝之西州城故址。直到西晋太康三年（282）之后，秣陵县治始迁往秦淮河南的今江宁区秣陵街道。这样来看，近数十年来陆续在南京主城区鼓楼、大光路发现的汉代墓葬倒有可能是汉代秣陵县与秣陵侯国的相关遗存了。

南京地区发现的汉代墓葬主要有三种形制，即土坑墓、砖室墓与石椁墓。土坑墓系沿袭战国旧制而来，但大部分土坑墓往往都属于有木椁或无木椁的木棺墓，只是由于棺椁木材朽烂无存，一些无木椁的木棺墓葬往往在清理时只见到木质残屑，所以一般也就被称之为土坑墓。土坑墓在南京延续的时间较长，大抵从战国晚期一直到东汉都有，尤以西汉时期最多见。所谓木椁墓是土坑墓中较讲究的，具体做法是在墓坑底部横铺一排长约 3 米、直径约 0.15 米的圆木，用榫卯结构拼接成的木椁室直接陈置于圆木之上。椁分内外两重，外椁板较厚，四壁及盖板均用数块大木板拼成，木板表面髹漆。直接盛敛墓主尸身的木棺位于木椁之内。有的木椁墓还筑有墓道，但墓道口不低于椁口的仍属井椁。通常棺、椁连称，似乎椁亦属棺类，其实并非如此，椁作为墓室的一部分，与敛尸之棺性质不同；椁是用木板在墓圹中搭构而成，棺则是预先制作的有盖之匣。具体来看，木椁墓也有小型、大型之分，小型木椁墓椁内狭小，仅足容棺，而大型木椁墓则在椁内增设隔墙，将椁室分割成头箱、边箱、足箱和棺室。

2006 年 5 月，宁杭高速公路二期工程南京段在南京江宁湖熟窑上村修筑高速公路时发现了两座规制较高的土坑木椁墓，均由封土、斜坡墓道、墓坑、木椁和木棺组成。其一为斜坡墓道，墓坑平面略近正方形，东西长 3.55 米、南北宽 3.05 米、深 4 米，木椁长 3.55 米、宽 2.26 米、厚 0.15 米，木棺长 1.8 米、宽 0.65 米，表面髹漆两层，外层髹黑漆、内层髹红漆；其二为阶梯墓道，墓道底部有五级较规整阶梯，墓坑正方形，边长 3.2 米、深 2.45 米，木椁长 2.95 米、宽 1.74 米，木棺长 1.7 米、宽 0.65 米，棺底有两根长 2.72 米、宽 0.28 米的垫木，并可辨有四个类似"边箱"的构造。两墓未遭盗扰，保存较好，且出土了玉璜、玉璧、玉佩等玉器与成组的青铜编钟、镈等，是南京地区汉代考古的重要发现。结合出土文物与文献材料判断，两墓的时代应在公元前 128 年至公元前 112 年之间，墓主应属第一代胡孰侯即胡孰顷侯刘胥行的属官。

江宁湖熟发现的西汉晚期的木顶砖室墓，在椁室周围的隔墙上辟有对开的门和窗，木门皆有门楣、门槛、门轴、门柱，堪称彼时地上木构建筑的缩影。这种墓葬结构，一方面表明木椁本为地上居室的象征，另一方面也可见土坑木椁墓渐向砖室墓过渡的最初轨迹，为探究中国西汉木结构建筑提供了不可多得的实物资料。

除了用板材所制的木椁，汉代高级贵族还在其外再增设黄肠题凑。

所谓黄肠，"以柏木黄心致累棺外"；题凑，"木头皆内向"，即垒砌时枋木皆与墓壁垂直。可见黄肠题凑是指在墓室中增加一层以顶端向内的柏木枋垒成的墓壁。汉代的黄肠题凑墓近年已发掘出十余座，墓主皆为同姓或异姓的诸侯王。南京江北属于汉广陵国辖域的六合区的一部分，可能会营建有这样高规格的大型汉墓。

砖室墓分单室墓和多室墓两种形制。单室墓的平面均为长方形，多室墓的平面多为前后双"凸"字形，往往还附有侧室或耳室。

汉代砖室墓率先在洛阳地区流行，与此同时，陕西地区也出现了券顶砖室墓。券顶砖室墓起初用并列法起券，各条砖券仅互相搭靠在一起，拱券部分有的还使用楔形砖或子母砖。至西汉晚期改用纵连券，券顶之砖亦错缝，从而使各条券在纵横两个方向上均发生联系，坚固程度大为提高。东汉后期出现了一层顺砖、一层丁砖的砌筑形式，这种砌法使得砖与砖之间咬合得更为紧密。汉墓的砖壁虽有不用黏合材料干摆而成的，但多数用泥浆黏结，有的还灌以石灰浆。汉代砖室墓地砖的铺法，最初显得比较杂乱，自"人"字纹铺墁方法出现后，便迅速得到推广。

南京地区至迟在东汉早期就已出现了木顶砖室墓。这种木顶砖室墓与木顶石椁墓近似，只是四壁改用砖砌，但较木顶石椁墓略大。完全用砖砌筑的券顶砖室墓，至迟在东汉中晚期已非常流行。

东汉晚期，南京地区多见前室穹窿顶、后室券顶的多室砖墓，以其前室象征地上居室的堂，用于在其中进行祭奠等活动，故随葬品主要也放置在前室；后室置棺，象征地上居室的寝。这类墓往往还有侧室，侧室亦为券顶，但其功用与耳室不同，侧室也可以安葬死者，而耳室却只放随葬品。各墓室之间以过道相连接。墓的前室中部或贴壁一侧，砌有长方形砖构祭台，有的在墓口设有石门一重。在葬俗方面，西汉出现的夫妻同穴合葬这时已发展为一家数代同穴异室合葬，从而使墓室愈造愈大，结构日趋复杂，甚至整座墓室就像是阳间的一所大宅院。

高淳、溧水两地的东汉中晚期砖室墓，往往全部或部分以模制的画像砖砌成，画面在砖的侧面或端面。高淳发现的东汉画像砖，画像内容有青龙、白虎、羽人戏虎、历史人物故事等。从技法上区分，南京东汉画像砖上雕刻的花纹，一种是浅浮雕式，粗犷豪放，浑朴古拙；一种是阴线刻,线条流畅,清秀挺拔。自西汉晚期以来,即有在大墓中绘制壁画的习尚。至东汉中晚期,随着豪门大族厚葬之风的盛行,故旧亲朋远道奔丧,宾客上冢墓祀,许多人都要进入死者的墓室内瞻仰,所以其中的壁画也"竞为华观",其内容以车骑出行、庄园建筑最为习见,甚至还有依照墓主仕宦升迁的行实,绘制其生平的主要经历,情景宏大,场面气派。南京高淳、溧水等地盛极一时的画像砖及画像石墓,应当也具有同样的寓意。

石椁墓在南京栖霞山附近的韩家山和高家山皆有发现,其结构可细分为木顶石椁墓和石顶石椁墓两种。木顶石椁墓以高家山2号墓为例,石椁长3.28米,宽1.05米,系用长1.38—1.64米、宽0.48—0.54米、厚0.12米的红砂石砌成,四壁共砌石十六方,均为侧立顺墙纵砌,石与石以榫卯扣合,下以长0.95米、宽0.86米、厚0.9米的砂石平铺,椁口平直,上以木板作顶,因年代久远木质顶板多已腐朽成灰。

石顶石椁墓以韩家山汉墓为例,石椁长2.8米,宽1.67米,由铺地石至顶高1.72米,四壁亦用红色砂石砌成,下半部结构与上述木顶石椁墓相同,上部自石壁的左右两侧用条石向中央支起,相互顶成三角形两坡式。

石壁表面雕刻画像的石椁墓,称之为画像石墓。据不完全统计,全国已发掘汉画像石墓百余座,其中如山东沂南北寨村、河南南阳杨官寺、密县打虎亭等地的画像石墓,尤以气魄宏大、刻工精绝而闻名宇内。画像石墓在南京高淳地区也有发现,但数量不多,刻画的图案也只是些相对简单的动植物形象,缺少历史故事题材的大型画幅。

从力学原理的角度衡量,不论是木顶石椁墓还是木顶砖椁墓,其顶部都不可能具备较大的负荷。可以分散顶部压力的两坡式石顶墓以至券顶墓的出现,都是汉代建筑师在实践中充分认识并利用力学原理的结果。根据墓葬结构和出土随葬遗物分析,除土坑木椁墓外,木顶石椁墓和两坡式石顶石椁墓时代较早,木顶砖室墓稍晚于木顶石椁墓和两坡式石顶石椁墓,年代最晚的是券顶砖室墓。

南京汉墓出土了大量铁器,包括铁斧、铁刀、铁鼎、铁釜,而铁剑与铁刀等武器更是几乎每墓必出,有的铁剑还附有图绘羽状纹的漆剑鞘。此外,六合三云西汉墓还出土了"卜"字形铁戟。撇开器物的质地来看,南京汉墓出土的武器还有相当数量的铜剑、铜刀、木柄铜矛与铜弩机，这很容易给人造成一种印象，即南京汉墓的墓主身份可能多属戍守各侯国或县邑的军事人员。1989年江宁湖熟砖瓦厂清理的东汉永元五年（93）墓的墓主为中府书佐朱建，朱建墓为夫妇合葬墓，墓中也随葬了两柄铁剑。由此可知文职身份的墓主或女性墓主也会随葬铁剑，铁剑作为随葬品并不意味着墓主是军事人员。

　　中府书佐朱建可能是南京地区经考古发现的唯一的生平行实有据可查的汉代人物。据朱建墓随葬的木牍形式的告地策内容，可知朱建为丹杨郡胡孰都乡安平里人，建武十九年（43）六月以诵书出补乡小吏，永平三年（60）至中府为尉曹，永平八年（65）为书佐，永元五年以疾薨。朱建最高职衔为东汉胡孰国中府书佐。书佐一职，位望不高，但在中国文化史上却有着非同寻常的意义。两汉时期，各级官署置办的金石简牍文字例皆出自书佐手笔，换言之，传世两汉丰碑大碣以至出土简册木牍上的文字，例皆出自书佐手笔。故书佐可以称得上是较早供奉官署的职业书法家，其书法取

江宁湖熟东汉朱建墓出土木质告地策

向代表了彼时上流社会的审美习尚。于此可见，朱建本人随葬之告地策墨迹不仅可视作汉代南京地区公文书风的一种成熟风貌，朱建的生平乃至其墓葬形制、随葬品组合之类的一系列考古发现，对于探讨、完善关于汉代书法史的相关认识，均不无补益。

　　铜镜是人们生活中的必备品，也是判断汉墓时代的重要标准器。南京发掘的近百座汉墓中，铜镜也几乎每墓必出。其中，西汉时期的铜镜往往呈现出较中原滞后、保守的一面，即中原地区西汉早期流行的铜镜，南京西汉中期墓才会出现；中原西汉中期流行的铜镜，南京西汉晚期墓才较多出现。不过，这种差距大致在两汉之交已然被弥合。不仅如此，其时南京地区出土的铜镜在装饰上甚至隐然流露出某些引领全国的趋向

来。如南京高淳固城一座两汉之交的墓中出土的一面直径达 16.36 厘米的规矩鸟兽纹铜镜，外区铸"上大山、见神人、食玉英、饮礼泉、驾文龙、乘浮云、宜官秩、保子孙、贵富昌、乐未央"铭文带。这种"上大山"铭规矩鸟兽纹铜镜，即便在中原地区也只是在东汉早中期才得以广泛地流行开来，但高淳出土的这枚"上大山"铭规矩鸟兽纹铜镜却是与"大泉五十""大布黄千"等新莽铸币伴出，可知该铜镜应当是新莽时期的遗物。

南京汉墓出土的漆器包括漆皮镜盒、漆盘、漆碗、漆耳杯、漆奁盒、漆棺木等，色泽鲜艳，质量都很高，而江宁湖熟汉代朱氏家族墓出土多件未及髹漆、内壁墨书隶体"朱"字的耳杯半成品，表明这些漆器制作加工的工场并不遥远，很可能就位于今南京江宁湖熟的汉代胡孰侯国辖域内。

放眼全国，汉代南京的地位远谈不上重要，甚至连区域中心的边也沾不上。但通过对南京汉墓及其出土文物资料的梳理，仍然可以发现一些之前不被重视的信息，而这些信息对于汉代墓葬地域文化的构建与完善仍有相当重要的意义。

六朝

江山领六朝
——梅花山孙陵岗与上坊孙吴大墓

"生子当如孙仲谋。"枭雄曹操这一句由衷的赞叹，生动传神地勾画出了三分天下、雄踞江东的吴主孙权的形象。尽管早在孙权的父亲孙坚、兄长孙策时就已措意肆力于江东的开拓与经营，但唯有孙权才是三国时期东吴政权事实上的开国君主。作为三国时期赫赫有名的传奇英雄人物，孙权也是当之无愧的六朝古都南京的奠基者。

孙权是汉末长沙太守孙坚次子，幼年跟随兄长、吴侯孙策平定江东。公元200年孙策被刺杀后，孙权被拥立为江东之主。此后的孙权三伐黄祖，平定了江东大大小小的势力集团，并联合刘备，在赤壁大破南下的曹操大军，奠定了三国鼎立的天下大势。孙权能够稳固地立足江东，既得益于胸怀天下的宏大抱负，也得益于高瞻远瞩、老谋深算的战略眼光。

公元229年，孙权在武昌（今湖北鄂州）登基称帝，建国号大吴，旋即迁都建业（今南京）。但晚年的孙权日益骄奢，宠信吕壹，赋役繁重，刑罚残酷。在立嗣的问题上，孙权的做法也不妥当，致使诸多名臣死于非命。太子孙登夭折后，孙权先是废了孙和，又赐死孙霸，最终立幼子孙亮，这也为日后的宫廷政变埋下了祸根。公元252年，孙权病逝，终年71岁。谥号大皇帝，庙号太祖。秋七月，葬蒋陵。祔葬蒋陵的，还有步夫人、潘夫人与最初所立的皇太子孙登。

步夫人名练师，与吴国丞相步骘同族，在孙权众夫人中最受宠爱，赤乌元年（238）死后追封为皇后。据《景定建康志》卷四三《风土志下·古陵》记载："步夫人陵在蒋陵，考证《吴志》赤乌元年追拜夫人步氏为皇后，后合蒋陵。今蒋庙西南有孙陵冈，上有步夫人墩，墩之侧有夫人冢，乃其地也。"潘夫人为太子孙亮的生母，赤乌十三年（250）孙亮立为太子，次年潘夫人被立为皇后。神凤元年（252），潘皇后在昏晕卧床时被宫女勒死。孙权死后与潘皇后一同葬于蒋陵。宣太子孙登为孙权长子，黄龙元年（229）立为皇太子。孙登死于赤乌四年（241）五月，年33岁，谥号宣太子，初葬句容，三年后改葬蒋陵。

蒋陵也称孙陵岗、吴王坟。蒋陵的位置据唐代许嵩《建康实录》所述，位于"今上元县东北十五里钟山之阳"。李吉甫《元和郡县图志》记载："吴大帝蒋陵，在上元县北二十二里。"张敦颐《六朝事迹编类》谓："大帝崩，葬蒋陵。按乐史《寰宇记》在县东北蒋山八里，《丹阳记》云蒋陵因山为名。今蒋庙相对向西有曰孙陵冈，是为蒋陵。"

比较约定俗成的一种看法是，蒋陵即位于南京钟山南麓、明孝陵陵宫前的梅花山，然而梅花山的地表并无任何踪迹。传明代开国皇帝朱元璋营建孝陵神道时，本欲将梅花山的蒋陵也迁走，但念及孙权也是好汉，姑留其守门。遂将神道绕梅花山蜿蜒而行，保留了孙陵岗，而仅将孙权陵墓前的一对石麒麟迁往别处。孙权蒋陵之上的一对石麒麟究竟被迁往何处？甚至蒋陵前原本有没有类如南朝帝王陵墓前所设石麒麟这样的石像生？都还是一个未知数。不过民间也有一种说法，认为孙权自己年轻时也是个盗墓行家，曾经盗掘了长沙的长沙王吴芮、广州的南越王赵婴齐等人的墓，甚至还想要挖掘南越国第一代国王赵佗的墓，所以轮到为自己营建陵墓的时候，自然格外小心而不露微许痕迹。

虽说无人知晓孙权墓下落，仅仅留下了这一历史名称，但由于孙权的巨大影响，文物主管部门仍然在 1957 年 8 月 30 日将梅花山孙权墓公布为江苏省文物保护单位，并设立了标志牌，以供人游观之际不至无所凭借。1958 年全国第一次文物普查期间，省市文物工作者踏遍梅花山及其周边地区，也未发现有陵墓痕迹，南京市文物管理委员会因此于 1963 年 11 月 28 日提出了"（孙权）墓现毫无痕迹可寻，拟申请取消这一文物保护单位"的建议。1983 年，南京市人民政府下达关于公布南京市第一批文物单位的通知，将孙权墓改定为南京市级文物保护单位。

为了弥补梅花山孙陵岗一直未发现孙权蒋陵史迹的缺憾，南京中山陵园管理局于 1993 年在梅花山东麓建成一座"孙权故事园"，继而扩建为孙权纪念馆，在纪念馆前竖立一尊高 5.1 米的孙权石像。孙权石像西南侧，还建成一座扇形"孙权故事"画廊，嵌有 12 幅孙权故事浮雕石刻，再现了吴大帝纵横捭阖的一生。

为了探寻吴大帝孙权蒋陵的踪迹，从 1999 年起至 2011 年，文物工作者在梅花山区域断断续续地展开了有针对性的考古勘探工作。勘探工

梅花山东麓吴大帝孙权纪念馆广场上的孙权雕像

作表明，梅花山南坡分布着不少六朝时期的墓葬，尤以南朝中小型砖室墓居多，但这些墓葬多在明代以前就遭到毁坏。有明一朝，该片区域由于兴建孝陵，属于禁区，所以勘探未发现明代墓葬。2004年3月，考古工作者在梅花山博爱阁西侧山坡上，勘测发现了一处东西走向的地下通道。通道从山脚延伸至山顶处，斜长度35—40米，初步判定可能是人工修筑的墓道。墓道前段的开口部位呈喇叭口状，推测为墓道入口。墓道中段有一处磁力线异常区域，推测为封门墙所在。这条斜坡通道在山顶处隐入的约15米×15米的地下空间，或许是一处大型墓葬的砖室部分。由于未能展开考古发掘，仅根据现有的勘测结果，尚不能断定梅花山西坡地下的这处开凿于山体内、有墓道和墓室结构特征的地下"异常空间"，就是吴大帝孙权的蒋陵。

说及孙权的蒋陵，不能不说一说南京孙吴陵墓考古的一次空前重要的发现。2005年12月22日，南京南郊江宁区科学园管委会在上坊镇的施工过程中，发现一座大型孙吴砖室墓。该墓位于江宁区上坊镇中下村一个名叫孙家坟的小土岗的南麓，为土坑竖穴砖室结构，方向165度，由封土、墓坑、斜坡墓道、排水沟和砖室等部分组成。

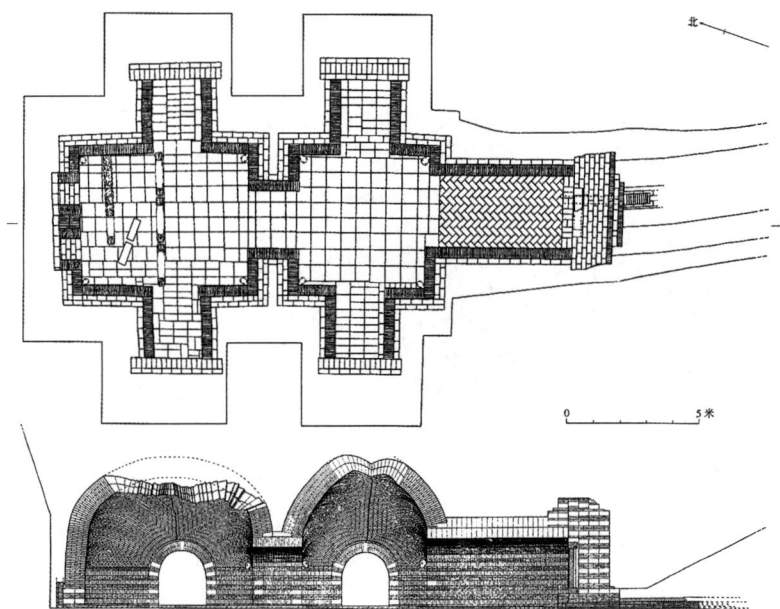

江宁上坊中下村孙吴大墓平、剖面图

　　墓坑长 21.5 米，宽 14.4 米，墓坑上部的填土设有三层防盗用的碎石层。斜坡状墓道宽 4.3 米，坡度 26 度。排水沟从砖室内的甬道口铺地砖下穿过石门、封门墙、斜坡墓道，一直向南延伸，经过勘探和揭露出来的长度有 106 米。排水沟位于墓道内的部分，系在墓道底部开挖宽 0.74 米的沟槽而成，沟槽两侧用砖纵向平铺四层，上覆一层侧立砖，中间留出宽 18 厘米的排水孔道。

　　墓葬的砖室部分全长 20.16 米，总宽 10.71 米，由封门墙、石门、长甬道、前室、过道、后室构成。位于甬道口外部的封门墙高大厚实，紧贴封门墙内设一重石门。甬道之后的前室近乎正方形，中部略鼓，宽 4.48 米，残高 5 米。前室两侧对称分布的耳室内长约 2.5 米，内宽 1.74 米，内高约 1.85 米。前、后室之间的过道长 1.77 米，内宽 1.94 米，内高 2.06 米。后室平面呈长方形，中部略向外弧凸，南北内长 6.03 米，东西内宽 4.56 米，残高 4.04 米。后室两侧对称分布的耳室内长 2.48 米，内宽 1.8 米，内高 1.91 米。位于后室后壁底部的两个接地大壁龛，东西相邻，大小相近，壁龛内宽 0.73 米，内长 0.85 米，内高 0.78 米。

　　墓葬前、后室均为四隅券进式穹窿顶，甬道、过道及耳室乃至壁龛

江宁上坊孙吴大墓石雕牛首灯台

均为券顶结构。墓壁均先以"三顺一丁"组砖起基，四隅券进式穹窿顶从中央向两侧斜砌成倒"人"字形结顶；券顶以顺砖平砌起券至顶。前室顶部发现有巨型覆顶石，覆顶石长1.16米，宽1.16米，厚0.3米，内面雕神兽纹。

前、后室四隅嵌有圆雕石牛首灯台，石牛首之上的壁面尚存烟熏痕迹。后室地面有三组六件石棺座，石棺座两端雕作虎首，棺座上置木棺。墓底铺地砖两层，下层均为小砖错缝平铺，上层以边长50厘米的大方砖平铺，只有甬道仍以小砖作斜"人"字形平铺。

此墓早年遭到严重盗掘，但仍出土金、银、铜、铁、漆木、瓷、陶等质地的文物170多件，以及半两、五铢、货泉、太平百钱、直百五铢、大泉当千等600余枚铜钱。金银器有环、珠、步摇冠上的心形叶片、冥钱、带扣等，其中一件直径仅1.5厘米的金环表面雕刻的龙纹尤为精美。铜器有弩机、盘、鐎斗等。可辨器形的漆器有器盖、奁盒等，均木胎，外髹黑漆，其上彩绘婴戏、瑞兽、云气纹样。

出土文物中，以越窑系的青瓷器数量最多，这些青瓷器的肩腹部多装饰有连珠纹、网格纹、蕉叶纹、席纹、钱纹与衔环铺首等，极具时代特点。器物种类中，尤以青瓷伎乐人物俑与青瓷塑造的毛笔和书刀等文房用具最引人瞩目。其中，有一神情悠闲、双手拢于胸前、正襟危坐于方榻上做观望状的青瓷人物俑，可能是模拟的墓主形象。此外，还有一考古简报所谓的圆柱形柱身、上部有近方形穿孔、柱顶上堆塑一搔首弄姿小猴的"柱形器"，其用途自墓葬考古发掘结束至今也都不明所以，甚至被认为可能是在穿孔内插入横梁用于悬物的支架。笔者认为，从造型上来看，这种覆顶的柱形器可能是庭院里使用的落地式大型灯具。

南京是孙吴都城建业所在地，迄今发现了数以百计的孙吴墓葬，江宁上坊中下村孙吴墓是其中规模最大、结构最为复杂的一座，其前室顶部的巨型覆顶石、前后室四隅的牛首石灯台、后室的大型虎首石棺座等，都是这一时期同类墓葬设施的首次发现。出土的大量青瓷器釉色莹润，工艺精湛，不少模型明器如毛笔、书刀、斗量以及被笔者推断为灯具的"柱形器"等，都是此前六朝考古中前所未见的新器形。特别是随葬的青瓷人物俑，是同时期单座墓葬出土数量最多的一次，如实展现了孙吴贵族宴饮娱乐的场面。根据墓葬形制结构、出土的铜钱及青瓷器的造型和装饰特点，可以推定江宁上坊镇中下村孙家坟墓的时代为孙吴晚期，而墓葬的规模则揭示出墓主身份应为当时最高等级即帝后级别的孙吴宗室成员。

江宁上坊孙吴大墓出土青瓷覆顶柱形器可能是落地式大型灯具

　　上坊孙吴墓是我国近年六朝考古的重大收获，为研究当时的丧葬制度、生活习俗、制瓷工艺等提供了非常重要的实物资料。鉴于此墓重要的学术价值，墓葬发掘工作结束后，墓葬所在地原规划中的道路已经改线，并将就地建设专题古墓博物馆予以保护展示。

晋代衣冠成古丘
——南京东晋帝陵

　　永嘉南渡后建立的东晋朝廷，自元帝司马睿于318年称帝、建都建康起，至晋恭帝司马德文于420年被刘裕废黜而终，共历十一帝。

　　元帝司马睿是司马懿曾孙。西晋覆亡后，司马睿在南渡士族与江南豪族支持下于317年称晋王，并于次年被拥立登基，是为晋元帝。元帝在位六年而死，时年47岁。与永嘉六年（312）去世、太兴三年（320）八月被追谥的元敬皇后虞孟母合葬于建平陵。虞孟母无出，倒是被追赠豫章郡君的宫人荀氏曾为司马睿生下两个儿子司马绍和司马裒。荀氏死于咸康元年（335），以其在明帝、成帝二世之尊崇而言，亦当祔葬建平陵。据唐宋地方志记载，晋元帝司马睿建平陵、明帝司马绍武平陵、成帝司马衍兴平陵、哀帝司马丕安平陵位于鸡笼山，皆未起坟。

　　明帝司马绍为元帝司马睿长子，322年即位，在位期间虽平定王敦叛乱，但依旧重用王导为代表的琅琊王氏以稳定政局。太宁三年（325）病逝，终年27岁，葬武平陵。明帝穆皇后庾文君在咸和三年（328）死于苏峻之乱，于例当亦入葬武平陵。

　　成帝司马衍为明帝司马绍长子，即位时只有5岁，故由母亲庾太

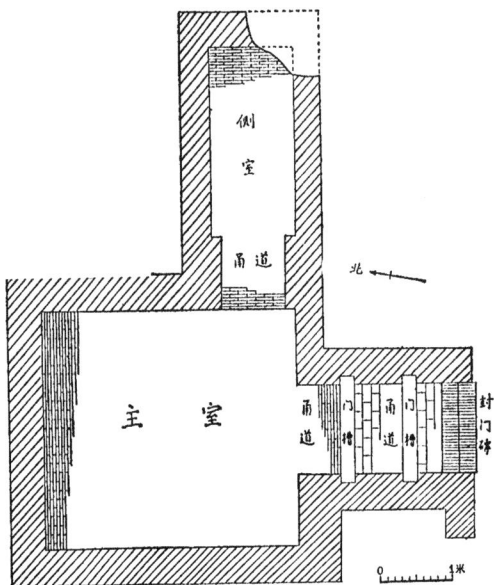

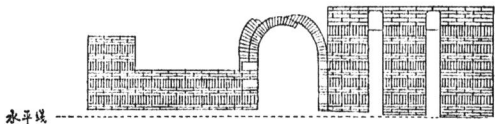

南京大学北园东晋大墓平、剖面图

后（庾文君）辅政。成帝在位期间任用外戚庾亮，试图排斥琅琊王氏，加强皇权。但庾亮疑忌大臣，引起统治集团内讧。327 年，历阳镇将苏峻、寿春镇将祖约以杀庾亮、清君侧为名攻入建康，后被陶侃、温峤等平定。咸康八年（342）成帝去世，终年 22 岁，与咸康七年（341）去世的成恭皇后杜陵阳合葬兴平陵。成帝另有贵妃周氏，为哀帝司马丕和废帝司马奕的生母。哀帝司马丕在隆和元年（362）登基后，尊周氏为皇太妃，礼秩等同于太后，故隆和二年（363）周氏死后亦有可能入葬兴平陵。

康帝司马岳为明帝司马绍次子。咸康八年（342），成帝不豫，在权臣庾冰等建议下，舍弃成帝的两个儿子，立琅琊王司马岳为帝，是为康帝。康帝在位三年，于建元二年（344）驾崩，时年 23 岁。与康帝的短寿相对，康献皇后褚蒜子先后扶立了六位皇帝，临朝称制近四十年，直至太元九年（384）于显阳殿崩逝，享年 61 岁，与康帝皆入葬崇平陵。史载，康帝司马岳崇平陵、简文帝司马昱高平陵、孝武帝司马曜隆平陵、安帝司马德宗休平陵、恭帝司马德文冲平陵，皆位于钟山之阳。

穆帝司马聃为康帝司马岳之子，康帝驾崩之际，司马聃只有 2 岁。穆帝在位十七年，由于桓温灭了四川的成汉政权，并于 356 年北伐攻入洛阳，东晋的版图一度较前扩充不少。穆帝于升平五年（361）驾崩，时年 19 岁，葬于永平陵。穆皇后何法倪去世时已届 66 岁，于例当亦入葬永平陵。唐代许嵩《建康实录》记载："永平陵在上元县城北十九里幕府山之阳，周四十步，高一丈八尺，起坟。"宋代张敦颐《六朝事迹编类·坟陵门》记载："《建康实录》：晋穆帝升平五年葬永平陵，隶幕府山之阳，起坟。今幕府山前近西，里俗相传有穆天子坟，即其地也。"

哀帝司马丕为成帝司马衍长子、康帝司马岳侄、穆帝司马聃的堂兄弟。司马丕于 342 年封琅琊王，361 年登基，改元隆和。其时，权臣桓温当国，数次北伐皆无功而返。慕容部与东晋多次冲突，也都以东晋败退而终。哀帝在位期间，沉湎黄老之术，兴宁二年（364）竟以断谷饵药毒发，遂由崇德太后临朝摄政。哀帝于次年二月去世，时年 25 岁。哀靖皇后王穆之亦于前一年去世，当与哀帝合葬于安平陵。

废帝司马奕为成帝司马衍次子、哀帝司马丕同母弟，于哀帝司马丕驾崩后即帝位。太和六年（371）孝庾皇后庾道怜去世，先行葬于敬平陵。

而仅在位六年的司马奕也为权臣桓温所废，先后降封为东海王、海西公，已经去世的孝庚皇后庚道怜也终被追贬为海西公夫人。司马奕死于太元十一年（386），时年45岁，葬于吴陵。吴陵大致位于今江苏省苏州市吴中区、相城区一带，具体地点不详。司马奕被废黜后，孝庚皇后庚道怜的棺柩也可能即从敬平陵迁出，而与废帝合葬于吴陵。

简文帝司马昱为元帝司马睿幼子，历元、明、成、康、穆、哀、废帝七朝。穆帝即位后，康献皇太后褚蒜子临朝听政，司马昱与何充共同辅政。桓温灭成汉后，威权日重，司马昱曾引名士殷浩等相颉颃，但殷浩空有谈名，不堪大任。废帝司马奕即位后，司马昱徙封琅琊王，又进位丞相、录尚书事。咸安元年（371），桓温废司马奕而立司马昱为帝。司马昱在位不足一年便忧愤而死，享年53岁，时为咸安二年（372）。司马昱"清虚寡欲，尤善玄言"，在他的倡导下，东晋玄学有进一步的发展。司马昱妻王简姬生子司马道生，永和四年（348）母子"并失帝意，俱被幽废"。简文帝死后，孝武帝司马曜追尊嫡母王简姬为顺皇后，并将其与简文帝合葬于高平陵。

孝武帝司马曜为简文帝司马昱第六子，4岁时被封为会稽王，372年被立为太子。孝武帝在位期间，施行赋税改革，东晋军队也在淝水之战中击破前秦，这些都使国家一度呈现出中兴的迹象。司马曜本人颇有加强皇权的意图，但谢安死后，司马道子擅权，使得东晋再度陷入危局。由于孝武帝与宠信的张贵人说笑要废了她，竟在当晚被张贵人杀害。孝武帝皇后王法慧死于太元五年（380），与孝武帝皆葬于隆平陵。

孝武帝司马曜有两个儿子，长子司马德宗是个"自少及长，口不能言，虽寒暑之变无以辨"的白痴。孝武帝司马曜囿于立长不立幼的古训，仍立司马德宗为太子。安帝司马德宗在位期间，内乱频发，国势日衰，朝政大权先后为司马道子、司马元显、桓玄和刘裕掌控，最终被权臣刘裕缢杀，时年37岁。安帝皇后王神爱的祖父与父亲是以书法擅名的王羲之与王献之。王神爱先于义熙八年（412）崩逝，与安帝司马德宗皆葬于休平陵。

恭帝司马德文为安帝同母弟，元熙元年（419）刘裕缢杀安帝，改立司马德文为帝。次年六月，司马德文禅皇位于刘裕，改封零陵王，东晋灭亡。当年九月，司马德文被刘裕杀害，时年 36 岁，葬于冲平陵。由皇后贬封零陵王妃的褚灵媛于元嘉十三年（436）去世，亦祔葬位于钟山之阳的冲平陵，谥"恭思皇后"。1961 年 11 月，南京市文物管理委员会在富贵山南麓发现了刘宋初为晋恭帝冲平陵所立的墓碣。

偏安江左的东晋朝廷在陵墓制度上一以贯之地遵循了"不封不树"的传统。所谓"不封不树"，是魏晋时期自上而下所施行薄葬之礼的重要组成部分。永嘉南渡的"江左初，元、明崇俭，且百度草创，山陵奉终，省约备矣"。上行下效，王祥遗令"勿起坟垄"，石苞终制"不得起坟种树"。庶几可见，"不封不树"意谓营建陵墓之际，地面既无堆筑隆起的封土，也不设置碑表、墓祠、石像生之类的标识，加之又历经千年风雨，人事兴替，缺乏明显标识的东晋帝陵湮没难觅便是很自然的事了。

尽管如此，唐代许嵩《建康实录》与李吉甫《元和郡县图志》等志书对南京东晋帝陵的记载，仍然为进一步的查考留下了线索。据此可知，东晋帝陵大致位于都城建康西北的"鸡笼山之阳"与东北的"钟山之阳"，只有晋穆帝司马聃永平陵位于建康城北的"幕府山之阳"。并且，除了位于"幕府山之阳"的晋穆帝司马聃永平陵起坟之外，其他位于"鸡笼山之阳"与"钟山之阳"的东晋帝陵皆不起坟。

刘宋初为晋恭帝冲平陵所立的墓碣

通常认为，嫡庶之别与血缘远近是东晋帝陵之所以分设"鸡笼山之阳"与"钟山之阳"的主要原因。史载，明、成、哀三帝先后皆以长子身份入继帝统，从血统上看他们与奠定东晋基业的元帝是嫡直系，即所谓"中兴正统"。《晋书·礼志中》记载哀帝继位之初曾因"纂承之序"发生争执，朝议结果仍是"上继显宗"即上继成帝"以修本统"，故哀帝继皇位虽在康、穆二帝之后，但其陵寝却紧步成帝之后葬在鸡笼山之阳。

至于"钟山之阳"的东晋帝陵，悉皆以旁支继位，故另辟新的陵区以示血统上的区别。其中，废帝司马奕被废为海西公后卒于吴县，但其早卒的皇后庾氏却已先行入葬建康都城的敬平陵。敬平陵原本是为废帝司马奕与皇后庾氏营建的合葬墓，由于司马奕为成帝司马衍次子、哀帝司马丕母弟，亦属旁支入继，故此遭"废黜"的敬平陵，原本亦当位于"钟山之阳"的东晋陵区。

东晋时期，多数诞育了嗣皇帝的姬妾，在嗣皇帝即位以后"母以子贵"而被尊为太后，而东晋也一改西晋帝后同茔合葬的传统，着手为去世于本夫之后经年的皇太后（妃）重新营建陵寝。东晋共建有三座独立的皇后陵寝：即简文帝生母宣郑（阿春）皇后所葬之嘉平陵，孝武帝生母简定文李（陵容）皇后所葬之修平陵，安帝与恭帝的生母、孝武安德陈（归女）皇后所葬之熙平陵。入葬嘉平陵的郑阿春为元帝司马睿的嫔妃、简文帝司马昱的生母。郑阿春少时父母双亡，先嫁渤海人田氏，田氏死后守寡并依舅氏生活。建兴三年（315）琅琊王司马睿因妻室虞孟母去世，遂纳郑阿春为妾。太兴元年（318）司马睿登基后，追册原配妻子虞孟母为元敬皇后，册封郑阿春为夫人。郑阿春为元帝诞两子，次子司马昱即后来的简文帝。咸和元年（326）郑阿春去世，追封会稽太妃。及简文帝司马昱登基犹未及追尊，至太元十九年（394）始由孝武帝司马曜追尊为简文宣太后，立庙于太庙路西，陵墓曰"嘉平"。据《晋书·礼志下》：孝武帝司马曜追崇郑阿春为简文太后之际，曾向臣僚征询，意欲开晋元帝建平陵祔葬郑阿春，王珣引用追赠"故事"做出了否定的回答，建议"不开墓位，更为茔域制度耳"。由此可知，嘉平陵可能只是号墓为陵。郑阿春虽为元帝司马睿嫔妃，但最终得以"崇尊尽礼""陵庙备具"，实是有赖于"臣子"简文帝、孝武帝父子以旁支入继帝统之力，若配食祔葬于晋元帝"则义所不可"，故嘉平陵可能并未建于元帝建平陵所在的"鸡笼山之阳"，而是位于"钟山之阳"。

入葬修平陵的李陵容原本是简文帝司马昱会稽王府织坊里的婢女，以个高肤黑而被戏称为"昆仑"，但却入了善相者的法眼，遂得以侍奉简文帝并生育了孝武帝司马曜与会稽王司马道子，被尊为皇太后。太元二十一年（396）孝武帝司马曜驾崩、安帝司马德宗即位后，尊李陵容为太皇太后。李陵容死于隆安四年（400），谥"文"，称孝武文太后，神主祔简文宣郑（阿春）太后庙，推测其所入葬的修平陵也是号墓为陵，并且与郑阿春嘉平陵毗近，也位于"钟山之阳"。

入葬熙平陵的陈归女是安帝司马德宗与恭帝司马德文的生母，太元十五年（390）去世，孝武帝赠其为"夫人"。安帝司马德宗即位后，追赠为皇太后，谥"安德"，神主祔简文宣郑（阿春）太后庙，其入葬的熙平陵应当也是号墓为陵，与嘉平陵、熙平陵皆相邻，亦位于"钟山之阳"。

随着 1961 年 11 月位于"钟山之阳"的富贵山南麓晋恭帝冲平陵玄宫石碣的发现，以及 1964 年晋恭帝石碣以西约 400 米处的东晋晚期大墓、1972 年鼓楼岗西南麓南京大学北园东晋早期大墓、1981 年幕府山南麓南京汽轮电机厂东晋中期大墓的相继发掘，见载于《建康实录》等文献的"鸡笼山之阳""钟山之阳"与"幕府山之阳"三处东晋陵区，遂不再虚无缥缈。经发掘的这三座被推断为东晋帝陵的大墓，与绝大多数东晋时期平面呈"凸"字形、附设甬道的券顶单室砖墓虽然类似，但也有一些为其他东晋墓所不具备的特征：如甬道后的墓室更近乎正方形，墓室前的甬道内皆设有两重木门等。与之形成鲜明对比，即便位至公侯的东晋世家大族墓甬道内也只设有一重木门。

位于晋恭帝石碣以西约 400 米处的东晋大墓地处"钟山之阳"东晋陵区，墓室长 7.06 米，宽 5.18 米，复原高 5.15 米，出土遗物的造型具有明显的东晋晚期风格特征，故不排除为孝武帝隆平陵或安帝休平陵的可能。陵墓中出土的仪卫陶俑，其形体之高大，尤予人以深刻的印象。

南京大学北园东晋大墓从属于"鸡笼山之阳"东晋陵区，是一座主体为"凸"字形但却附有侧室的双室墓，其南北总长 8.4 米，东西总宽 9.9 米，由墓门、长甬道、近乎正方形的墓室、长方形侧室构成。根据出土随葬品的造型装饰，可以断定该墓的时代为东晋早期。而从考古发掘的迹象判断，此墓一共葬入三人，男性墓主位于墓室后半偏东，墓室后半偏西与侧室分别有一女性墓主。通常认为，该墓极可能便是晋元帝的建平陵，墓室内后部东西所葬分别是晋元帝司马睿和虞皇后，而侧室所葬可能是晋明帝的生母荀氏。

南京富贵山东晋大墓出土陶俑

幕府山南麓南京汽轮电机厂发掘的被推断为晋穆帝司马聃永平陵的东晋大墓，不仅远离建康宫城，而且堆筑了高大封土，违背了魏晋以来帝王陵墓"不封不树"的传统。值得一提的是，穆帝司马聃永平陵所在的"幕府山之阳"，也是东晋琅琊王氏、琅琊颜氏及太原温氏等世家大族较为集中的葬所。而据《晋书·温峤传》所述大将军温峤还葬京都之际，时"朝廷追峤勋德，将为造大墓于元明二帝陵之北，……其后峤后妻何氏卒，子放之便载丧还都。诏葬建平陵"，可知幕府山一带实乃鸡笼山东晋元、明、成诸帝陵的陪葬墓区，而将晋穆帝司马聃永平陵营建于此，并且堆筑封土，显然有贬抑之意。究其根源，或与升平二年（358）会稽王司马昱欲还政以恢复"中兴正统"，而晋穆帝不许有关。因此，位于"幕府山之阳"的晋穆帝司马聃永平陵的种种不同寻常之处，可能都是继位的以"中兴正统"自诩的晋哀帝司马丕与后来登基为简文帝的会稽王司马昱等人刻意所为。

旧时王谢

——琅琊王氏与陈郡谢氏家族墓

"旧时王谢堂前燕，飞入寻常百姓家。"唐代诗人刘禹锡《乌衣巷》里这一脍炙人口的诗句，流露出一股落花流水春去也的淡淡的无奈与怅惘。诗中的"王谢"，说的正是铅华褪尽的东晋第一流著姓高门琅琊王氏与陈郡谢氏。琅琊王氏与陈郡谢氏原本在北方就是名闻遐迩的世家大族。永嘉南渡后，也几乎一直都是东晋司马氏政权的重要支柱。以卓越的政治家王导为代表的琅琊王氏，对于仓皇南顾的东晋朝廷的重要性，时人以"王与马，共天下"而称道之。淝水之战中指挥若定、力挽千钧，创造以弱胜强奇迹的名臣谢安，于晋室亦有再造之功。王谢两大家族不仅是朝廷辅弼，在文学艺术领域更是人才济济，卓有建树："书圣"王羲之、王献之父子在书法史上的尊崇地位乃至对后世的影响，堪称前无古人、后无来者；而出自陈郡谢氏的谢灵运和谢朓，也是文学史上极一时之选的杰出诗人。

琅琊王氏与陈郡谢氏的族葬墓地，多位于都城建康的近郊。考古发现，东晋琅琊王氏中王正之子王彬一支的族葬地，就位于南京北郊中央门外一公里余的象山（人台山）。从1965年至2000年，在象山一共发掘了十一座墓葬，其中有十座墓都是东晋墓，只有2号墓时代较晚。十座东晋墓中，有八座出土了石刻或砖刻的墓志，除了10号墓之外，其余出土墓志的志文皆清晰可辨。

史载，王彬与兄王廙一同渡江，二人皆为"书圣"王羲之的父亲王旷的胞弟，与丞相王导为从兄弟。王彬因参与讨伐华轶被封为都亭侯，苏峻之乱后被任命为将作大匠，负责建康宫城的营建工作，因功赐爵关内侯，迁尚书左仆射。卒赠特进、卫将军，加散骑常侍，谥号曰"肃"。

根据出土墓志内容反映出的相关信息，可知入葬象山王彬家族葬地者，包括王彬本人与继室夫人夏金虎，王彬的儿子王兴之及妻宋和之、次子王仚之、长女王丹虎，王彬的孙子王建之及妻刘媚子、王康之（王彪之第三子）及妻何法登、王闽之（王兴之长子）。

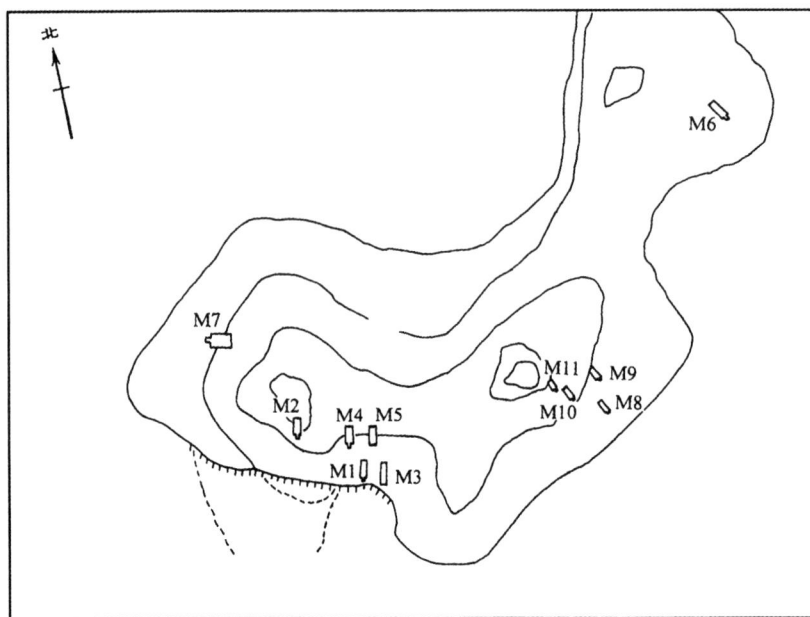

南京北郊象山琅琊王氏家族墓（王彬一支）平面分布示意图

除了 7 号墓之外，1 号墓（王兴之夫妇墓）、3 号墓（王丹虎墓）、4 号墓、5 号墓（王闽之墓）、6 号墓（夏金虎墓）、8 号墓（王仚之墓）、9 号墓（王建之夫妇墓）、10 号墓、11 号墓（王康之夫妇墓）九座墓的规模大致相近，都是平面长方形的砖砌券顶单室墓。墓室长 4.25—5.93 米，宽 1.06—2.63 米，高 1.31—2.44 米。墓室前面一般附有短甬道，并有伸延至墓前的砖砌排水沟。墓壁砌有小灯龛，有的灯龛里尚存青瓷灯盏。

1 号墓所葬的王兴之，生前曾担任过"征西大将军行参军、赣令"，此征西大将军即东晋名臣庾亮，行参军为各大将军府的低级属吏。"书圣"王羲之也曾参庾亮军，并累迁至长史。于此可见，王兴之、王羲之不仅是同祖从兄弟，而且曾经共事，王羲之还是王兴之的上级。王兴之墓内置两具木棺，左棺葬王兴之，棺前放置日用的青瓷器皿，有盘口壶、小碗和香薰，还有铜灯盏、铜镜、铜镜盒、石板、鹦鹉螺杯、鎏金铜削等服饰器具以及铅人和铜弩机等。右棺葬王兴之妻宋和之，棺前也放置了盘口壶和小碗等青瓷用具，棺内有铁镜、石板和金簪等服饰用具。墓志石质，长方形，表面涂有一层薄薄的漆状物，放置在男棺的前侧。墓志正面为咸康七年（341）王兴之墓志，背面为永和四年（348）宋和之墓志。据此可知，宋和之比王兴之迟死七年，死后"合葬于君枢之右"。

5号墓位于1号墓后方偏右，墓主王闽之是王兴之的儿子。王闽之生前没有官职，卒葬于升平二年（358）。王闽之墓的规模比他父母的合葬墓略小，出土遗物的种类大致相近，有青瓷盘口壶、唾壶和小碗，铜鐎斗、弩机、削和镜，还有一件三足陶砚。墓志刻在长42.3厘米、宽19.8厘米、厚6.5厘米的特制长方形青砖上，正、背两面刻字，倚靠在墓室西壁上。

与1号墓（王兴之墓）几乎并排的3号墓，彼此间距14.5米。3号墓墓主王丹虎，是王兴之的姐姐。王丹虎卒葬于升平三年（359），墓中随葬品除了青瓷器和铜器外，还有数量较多的女性饰物，包括13件金钗、4件金簪、8只金环以及银链、琥珀珠、绿松石珠、琉璃珠和几十粒珍珠。此外，棺前的一个漆盒里，还放有200余粒丹丸，经化验主要成分为硫化汞，应即东晋时期信奉天师道的人群盛行服食的丹药。

这几座墓中纪年最迟的是6号墓，墓主系卒葬于太元十七年（392）的王彬继室夏金虎。夏金虎墓位于象山东北，距王兴之、王丹虎和王闽之墓较远，约300米。墓室内除了左右两壁有灯龛外，后壁也砌有灯龛，且在龛下设有直棂假窗，棺前砌有砖榻。因早年遭盗掘，仅在砖榻上和附近残留有陶凭几、唾壶、耳杯、三足炉等器物14件。砖墓志斜立在甬道西侧，刻文草率。

8号墓的墓主王仚之为王彬继室夏金虎所出的庶子，卒葬于泰和三年（368）。王仚之墓志以大方砖镌制而成，但志文却声称"刻石为志"，当系误书。

11号墓系王康之及妻何法登夫妇两人的合葬墓。王康之为王兴之兄王彪之的第三子，是一位没有官品的处士。王康之夫妇墓被盗掘，只出土了两方砖墓志，分别是永和十二年（356）王康之墓志与太元十四年（389）何法登墓志。值得注意的是，王康之墓志并未镌刻父祖兄弟的名位，连同出高门甲第庐江何氏的妻室何法登也忽略了，这与绝大多数东晋南朝墓志不厌其烦地陈述谱牒的做法迥不相侔，显得很不寻常。据《晋书·王廙传附王彪之传》记载："永和末，多疾疫。旧制，朝臣家有时疾，染易三人以上者，身虽无病，百日不得入宫。至是，百官多列家疾，不入。

彪之又言：'疾疫之年，家无不染。若以之不复入宫，则直侍顿阙，王
者宫省空矣。'朝廷从之。"永和年号止十二年，王康之死于永和十二
年十月十七日，正属永和末，推测王康之即是死于永和末年的疾疫，并
因此影响了乃父、吏部尚书王彪之出入宫禁。很可能是出于对王康之死
于疾疫的忌讳，以至王康之墓志之上除了镌刻本人的卒葬讯息外，遂无
任何家族成员"抛头露面"。王康之、何法登夫妇未能生育子嗣，故王
康之妻何法登墓志所述"养兄临之息绩之"云云，意谓将王康之仲兄王
临之的儿子王绩之过继为自己的子嗣。

　　9号墓为王彬长孙王建之与妻刘媚子夫妇的合葬墓，墓中出土泰和六
年（371）所镌的石墓志两方与砖墓志一方，分别为王建之石墓志及妻刘
媚子砖、石墓志各一。刘媚子砖、石墓志，内容大致相同。其中，刘媚
子石志与王建之的石志规制相同，均分别摆放于墓主的头部；刘媚子砖
志则弃置于墓道填土中。王建之袭封都亭侯祖爵，品秩与王彬、王彭之
相埒，而高于其他家族成员，但除了鎏金神兽纹铜镜这样相对珍贵的物
品之外，其墓葬规制乃至随葬品的器物组合，似乎并不能反映出王建之
高出其他家族成员的身份来。

　　10号墓因出土墓志漫漶无存，无法知悉墓主为谁，但从其与9号墓
并排而葬的情形看，固与王建之行辈相同。

　　据王兴之墓志和王丹虎墓志志文的记载，这一家族墓区的主墓王彬
墓，应当就在王丹虎、王兴之姐弟两墓之间，但因这里以往屡遭挖掘，
可能早已被破坏。未出土墓志的两座墓中，4号墓早被盗掘一空，其形制
与王兴之、王丹虎墓相近，也应是王彬子孙的坟墓。2号墓时代可能晚至南朝早期，可能是"晋宋革命"以后的王彬孙辈的坟墓。

　　象山7号墓是一座平面略近方形的穹窿顶砖室墓，全长5.3米，宽3.22米，高3.42米。两侧和后壁

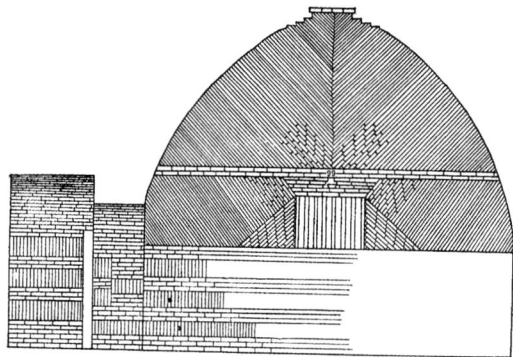

象山7号墓剖面图

都砌有直棂假窗，假窗上端各砌一灯龛，龛内尚存青瓷灯盏。墓室内四角，又各置一盏三足高柄青瓷灯。后壁偏右侧，还放置有一排共5件陶囷。墓室内有男左女右的两具木棺，均已朽毁。棺前各放有一组青瓷日用器皿，有盘口壶、唾壶、洗、盘和碗等。男棺一侧出土有铜刀、铜弩机、玉蝉、金刚石指环、玻璃杯、青瓷羊形烛台、青瓷鸡首壶、滑石猪和青瓷虎子以及青石板、铜镜、银簪和玉带钩等。女棺一侧出土了大量饰品，有金铃、金环、金钗、琥珀、水晶珠饰和大量的绿松石珠以及漆奁、铜镜。墓门内正对甬道处，放置了一张长1.12米、宽0.65米的四足陶榻，榻上陈放凭几、盘、耳杯和砚各一，另有青瓷香薰和唾壶。7号墓的甬道里有一组以牛车为中心的陶俑，陶牛车位于甬道中间，车内还有一张小的陶凭几，车下又放置一件双耳托盘，盘上置一对耳杯。牛车前有驭者俑。牛车西侧有牵马俑和一匹鞍辔齐备的陶马。车前马后又有十多个捏制的小陶俑，姿态有跪有立。

7号墓不仅时代早，规模也大，特别是出土器物的数量之多、品种之富，都是前述王彬子孙诸墓无法相提并论的。通常情形下，此墓除了王彬之外，不宜再作第二人想。但问题是，据王兴之墓志与王丹虎墓志的记述，王彬墓应位于王兴之墓与王丹虎墓之间，由于以往屡经挖掘，怀疑早已被破坏得无迹可寻，故考古工作者推测7号墓是死于永昌元年（322）、继而"丧还京都"的王彬仲兄王廙的墓。但从象山目前发现的琅琊王氏家族墓来看，墓主几乎清一色都是王彬一支的成员，属于王廙一支的子孙则一个也未发现。

象山琅琊王氏王彬一支家族墓的被埋葬者，除了王彬第三子王兴之、第四子王仚之外，理应还包括王彬的长子王彭之与次子王彪之。以常例而言，毗邻这一支家族墓的主墓——王彬墓两侧的重要位置，不应由第三子王兴之与未出嫁的女儿王丹虎来占据。这就要考虑是否存在墓志书刻致误的可能，即王丹虎墓志所谓"在彬之墓右"，其实是误"左"为"右"。这种书刻致误的情形，即便是在象山出土的东晋琅琊王氏墓志中也是不乏其例的，如王仚之（8号墓）出土墓志为砖志，但志文却称是"刻石为志"。因此，如果王丹虎墓志误书的话，那么象山7号墓的墓主就有可能是王彬。

从目前已发现的琅琊王氏墓群分布情况来看，从东北角的6号墓（夏金虎墓）到最西边的7号墓，方圆面积达5万平方米左右，通常认为，这正是当时豪宗大族大肆侵吞土地、广占山林的缩影。但即便是这样一片地块，到了南朝时期也已经不能应付裕如，以致王彬的儿子王彪之的曾孙王珪之别营葬所于南京的燕子矶东南一带，就是明证。

考古学者多认为，与琅琊王氏家族墓集中位于象山不同，另一南渡的高门大族陈郡谢氏家族墓的分布，则略显杂乱无章，似乎缺乏相对固定的为自家独有的族葬地。其实，这一认识不无偏颇之处。象山琅琊王氏家族墓地，葬入的也只不过是王彬一支而已。至于王彬的堂兄弟、东晋名臣王导则葬于与晋穆

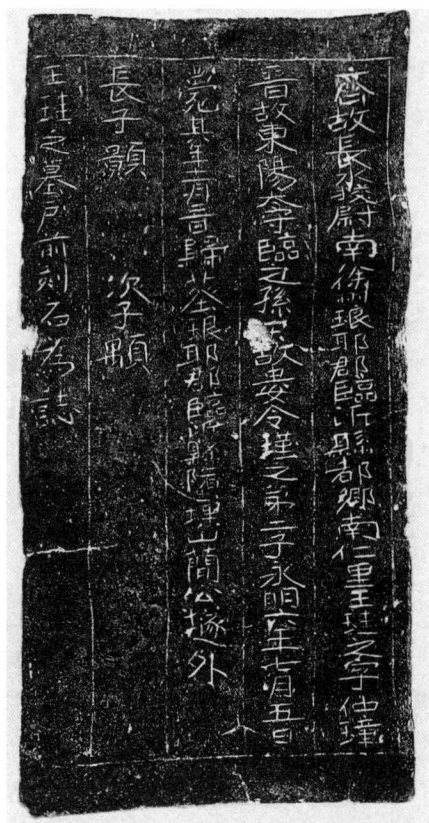

南齐时期别营葬所于燕子矶东南的王彪之曾孙王珪之墓随葬墓志

帝陵相近的幕府山西，与王彬家族墓所在的象山无涉。陈郡谢氏在南京的卒葬地看起来分散在各处，但同样也都属于家族中的不同支系各自的葬所。如陈郡谢氏家族最负盛名的丞相谢安，即葬于今南京雨花台的梅岗，至南朝后期已遭破坏；陈郡谢氏南渡第一代的豫章内史谢鲲，则葬于南京南郊戚家山，该处墓区已发掘了两座陈郡谢氏墓，其一为东晋太宁元年（323）谢鲲墓，其二为刘宋大明年间的谢氏墓；而1984年以来陆续在南京雨花台区大定坊司家山发掘的晋末宋初陈郡谢氏家族墓地，则属于东晋镇西将军、豫州刺史谢奕的儿子谢攸一支。所以东晋南朝王谢两大家族成员的卒葬地之间，并不存在所谓集中与分散之间的差别，更不宜据此推断王谢两大家族的兴衰沉浮。

历年来在大定坊司家山发掘的陈郡谢氏墓约有十座之多，这些谢氏家族墓的形制均为平面呈"凸"字形的单室券顶墓，属南京地区东晋晚期至南朝大中型墓葬常见的形制。南京地区目前发现的六朝早中期墓葬形制多样，到了东晋晚期至南朝，形制趋于单一，可以说这种平面呈"凸"字形的单室券顶墓，在当时是一种相对固定的墓葬形制。品秩稍高的墓葬，往往在甬道中间设置木门，到南朝刘宋中期以后，木门更易为石门。如已发掘的司家山6号墓，墓主为刘宋永初二年（421）下葬、原本袭叔谢玄东兴侯而后降豫宁伯的谢珫，亦即《晋书》误记为"谢玩"者。谢珫是目前所知司家山陈郡谢氏家族墓中品秩最高的墓主，谢珫墓全长6.28米，封门墙厚0.31米。甬道两侧壁微外弧，长1.83米，宽1—1.25米，高1.93米。甬道两壁中部距墓底1.15米处各有一眼为了安置木门而设的方形插孔。长方形券顶墓室长4.45米，宽2.15—2.25米，高3米，左、右、后三壁均略向外弧凸。墓室内有砖砌矮榻和砖铺棺床，棺床长3.35米，与墓室同宽。棺床左、右、后三侧和墓壁之间均留出宽度不一的罅隙作排水沟使用。棺床正前方0.6米处有一方形阴井口，与墓门前的排水沟相通。

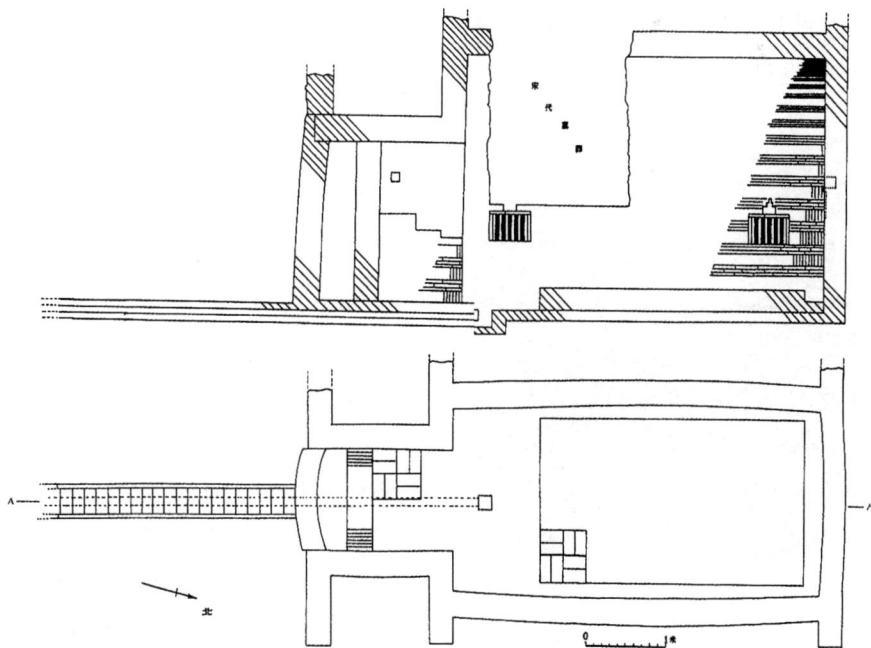

位于南京南郊司家山的刘宋初年谢珫墓平、剖面图

谢琰墓墓室内的排水设施在构造方面彰显出了较为先进的建筑施工理念，不过谢琰墓建得并不够大，甚至明显小于时代稍早、品秩更低的谢球墓与谢温墓，这或许是与谢琰卒葬之际经受了"晋宋革命"洗礼的著姓高门已然风景不再有关。与象山的琅琊王彬家族墓相比，陈郡谢氏墓几乎未随葬经济价值较高的金玉类宝物，连墓内随葬的青瓷器都是墓主生前使用的旧物。但考古工作揭示出的种种迹象表明，陈郡谢氏家族墓在丧葬礼制的变革取舍上，仍有其积极进取的一面。

司家山陈郡谢氏家族墓出土的墓志内容丰富，史料价值极高。其中，谢琰墓志志文通篇镌刻在六块墓砖之上，每块墓砖镌字 8 行，满行 15 字，合计志文共 681 字，其形制在六朝墓志中实属仅见。谢球墓志内容共计 239 字（包括砖侧另刻的 18 字），是东晋墓志中刻文较多的一件。谢球墓志字迹大小参差，笔画随意，隶楷杂糅，粗看为楷书，细看仍存隶意。谢球妻王德光是"书圣"王羲之的孙女，故谢球夫妇墓志与谢温墓志在有关家族联姻及其谱牒的陈述中，多次提及"书圣"王羲之，也是让人饶有兴味的。

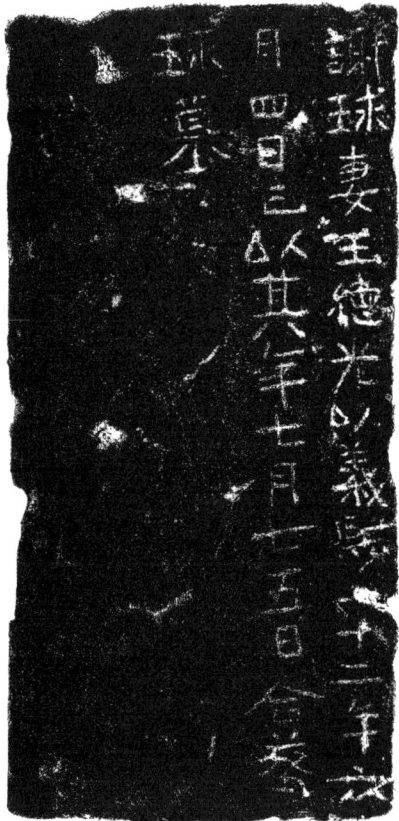

"书圣"王羲之孙女、谢球妻王德光墓志

东晋琅琊王氏与陈郡谢氏家族墓的考古发掘，为六朝考古及历史研究提供了极其宝贵的实物资料。除了考古学上的墓葬形制、出土器物等方面的研究，这些资料在世家大族墓地的排葬方法、世家大族之间的联姻、永嘉南渡后琅琊郡临沂县的侨置地望以及六朝书法艺术等问题的探讨方面，也具有重要的价值。

初葬豫章、还葬建康的温峤墓

南京城北一带分布着众多的低矮山包，以幕府西路为界，北侧有幕府山、老虎山、象山、狮子山，南侧有郭家山、北崮山、张王山等。郭家山在象山正南约 1 公里，原为一东西向的连续丘陵，后被道路分隔成东西两个山头。东晋名臣温峤家族墓即位于郭家山西端的南坡，2001 年 2 月因基本建设已由南京市博物馆考古发掘。

温峤，字泰真，一作太真，太原祁县（今山西祁县）人。史载温峤博学善文，尤擅清谈，而且凤仪俊美，颇有器量。温峤南渡之后，历东晋元、明、成三帝，内涉中枢，外任方镇，先后参与平定了王敦、苏峻的叛乱，显现了出将入相、文要武备的过人才干。官至骠骑将军、江州刺史，获封始安郡公，食邑三千户。咸和四年（329）四月因拔牙中风而死于武昌，时年 42 岁，追赠侍中、大将军，谥"忠武"。温峤固非寒素，但门第却并没有极一时之选的王谢家族那样高，充其量只是与郗鉴等同属第二流门第，是由于特殊机遇而攀升至举足轻重的位置。

温峤死于武昌，卜葬于豫章（今江西南昌）。东晋时期，殉职在外的功臣有迁葬都城的旧惯，暂厝豫章的温峤终亦迁葬建康。本传载"其后，（温）峤后妻何氏卒，子（温）放之便载丧还都，诏葬建平陵北，并赠前妻王氏及何氏始安夫人印绶"。关于温峤迁葬的具体地点，本传载其"初葬于豫章，后朝廷追峤勋德，将为造大墓于元、明二帝陵之北"。《建康实录》卷七载："（温峤）初葬豫章，朝廷追思之，乃为造大墓，迎还葬元、明二陵，幕府山之阳。"《六朝事迹编类》卷六载："宋明帝高宁陵在山西，王导、温峤亦葬山西。"此所谓山西即幕府山西。东晋元、明二陵位于"鸡笼山之阳"，即今南京鸡鸣寺、北极阁、鼓楼岗一线。1972 年在南京大学北园发现的东晋早期大墓，发掘者推测其为东晋早期的帝陵，可与文献记载相印证。这一片山地与其北面的幕府山、老虎山、象山、郭家山等构成的山地，在地形面貌上是一致的，都是当时比较凸出的山地土岗，既是当时建康城北面两道极其重要的天然屏障，又是理

东晋温峤墓在考古发掘前已遭盗扰

想的下葬之地。

温峤在南京的葬地，近代以来亦颇为人关注。现今幕府山西侧的老虎山南侧山坡，即有清代长江水师金陵营参将陈麟书所立的一通温峤墓碑，用于标记他钩稽文献考证得出的温峤墓的位置，并已被公布为江苏省文物保护单位。然而以考古发掘的温峤墓位置来看，这位晚清儒将的征文考献显然不足为凭。

经考古发掘的温峤墓，系一坐北朝南、附长甬道的单室穹窿顶砖砌墓，由下水道、封门墙、挡土墙、甬道、墓室构成。墓葬总长 7.49 米。温峤墓下水道由长方形条砖平砌而成，共六层砖，中间留出 12 厘米见方的排水孔道。封门墙底层先砌六层平砖，然后再以三层平砖加一层侧立砖的组合，亦即所谓"三顺一丁"的砌法，共砌四组，顶部已残，残高 1.13 米。甬道以中间的横向门槽为界，分为前、后两段，总长 3.15 米。中间门槽宽 15 厘米，深 8 厘米。前甬道壁砌"三顺一丁"组砖共六组，然后以平砖顺砌起券，起券高度为 1.52 米。地面错缝平铺砖一层。后甬道壁以"三顺一丁"组砖砌四组后，以楔形砖顺砌起券，起券高度为 1 米。地面平铺斜"人"字纹地砖一层。后甬道比前甬道显得窄而低。墓室平面近正方形，顶部为四隅券进式穹窿顶。左、右、后三壁砌法一致，以"三顺一丁"组砖上砌四组后加砌平砖三层，然后从墓室四角弧形起券，至顶部中间收缩为正方形结顶。墓室左、右、后三壁中间均砌置直棂假窗和"凸"字形灯龛。地面铺斜"人"字纹地砖一层。墓室左前部砖砌祭台。墓室长3.96米，宽3.75米，内高3.38米。

温峤墓是在都城建康故地经考古发掘的墓主明确无疑且品秩最高的东晋墓葬。在温峤墓被发现之前的数十年间，虽然在六朝古都南京也发掘了不少东晋时期诸如琅琊王氏与颜氏、陈郡谢氏这样的世家大族的墓葬，但墓主往往并非这些著姓高门的代表性人物。此前发掘的东晋墓葬的墓主并由《晋书》为之列传者，也只有谢鲲、高崧二人，但这两人的位望也不足与温峤相提并论。因此，对温峤这样一位重要历史人物的墓葬的考古发掘，有助于考察东晋贵族的葬制与相关的一系列问题，是不言而喻的。

温峤墓为长甬道单室穹窿顶砖砌墓，这种穹窿顶的砖砌墓流行于六朝早期的东吴、西晋时期，多为前、后双室，东晋早期仍有孑遗，但已经演变为单室穹窿顶墓。这类单室穹窿顶墓均在墓壁四角同时向上起券结顶，四角起券处有砖砌灯台，左、右、后三壁均砌出直棂假窗，上设"凸"字形灯龛，墓室内未见有棺床之类的设施。南京地区发现的与温峤墓同类型的墓葬并不少，但资料经整理的不多，如象山7号墓、仙林仙鹤观6号墓、郭家山1—5号墓等。象山7号墓的墓主被推测为东晋荆州刺史、武陵侯、"书圣"王羲之的叔父王廙，仙鹤观6号墓墓主被推测为东晋侍中高崧的父亲丹杨尹、建昌伯高悝，郭家山1—5号墓虽然未发现随葬墓志，但墓中都出土了相当数量的金饰品和玉器，且所出玉器均属组玉佩中的玉件，其规格和等级亦非一般，而这类墓葬本身规模也比较大，其墓主身份显然甚高。

温峤墓甬道分前后两段，中间设置有一重木门。东晋墓甬道内设置一重或两重木门，也是墓主身份的象征。通常认为，甬道内设置两重木门的墓葬当属帝后陵寝。东晋墓甬道内设置的木门发展到南朝时逐渐演变为石门，而南朝墓甬道内设置一重石门的墓葬，其墓主亦多为王侯一级的贵族。

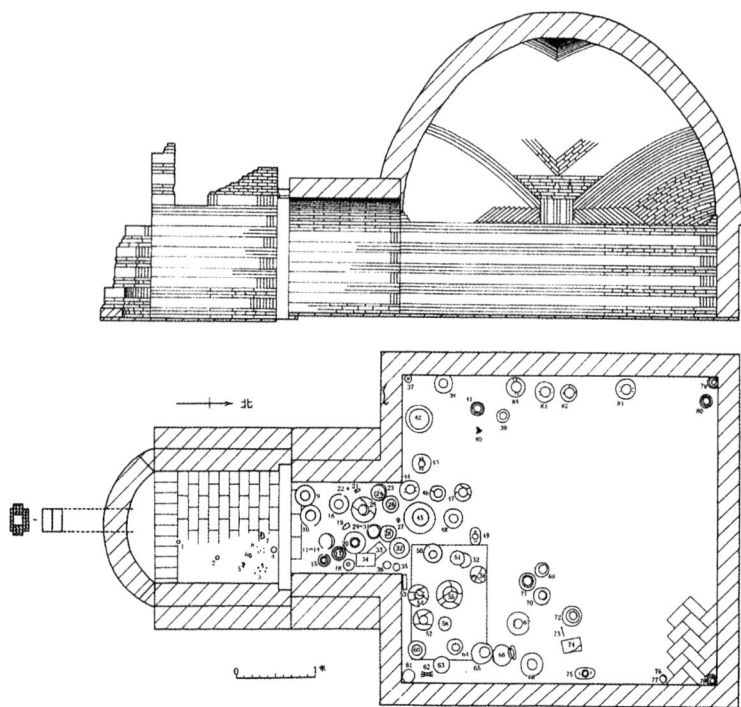

温峤墓平、剖面图

　　温峤墓早年虽遭盗掘，但仍出土了青瓷、陶、石、金、铜等质地的各类文物 83 件（套），其中青瓷器占绝大多数，仅青瓷盘口壶就发现了 22 件，其数量之多，在迄今发掘的六朝墓葬中尚属首见。此外，青瓷灯、熏、盘各有 7 件，青瓷碗或盏有 11 件。这些青瓷器大多完整，除个别器物为润泽的青釉外，绝大部分釉色泛黄且容易脱落。温峤墓出土青瓷器中的带把深腹钵，以往多见陶制品，在青瓷器中亦属首见。温峤墓出土的釉陶小壶，被认为是贮放香料之用。这种釉陶小壶多见于中原北方的西晋墓，南京地区此前也仅出土于东晋早期的象山 7 号墓、郭家山 5 号墓、仙鹤观 6 号墓中，可见这种釉陶小壶贮放的香料亦非寻常人家可用，应是具有特殊性质的遗物。

　　温峤墓出土的金银器较少，其中最令人百思不得其解的是一件直径 2.3 厘米、厚 0.4 厘米的上下两面与周缘皆经修治平整但却"用途不明"的厚重实心的金饼。这件金饼与温峤墓发现的不多的金饰如金指环、金

珠、金羊、金叶乃至琥珀、
碳精饰品，皆出土于前甬
道盗洞位置，有理由相信
都是盗墓者匆忙仓促之间
遗失的"劫后余存"之物，
因此像这样的小金饼原本
在温峤墓里随葬有多少件，
也还是一个谜。温峤这样
的人物，不大可能会在墓
葬里摆放如黄金原料或半

温峤墓出土金饼

成品之类的物件，所以这种被带入坟墓里的小金饼，必定有其用意。笔
者倾向于这件金饼很可能属于东晋统治者之间用于赏赐、馈赠的贵金属
上币。将所谓的上币制成圆饼形状，早在秦汉时期就非常流行。东晋、
南朝时期，对两汉贵金属货币形制也有所恢复，其中一个重要的标志便
是金饼的"复出"。据《南史·武陵王传》载：武陵王萧纪"在蜀十七年，
南开宁州、越巂，西通资陵、吐谷浑。……及闻国难……既东下，黄金
一斤为饼，百饼为簉，至有百簉；银五倍之，其他锦罽缯采称是"。说
的虽是南朝齐梁时的"故事"，但由此不难想见温峤墓出土的实心金饼，
可能也就是东晋时期的贵金属上币。

温峤墓出土的金珠、金羊、金叶等物，均为头上所戴"步摇"冠上
缀饰的物件。关于"步摇"，以往只能通过东晋顾恺之《女史箴图》的
传本来了解其形态，包括温峤墓在内的东晋南朝贵族墓出土的作桃形花
叶或动物形象的金步摇残片，反映出以步摇为代表的鲜卑金银制品，对
自诩为衣冠正朔的南渡世家大族乃至宫廷帝室的巨大影响，是东西方文
化融合交流的见证。

温峤墓考古发掘结束后，文物部门又对温峤墓周围进行了考古勘探，
在其西侧又发现四座砖室墓（以温峤墓编号为 M9，故续编号为 M10—
13），并进行了考古发掘。其中，除 M11 为西晋小型墓葬外，其余三座
墓葬即 M10、M12、M13 皆为东晋墓。

M10 全长 10.22 米、宽 4.92 米、高 5.64 米，位于之前发掘的温峤墓

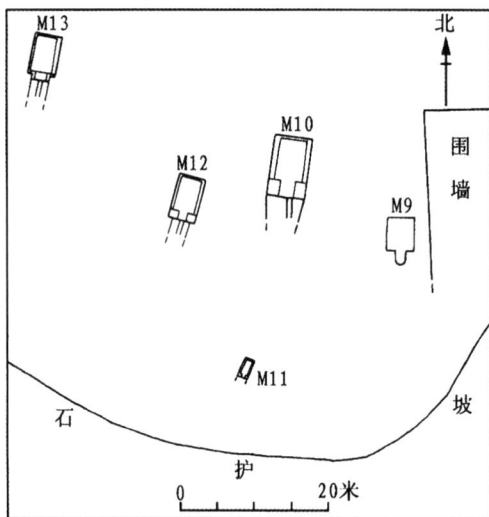

郭家山温峤家族墓分布示意图

西侧，彼此间距只有 11 米，形制亦为"凸"字形单室穹窿顶，与温峤墓类同。墓中出土各类器物 64 件。

M12 全长 7.43 米、宽 4.3 米、残高 2.58 米，位于 M10 的西南方约 8 米，亦作"凸"字形单室穹窿顶，与温峤墓、M10 构造类同。墓中出土各类器物 30 件，其中有陶质方跌碑形墓志一通。据志文可知，墓主为东晋泰和六年（371）四月廿九日葬的温峤次子、新建县侯温式之与夫人苟氏。

M13 全长 7.64 米、宽 3.66 米、高 3.59 米，位于 M12 的西北约 22 米，为"凸"字形单室券顶砖墓，与温峤墓及 M10、M12 的"凸"字形单室穹窿顶构造迥然不同。从墓葬形制的演变历程来看，M13 的时代比上述三座墓的时代都要晚。其墓葬构造中的部分细微变化与墓中出土的多件假圈足青瓷碗，更进一步昭示出 M13 的时代很可能要晚至南朝初年。

温峤墓西侧新发现并发掘的三座东晋墓，与温峤墓毗邻，其中，M12 的墓主被确认为温峤次子、新建侯温式之，由此推知，位于温峤墓西侧的 M10 与 M13 的墓主也应属温峤家族成员。

由于 M10 规模之宏大，甚至较温峤墓犹有过之，故而给考古资料的整理工作造成了不小的困扰，以致使考古工作者最终竟得出了规模更大的 M10 才是温峤墓，而先前发掘的温峤墓其实只是温峤妻始安公夫人墓的结论。不过，M10 出土青瓷鸡首壶肩部附贴的桥形系，却是典型的直到东晋中期才出现的"新事物"。由此来看，尽管 M10 的形制与温峤墓类同，但时代却晚于温峤墓。查诸史载，东晋兴宁年间（363—365）温峤嗣子温放之任交州刺史时卒于任，其卒葬的时间节点恰与 M10 随葬的肩部附贴桥形系的青瓷鸡首壶的时代对应得上。再者，温放之在温峤死后袭封始安郡公，品秩并不逊于温峤，且温放之殁于王事，加之东晋中期的社会经济状况较东晋初又有了相当发展，故温放之死后享有如此超逾常轨的大型墓葬，也并非不能想象之事。

如前所述，M13 在所发现的温峤家族墓中时代最晚，庶几可见，温峤墓与其西侧依次分布的温峤家族墓 M10、M12、M13 之间，明显存在着一个由早至晚的序列。循此思路，则 M13 有可能是温放之之子温嵩之及妻山氏的合葬墓。

史载，嗣封始安郡公的温嵩之主要活动于东晋晚期，然据《晋书·桓玄砖》，

温峤家族墓 M10（推测为温峤嗣子温放之墓）随葬肩部附贴桥形系的青瓷鸡首壶

元兴二年（403）十一月，桓玄篡晋，"又降始安郡公为县公，长沙为临湘县公，卢陵为巴丘县公，各千户"。另据《宋书》卷三《武帝纪下》，永初元年（420）夏六月诏曰："晋氏封爵，咸随运改，至于德参微管，勋济苍生，爱人怀树，犹或勿翦，虽在异代，义无泯绝。降杀之仪，一依前典。可降始兴公封始兴县公，卢陵公封柴桑县公，各千户；始安公封荔浦县侯，长沙公封醴陵县侯，康乐公可即封县侯，各五百户：以奉晋故丞相王导、太傅谢安、大将军温峤、大司马陶侃、车骑将军谢玄之祀。其宣力义熙，豫同艰难者，一仍本秩，无所减降。"这两段史料表明，太原温氏的郡公爵位在东晋末季的桓玄之乱中曾被降为县公，平乱后虽得以短暂恢复，但不久遂际晋宋革命、朝代鼎革，太原温氏的爵位"始安郡公"循例被降为"荔浦县侯"。这也可见，温嵩之的晚年大致都是在起伏无定的动荡不安中度过，太原温氏地位的螺旋式下降必然会在相应的礼俗中有所流露，M13 的规制小于墓主被推定为温放之的 M10，而仅与新建县侯温式之墓（M12）在伯仲之间，应正是这一情形的体现。

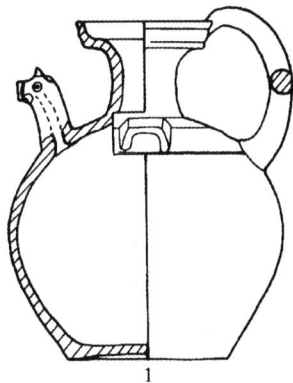

金玉满堂的广陵高崧家族墓

　　南京六朝墓葬在历史上鲜有不被盗墓贼光顾者，往往是下葬未久即遭盗掘，且规模越大的墓葬被盗毁得越厉害。究其原委，主要还是与魏晋南北朝的乱世背景有很大关系。但其中也有例外，南京仙林仙鹤观发掘的东晋侍中高崧家族墓就是这样的特例。

　　高崧，字茂琰，广陵人，爵建昌伯，历官镇西将军谢尚长史、骑都尉、侍中。后以公事免，东晋废帝司马奕泰和元年（366）八月廿二日卒于家。高崧的父亲高悝，官至丹杨尹、光禄大夫，封建昌伯，后因纳妾而被罢。高悝死后，高崧停丧五年不葬，直至皇帝哀怜下诏"特听传侯爵"。高崧夫人出于南方著姓会稽谢氏，高崧与会稽谢氏的婚配堪称东晋时期南方土著豪族之间联姻的典型个案。

　　高崧墓所在的仙鹤山及其周围是六朝墓葬分布较为集中的区域。1998年6月，南京师范大学仙林新校区在道路施工中发现一处六朝墓群，墓群位于仙鹤山东南麓海拔约50米的小土山的南坡，共发掘六座砖室墓葬，分属东吴和东晋时期两个不同的世家大族。其中三座东晋砖室墓偏于墓地西侧，分前后两排，前排两座（M2、M3），后排一座（M6）。据M2出土的高崧墓志与高崧妻谢氏墓志，可证三座东晋墓为东晋名臣广陵高崧家族墓。

　　位于后排的M6系平面呈"凸"字形的

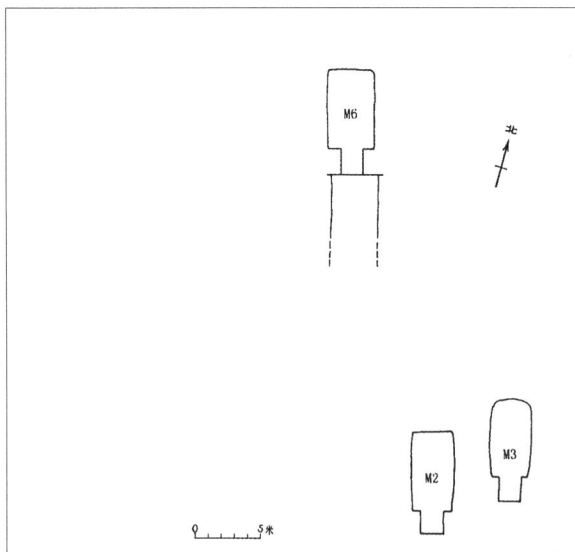

仙鹤观东晋名臣高崧家族墓平面分布示意图

单室穹窿顶构造，连同券顶甬道在内的砖室部分全长 7.44 米。甬道两壁下部以"三顺一丁"的砌法共砌三组，以上用顺砖起券；墓室为长方形穹窿顶，两侧壁及后壁砌法下部亦均以"三顺一丁"砌法共砌三组，其上顺砖平砌两层。墓壁中央从底部向上斜砌成倒"人"字形，墓室顶部收结为方形藻井状。两侧壁及后壁中央各设一直棂假窗，假窗上辟一"凸"字形小灯龛。墓室西南角距墓底 1.08 米伸出半砖作为灯台，墓室后部地面铺设砖砌棺床。甬道及墓室底铺地砖两层，上层斜"人"字形平铺，下层错缝平铺。墓葬保存完好，未经盗扰。

墓室内发现两具黑漆木棺的遗痕。东侧木棺内为男性墓主，所用棺钉均铜质。随葬品中的铜砚、漆盘、蜡板、鎏金铜砚滴、铜弩机出于棺内前部，铁剑、玉具剑、组玉佩、玉柄饰、玉带钩、玉豚、心形玉佩、水晶珠等出于棺内中部。

西侧木棺内为女性墓主，所用棺钉皆铁质。随葬品中的漆盒、漆耳杯、玻璃碗、铁剪刀、鎏金银鼎、铜耳杯、釉陶壶等出于棺内前部，金钗、金镯、金耳挖、金珠、金铃、银铃、金羊、金辟邪、绿松石辟邪、鎏金铜支架、铜钱等出于棺内中部，另有金指环、金耳坠、桃形金片等少量小件遗物漂移出木棺。

除棺内遗物外，似作为祭器的青瓷罐与器盖等均出于棺床东侧前部，显然与男性墓主之间的联系更为密切。

位于前排西侧的 M2 即高崧夫妇墓。砖室平面呈"凸"字形，甬道与墓室均为券顶构造，全长 7.44 米。甬道两壁下部以"五顺一丁"砌法共砌三组，以上顺砖起券；墓室长方形，两侧壁及后壁砌法自下而上为"五顺一丁"九组，继"两顺一丁"两组，最后一层丁砖至顶。两侧壁中部各设有两个"凸"字形小灯龛，后壁无灯龛。墓室后部铺设砖砌棺床。甬道与墓室底部铺地砖两层，上层斜"人"字形平铺，下层错缝平铺。墓葬保存完好，未遭盗掘。

墓室内发现两具木棺遗存，骨殖大部不存，仅见 5 颗人牙。东侧木棺构件大都保存尚好，但已散开并移位，棺钉皆铜质。棺内遗物包括铜弩机、玉豚、心形玉佩、组玉佩、玉带钩、铁镜等。高崧砖墓志在东侧前壁下倚壁而立，砖志倒置，刻字的一面朝向墓壁。

西侧木棺已完全朽毁，仅发现零星的木棺黑色漆片，棺钉皆铁质。棺内遗物主要包括各类金饰件、石黛板、漆器、铁镜、银链铁剪、滑石猪、铜弩机等。棺床前西壁下侧置高崧夫人谢氏砖墓志，刻字的一面朝向墓内。

除棺内遗物外，棺床东侧前部、墓室西南角两处还集中发现两组分别属于高崧和谢氏的陶瓷器，主要有瓷罐、瓷器盖、陶盘、陶果盒、陶耳杯等。

位于前排东侧的 M3，形制与高崧墓（M2）类同，亦为男女合葬墓，但墓壁略向外弧突，规模亦稍小。墓内满积夹杂碎砖的淤土，清理发现的遗物多残碎，甚至一器散见多处，局部铺地砖亦遭撬起，表明此墓早年曾遭盗掘。

三座墓葬中，只有 M2 由于出土了墓志，可确定墓主为东晋侍中高崧夫妇。M6 为带甬道的单室穹窿顶砖室墓，在南京地区主要流行于东晋早期，墓室转角处所砌"羊角砖"灯台亦见于东晋早期墓。此外，出土的几件青瓷器肩部及附系上所饰兽面铺首与蕉叶纹，也都流行于西晋至东晋早期。综合各种因素，可以推定 M6 很可能是官至丹杨尹、封建昌伯的高崧父高悝夫妇墓。值得注意的是，被推断为高悝夫妇墓的 M6 的穹窿顶系从墓室侧壁、后壁底部为起点直接向上斜砌成倒"人"字形，不同于这一时期其他墓葬先砌一段裙墙、再于裙墙之上斜砌成倒"人"字形的砌筑方法。另一方面，M6 墓室铺设砖砌棺床的做法，在南京地区东晋早期墓中亦较罕见。

M3 形制与高崧墓（M2）类同，在已发现的东晋墓中亦属中型偏大者，显示墓主的身份不低，但墓壁略向外弧突，则是东晋晚期至南朝刘宋早期墓葬的构造特征，故 M3 的年代明显晚于高崧墓，推断可能是高崧子、官至散骑常侍的高耆夫妇墓。

南京仙林仙鹤观东晋高崧家族墓方向相近，排列有序。值得留意的是，三座墓葬的砖室结构虽因早晚之别而有所变化，但墓内设施却具有一定的共性。如以品秩而论，高崧及其父、子三辈，于例均合在甬道内设置一重木门，但三座墓的甬道均未设木门。此外，三座墓的墓葬时代不论早晚，皆于墓室内铺设砖砌棺床，均未见排水用的阴井，墓主棺位均是男东女西，棺钉质地均是男铜女铁等。这些具有共性的家族墓特征，

高崧墓随葬玉器出土情形

与之前发现的东晋王、谢世家大族的葬俗既有联系，又有明显的区别。如东晋琅琊王氏的王兴之夫妇墓、王建之夫妇墓中的棺位均是男西女东，与高崧家族墓之间的差异显而易见。

东晋高崧家族墓的考古发掘，是我国六朝文物考古的重要收获。近数十年间，南京地区相继发现的东晋琅琊王氏与颜氏、陈郡谢氏等家族墓，均属中原侨族，高崧家族墓则是长江下游南方世家大族墓地的首次发现。三座砖室墓呈现出有规律的排列，形制结构具有一定的代表性。特别是由于高崧及其父高悝墓皆未经盗掘，出土金、玉之类的文物未经扰动，组合尤为完整，对于探究彼时的名物制度，意义非凡。

魏晋南北朝时期的玉器出土数量相对较少，其面貌和特征一直不甚清晰，是我国古代玉器研究的薄弱环节。仙鹤观东晋高崧家族墓出土各类玉器30余件，其中不少玉器不仅玉质晶莹温润，而且造型优美，雕琢精致，堪称珍品，代表了当时玉器工艺的最高水平。

仙鹤观东晋高崧家族墓出土玉器可分佩饰（环、心形佩、司南佩、辟邪形佩饰、珩、琪、珠等）、剑饰（剑首、剑格、剑璲、剑珌）、葬玉（玉豚）和带钩等生活用玉。组佩是其中最重要的佩玉之一，在我国古代服制和礼制中占有举足轻重的地位。魏晋南北朝玉组佩构件以往只

东晋高崧墓出土玉组佩 仙鹤观 M6 出土玉组佩

有零散发现，因组件残缺，其组合情况一向不很清楚。仙鹤观东晋高悝、高崧父子墓出土的两套组佩结构完整，为复原当时的佩系提供了精准的依据。这两套组佩为男性墓主佩挂，均由 3 珩、2 璜、2 珠计 7 件组成。以高崧墓为例，组佩构件上下三排，顶端是一件起提梁作用的四孔云头形玉珩，下垂三列；中央为一件三孔云头形玉珩，两旁各系一侧立之璜；下端中央为一件单孔磬形玉珩，两侧各垂一玉珠。

以往南京地区发掘的东晋墓屡见珩、璜、珠等不成体系的单件玉、石佩饰，显然都是组佩的孑遗。就已刊布的材料而言，类似高悝、高崧父子墓出土的组佩构件，最早见于山东东阿魏曹植墓，西晋刘弘墓组佩构件虽遗缺 3 件，但其形制与东晋高崧父子墓出土品如出一辙。

这一时期的组佩与汉代迥然有别。如汉代常见的作为组佩构件的玉舞人、玉觽、龙形佩等已被摒弃，而代之以云头形、磬形玉珩和竖置的玉璜以及玉珠，一扫汉代组佩的奢靡华美之风。另一方面，汉代组佩不拘一格，结构尚无定制，形式复杂多样，而魏晋南北朝多依据相对固定的统一模式，更为简洁，更加规范和制度化。史载"汉末丧乱，绝无玉佩。

魏侍中王粲识旧佩，始复作之。今之玉佩，受法于粲也"。这类组佩一直到唐代以后仍沿其制，甚至南京南唐中主李璟顺陵出土的磬形珩的形制，仍与魏晋南北朝同类构件近似。再以唐懿德太子李重润墓石椁门扉上线刻女官腰侧的组佩，与经复原后的仙鹤观东晋墓两套组佩做一对比，也能发现两者之间的相似。

高崧家族墓出土的心形佩皆顶部起尖，底部圆弧，中有圆形孔，两侧有不对称的透雕附饰，在出土玉器中最为精美。一般认为，心形玉佩游离于玉组佩之外，是另一类可以单独佩带的玉饰。高崧家族墓出土的司南佩是一种从东汉开始流行的玉佩饰，这种器表光素、造型奇特的司南佩饰一般认为用于厌胜避邪，可能与天师道信仰有关。

剑和剑鞘上装置玉制剑饰，称为"玉具剑"。在我国最早出现于春秋晚期，而四种剑饰齐备的玉具剑主要流行于西汉时期。魏晋时期亦不乏玉具剑的使用，据《晋书·舆服志》记载："汉制，自天子至于百官，无不佩剑，其后惟朝带剑。晋世始代之以木，贵者尤用玉首，贱者亦用蚌、金、银、玳瑁为雕饰。"以往南方六朝墓中偶见有玉剑饰出土，往往仅见玉剑璏一种。墓主被推断为高悝的仙鹤观6号墓剑首、剑格、剑璏、剑秘四种剑具齐备，是目前所见年代最晚、品类最完整的玉具剑标本。

高悝、高崧父子两墓玉器的种类和组合一致，与魏晋南北朝时期流行的朝服葬制有关。朝服即朝会时身着的官服，依身份高低有一定的等级区别。朝服葬非通例，而是皇帝给予重臣的荣宠。西晋时赐葬朝服比较普遍，永嘉南渡后，服章多缺，朝服特别是佩玉供不应求，文献记载赐葬

仙鹤观东晋高崧墓出土蝉纹金铛

朝服的现象明显减少，如《晋书》记载赐葬朝服的仅谢安、桓温等寥寥数人。墓主身着的朝服本身不耐久存，但作为附件的玉佩颇有遗留。从高崧父子墓葬出土组玉佩、心形佩看，两墓应属朝服葬无疑。由此推之，其他出土组佩构件的魏晋南北朝墓葬，实亦使用了朝服葬。

东晋高崧家族墓出土金银器亦引人瞩目。这些金银器主要为装饰品，可细分为头饰、手饰、佩饰、衣饰等。头饰有蝉纹金珰、簪、钗、胜、耳挖、金叶、花瓣形金片等。《晋书·舆服志》载汉晋时期侍中、散骑常侍冠前"加金珰，附蝉为饰，插以貂毛，黄金为竿，侍中插左，常侍插右"。但从考古发现来看，金珰的使用层面比文献记载要广阔得多。

桃形金叶、花瓣形金片与镂雕对凤衔胜纹的圆形金片，则是贵族头戴步摇冠之构件，这种冠饰下设金博山状基座，基座上伸出枝条，上缀白珠、花朵、叶片、鸟兽，所以"步则动摇"。花瓣形金片即步摇枝上所缀花朵，而桃形金叶则是点缀其间的摇叶。高悝墓出土花瓣形金片恰为9件，高崧墓虽存8件，但颇疑原亦为9件，这与文献记载步摇冠上装饰的"八爵（雀）九华（花）"几乎完全吻合，而镂雕对凤衔胜纹的圆形金片，应即名为"八爵（雀）"的饰件。

高崧家族墓出土的簪首作斧钺形的金簪在《晋书·五行志》中称为"五兵佩"，是当时诸多"服妖"现象之一。

高悝墓内出土的1件鎏金银盖鼎，器形虽小，但制作精巧，是这一时期同类遗物的首次发现。外底线刻的"第五"二字，应是该器编号，说明当时这种高级器皿的生产有一定规格、序列。鼎内残存少量细碎云母片，魏晋时期丹鼎派道教在上层社会极度盛行，服食成风，而云母就被视为仙药之一，庶几可见高崧家族成员亦雅好服食丹药。至于此鎏金银盖鼎，应是文献记载用来盛放仙药的所谓"神鼎"。

东晋高崧家族墓出土的大量精美的玉器、金银器，无论数量或质量在东晋墓葬中都罕遇其俦，是研究当时服章制度与手工艺的珍贵实物。

千载石麟相对立
——南朝刘宋皇陵

东晋元熙二年（420）六月，行伍出身的权臣刘裕迫使晋恭帝司马德文禅位于己，改国号"宋"，仍都建康，改元永初，史称刘宋。刘宋政权的建立，标志着士族阶层的没落，凭借军功起家的庶族寒门登上了历史舞台，这对中国南方的政治进程、文化建设等，都产生了深刻的影响。在帝王陵墓的营建上，尽管刘宋也不免表露出对于"江左元、明崇俭，且百度草创，山陵奉终，省约备矣"的认可，但似乎也是囿于国力的制约，不得不尔。晋、宋统治者南船北马的出身，几乎注定了东晋薄葬从简的理念不太可能再沿着老路继续维持下去。可以看到的是，刘宋帝王陵墓一改魏晋时期"不坟不树"的传统，遥承汉制，不仅堆筑起高大崇宏的墓冢封土，开辟神道，并且广置石兽、碑、表，墓室前接的甬道内所设置的门扃，也一改东晋的木门而为石门，墓葬在建制体量乃至装饰理念诸方面，也都远逾东晋帝陵。

结合文献记载来看，刘宋在帝王陵墓制度上的一系列变革，根本上既是出于对所取代的东晋政权的反动，也是对同出刘姓的两汉政权倚为基石的汉制的皈依，根本上则是彰显自身正统地位的需要。从这个意义上来说，刘宋帝王陵墓为后世齐梁陈三朝乃至唐宋帝陵的规划建造，树立了新的范式和样板，影响深远。

南京地区的刘宋帝陵主要分布在三片相对集中的区域，其一是南京东郊的紫金山东南马群至麒麟门一带，主要有刘宋开国皇帝武帝刘裕初宁陵与刘裕第三子、宋文帝刘义隆长宁陵。

宋武帝刘裕登基仅两年便于永初三年（422）五月驾崩，七月葬于初宁陵。初宁陵内还祔葬有刘裕驾崩后从丹徒迁移而来的武敬臧皇后的梓宫。据《建康实录》卷十一记载：初宁陵"在县东北二十里，周回三十五步，高一丈四尺"。宋文帝刘义隆与皇后袁氏合葬的长宁陵与初宁陵位置相近。《建康实录》卷十二载长宁陵也"在县东北二十里，周回三十五步，高一丈八尺"。《元和郡县图志》则更是明载初宁陵、长宁陵"并在县

被推断为宋武帝初宁陵的麒麟铺石兽

东北二十二里蒋山东南"。可见二陵位置同处一地。

南京东郊麒麟镇东北麒麟铺村麒龙公路两侧,正有一对南朝陵墓神道石兽。石兽均为雄性,东西相距23.4米。西兽头上独角已断,通常被视为麒麟,四肢犹存,但额、尾残损,足为五趾,身长3.18米,高2.78米,体围3.21米;东兽头上双角亦断,通常被视为天禄,四肢及尾部皆残缺,胸、腹部剥蚀严重,修复后身长3米,连同底部添置的石墩高3米,体围3.13米。这对石兽造型相似,只是身体细部纹饰略有不同,均昂首挺胸,眦目张口,颔下长髯垂胸,腹侧浮雕双翼,翼前饰鱼鳞纹,后为长翎,遍体浅刻勾云纹,极具装饰效果。由于年湮代远,加之盗掘以及人为耕垦破坏,石兽之后的墓冢已被夷平。

这对石兽最早著录于《嘉庆江宁府志》卷十《古迹志》,并被标示为宋文帝长宁陵。1912年上海徐家汇司铎张璜用法文著《梁代陵墓考》一书的第七章注文也认为:"宋文帝墓在蒋山,又名紫金山(即南京钟山),该处尚遗留有宋文帝墓前二石兽。一兽靠近麒麟门,在路左边(离朝阳门十五里),另一兽在路右一池塘内。"说的正是麒麟铺石兽。但

1935 年出版的《六朝陵墓调查报告》则将麒麟铺的这对石兽考订为宋武帝刘裕初宁陵，此后所刊行的《建康兰陵六朝陵墓图考》《金陵古迹图考》《南京史话》等论著皆翕然从之。1988 年 1 月麒麟铺石兽旁所立文物保护单位标志碑上，也赫然题写为"初宁陵石刻"。

近有学者据《南齐书·豫章文献王嶷传》所云"上（齐武帝萧赜）数幸嶷第。宋长宁陵隧道出第前路，上曰：'我便是入他冢墓内寻人。'乃徙其表阙骐驎（麒麟）于东岗上。骐驎及阙，形势甚巧，宋孝武帝于襄阳致之，后诸帝王陵皆模范而莫及也"，认为宋孝武帝为造宋文帝长宁陵神道石兽，尚且不远千里取法于湖北襄阳的东汉神道石兽，可能正是因为此前建康的东晋帝陵及宋武帝初宁陵都未设神道石刻的缘故。并检出《宋书》卷三三《五行志四》所云"元嘉十四年（437）震初宁陵口标，四破至地"，卷三四《五行志五》所云"孝武帝大明七年（463），风吹初宁陵隧口左标折"，进而认为宋武帝初宁陵神道入口的标志物不过是竹木制成的简易的"标"而已。而按照通常的理解，同为墓上的标志物，"标"既为竹木所制，石兽则焉之所出？所以南京麒麟铺的石兽不可能是宋武帝刘裕初宁陵之物。这一认识确乎有其独到之处，值得措意。不过，将位于"初宁陵隧口"的"标"理解为竹木制成的简易标志物，或许也并不妥帖。唐代李贤注《后汉书·光武十五·中山简王焉传》之"大为修冢茔，开神道"，即谓"墓前开道，建石柱以为标，谓之神道"。可见作为神道入口标志物的石柱，也可以被称之为"标"。所以说，南京麒麟铺石兽究竟属宋武帝刘裕初宁陵所有抑或宋文帝刘义隆长宁陵之物？刘裕初宁陵神道入口的标志物是木制抑或石刻？目前都还缺乏更有力的材料予以证明。

关于宋文帝刘义隆的长宁陵神道石刻，林树中先生在《南朝陵墓雕刻》一书中，还列举了美国宾夕法尼亚大学博物馆藏、文物出版社 1960 年出版《抗议美帝掠夺我国文物》第 54 图所著录的一件仅存头与身躯的石兽，并认为该石兽"胸腹部作瓜棱状突起，脊骨节鼓起，翼部用螺旋状平行线刻出，风格与南京麒麟铺刘宋石麒麟最为接近……而较麒麟铺二石兽灵巧……可能即为宋文帝长宁陵之物"。实则该石兽是民国时期自河南流出，与南朝石兽无涉。此外，早先也有考古学者认为南京栖霞区狮子

马群狮子坝小石兽可能是南京东郊刘宋陵区的陪葬墓

冲的一对石兽是宋文帝刘义隆的长宁陵神道石刻，然据考古发掘所证实，狮子冲石兽实为梁昭明太子萧统及其生母丁贵嫔安宁陵遗存，与宋文帝长宁陵风马牛不相及。

除了宋武帝初宁陵与宋文帝长宁陵之外，近年来，又有学者提出了麒麟铺石兽可能属梁废帝萧渊明墓、陈武帝之父瑞陵等新论点。值得一提的是，日本学者菊地雅彦通过细致的类型学分析，推断麒麟铺石兽在造型乃至细部装饰方面多呈现出南朝萧梁后期的风格特征，较诸以往中国学者多从地志文献入手来进行相对宽泛的推导，显得尤为直观，带来的相应冲击自然也是相当大。值得一提的是，宋武帝初宁陵与宋文帝长宁陵周围，理应还分布有相应的陪葬墓，其中位于南京东北郊马群狮子坝的一件南朝时期的小石兽，可能即是刘宋时期从属于刘裕、刘义隆父子二人陵寝的陪葬墓遗存。

相对于南京东郊的初宁陵、长宁陵而言，以宋文帝之子、孝武帝刘骏景宁陵为核心而形成的南京南郊的岩山刘宋帝陵区，在位置上可谓反其道而行之。

宋孝武帝刘骏在位十一年，大明八年（464）闰五月庚申驾崩，七月丙午葬丹阳秣陵县岩山景宁陵，庙号世祖。岩山亦即龙山，据《南史·后妃传》：大明六年（462）四月，孝武帝宠爱的殷贵妃病故，孝武帝异常悲恸，并"葬宣贵妃于龙山"。据此可知，宋孝武帝显然早已勘定了岩山陵址。

孝武帝刘骏的生母、宋文帝刘义隆的妃嫔路惠男以美色入侍，因诞刘骏而封淑媛。刘骏登基之后尊路氏为皇太后，前废帝刘子业即位后尊路氏为太皇太后。泰始元年（465），宋文帝第十一子刘彧废刘子业自立，是为宋明帝，尊路氏为崇献太后。供奉礼仪，不异旧日。路氏驾崩，明帝迁殡东宫，题门额曰"崇宪宫"，谥昭皇太后。大明八年（464）九月乙卯葬孝武帝景宁陵东南，号攸宁陵。这一葬制无疑源于东晋。东晋一朝，凡诞育了嗣皇帝的姬妾，在嗣皇帝即位后往往"母以子贵"而被尊为太后，而东晋也一改西晋帝后同茔合葬的传统，着手为去世于本夫之后经年的皇太后（妃）重新营建陵寝。生育了嗣皇帝的姬妾之所以能够"崇尊尽礼""陵庙备具"，固然由于所诞育的"臣子"以旁支入继帝统之力，故若配食、祔葬于先帝"则义所不可"，而与嗣皇帝比邻并排而葬，则最是情理两便，委惬众意。

关于宋孝武帝刘骏景宁陵的位置，许嵩《建康实录》卷十三记载："景宁陵在上元县南四十里岩山之阳。"《同治上江两县志》卷三谓："牛首山东北曰岩山。"可知岩山即今位于牛首山东的翠屏山，又名尖山，即将军山一带。近人张璜《梁代陵墓考》附《金陵陵墓古迹全图》注云："宋孝武帝景宁陵在江宁岩山，又名龙山，静明寺旁。"静明寺位于南京南郊安德乡，西北距中华门近 10 公里，明代内官监太监罗智于正统年间肇建，明英宗敕赐寺额，寺址至今犹存，即位于牛首山东北的尖山山麓。

此外，根据史料记载，刘宋前、后废帝的陵墓也都位于雨花台区尖山、将军山一带，与孝武帝景宁陵及殷贵妃墓皆相去不远。

前废帝刘子业为宋孝武帝刘骏长子，刘子业登基后，于景和元年（465）九月发掘破坏了刘骏最宠爱的殷贵妃墓，继而又欲发掘乃父景宁陵，为太史劝阻。刘子业于景和元年冬月被叔父湘东王刘彧等人弑杀，时年 17 岁，史称前废帝，葬于丹阳郡秣陵县南郊坛西。

后废帝刘昱为宋明帝长子，泰豫元年（472）即皇帝位。史籍中不惜笔墨、不厌其烦地记载了刘昱荒唐放纵甚至丧心病狂的种种为人神共愤的恶行，但可信度有多少就不得而知了。其时，萧道成、王敬则密谋废立，指使心腹杨玉夫等在仁寿殿将年仅 15 岁的刘昱杀死，时为元徽五年（477）七月七日。事后，萧道成迫使太后在诏书中历数刘昱穷凶极暴、自取其灭的罪状，将其追废为苍梧郡王，史称后废帝，亦葬丹阳郡秣陵县南郊坛西。

1960 年，文物部门在南京南郊西善桥太岗寺宫山北麓发掘了一座南朝大墓。墓葬为带甬道的长方形券顶砖室墓，方向70度，全长8.95米，宽3.1米，高3.3米。墓室、甬道四壁砌法为"三顺一丁"，其中，墓室内壁辟直棂假窗和桃形小龛。甬道内设石门一重，墓室中部有砖砌棺床，其上放置石棺座。此墓早年被盗，尚存青瓷盘口壶、碗、玉杯、铜镜、盘、碗、钵、凭几、耳杯、唾壶、铁镜、滑石猪以及包括"货泉""五铢"在内的铜钱共计53件。

墓室左右两壁各有一组镶拼砖画，是尤令人瞩目的重大发现。画幅各长2.4米，高0.8米，距墓底0.5米。画面内容为"竹林七贤与荣启期"，表现的是魏晋时期善于清谈而又嗜酒的七位高士嵇康、阮籍、山涛、王戎、向秀、刘伶、阮咸与东周时期的高士荣启期。画幅所绘的名士之间，以树木分隔而成相对独立的画面，构图简洁紧凑，人物线条流畅遒劲，通常认为其粉本出自活跃于南朝宋齐之际的著名画家陆探微手笔，展现了南朝典型的"秀骨清像"的人物造型风格。迄今所见，总共发现了四座以"竹林七贤与荣启期"镶拼砖画装饰墓壁的南朝帝王级别的陵墓，但唯有宫山墓的"竹林七贤与荣启期"镶拼砖画的画幅最为完整，制作工艺

西善桥太岗寺宫山南朝大墓"竹林七贤与荣启期"镶拼砖画之一

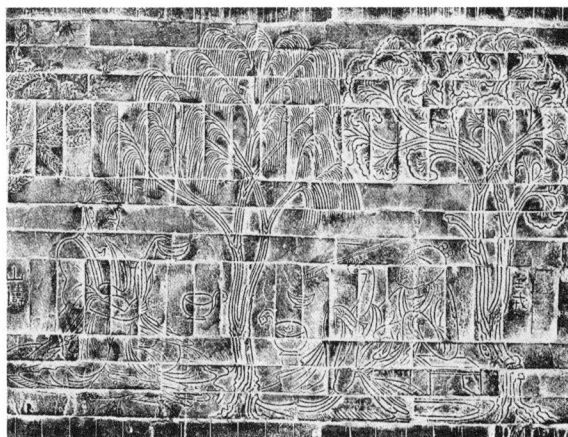

西善桥太岗寺宫山南朝大墓"竹林七贤与荣启期"镶拼砖画之二

也最为精当，所刻画人物的题榜与排列位置均未出现差池失误。

对于南京西善桥宫山南朝"竹林七贤与荣启期"镶拼砖画墓年代的推定，自晋末至梁陈皆有，可谓杂说纷呈，莫衷一是。不过从出土陶质明器的造型风格来看，该墓年代当以刘宋后期的可能性最大，约与孝武帝刘骏在位的年代相当。此墓所在的宫山即今南京市雨花台区西善桥村东南的罐子山南麓，与静明寺所在的尖山（又名岩山、龙山），东西相距约 5 公里。这也是宫山南朝墓的发掘者从地理位置着眼，推断可能为宋孝武帝刘骏景宁陵的重要依据。

不过，从甬道中仅设一重石门的构造及其背后蕴含的制度特征来看，宫山南朝失考墓的墓主身份还够不上帝后级别，可能是逊帝后一级的贵族。据岩山刘宋陵区的形成过程可知，先后被削去帝号、追贬为郡王的前废帝刘子业与后废帝刘昱乃至向为孝武帝宠爱的殷贵妃等也都营葬于此，他们的身份与宫山南朝"竹林七贤与荣启期"镶拼砖画墓的规制相近，故墓主更可能是上述三人中的某一位。值得一提的是，考古工作者早年在南郊东善桥曾征集一件已经残断的石望柱，造型与南朝梁文帝萧顺之建陵、梁吴平忠侯萧景墓、梁安成康王萧秀墓、梁临川靖惠王萧宏墓及江宁淳化等地南朝陵墓神道上的石望柱近似，唯形制甚小，方版底部与柱身相接处亦未雕饰作托举状的力士，显露出尚较质朴的早期发展阶段的特征。凡此，不由得让人想起了《南史·江智深传》关于宋孝武帝刘骏宠妃殷氏卒葬的一段记载："初，上宠姬宣贵妃殷氏卒，使群臣议谥，智深上议曰：'怀。'上以不尽嘉号，甚衔之。后车驾幸南山，乘马至殷氏墓，群臣皆骑从，上以马鞭指墓石柱谓智深曰：此柱上不容有'怀'字。"于此可知，位于南郊岩山陵区的刘宋皇族墓已曾置有石望柱之类的标志物，可能只是由于体量小，更容易遭到破坏毁弃，以致更不易为后人察知而已。

此外，元代《至大金陵新志》卷十二下记载："宋少帝陵在南郊坛。"如果此说不诬，那么宋少帝刘义符陵当与南郊坛的刘宋前废帝刘子业墓、后废帝刘昱墓相邻，也位于岩山刘宋陵区的范围之内。但问题是，"宋少帝陵在南郊坛"之说仅存于《至大金陵新志》，却并未见诸更早的《建康实录》和《元和郡县图志》等书，属于孤例，是否可信值得斟酌。

位于南京北郊幕府山的刘宋皇陵，主要有宋明帝刘彧高宁陵与明帝生母宣皇太后沈容姬崇宁陵。沈容姬为宋文帝刘义隆的妃子，初封美人，颇受宠爱，诞皇子刘彧后而获封婕妤。薨于元嘉三十年（453）闰六月，葬建康北郊莫府山。孝武帝登基追赠湘东国太妃。明帝继位后，追谥沈容姬为宣太后，其墓称崇宁陵。明帝泰豫元年（472）四月驾崩，五月葬临沂县幕府山其母沈容姬崇宁陵侧，称高宁陵。这又是一个嗣皇帝的生母与嗣皇帝比邻并排而葬且分别拥有各自陵号的例子。此外，20世纪末在南京南郊隐龙山发掘了多座随葬刘宋元嘉四铢铜钱的规制甚高、排列有序的南朝早期墓，推断应即岩山刘宋帝陵区的臣僚陪葬墓。

关于沈容姬崇宁陵与宋明帝刘彧高宁陵的相对位置，唐代许嵩《建康实录》记曰："宋明帝泰豫元年葬高宁陵，葬临沂县幕府山西，与王导坟相近。今山前有坟垄，晋穆帝陵在山南，或以西为明帝墓。"宋代张敦颐《六朝事迹编类》卷十二《坟陵门》记曰："《南史》：宋明宣沈太后为文帝美人，生明帝，元嘉三十年葬建康之幕府山。今宝林寺西南有坟垄，相传为国婆坟，疑即沈后所葬之地。"据此可知，沈容姬、宋明帝母子的陵墓皆与东晋丞相王导墓相近。唐代诗人唐彦谦有《过清凉山王导墓下》诗曰："江左风流廊庙人，荒坟抛与梵宫邻。多年羊虎犹眠石，败壁貂蝉只贮尘。万古云山同白骨，一庭花木自青春。永思陵下犹凄切，废屋寒风吹野薪。"其中"荒坟抛与梵宫邻"的"梵宫"大约便是宝林寺。可惜时过境迁，王导墓与宝林寺的位置皆不可考，沈容姬与宋明帝母子的陵墓遂亦难确指。

刘宋的末代皇帝顺帝刘準，为宋明帝刘彧第三子（一说为桂阳王刘休范之子），初封安成王，元徽五年（477）七月为萧道成拥立为帝，昇明三年（479）四月禅位于萧道成。建元元年（479）五月，仅13岁的刘準被杀于丹阳宫，六月葬遂宁陵。近人张璜《梁代陵墓考》附《金陵陵墓古迹全图》认为宋顺帝刘準遂宁陵在江宁境内，但从常理来看，为萧道成所立的刘準更可能祔葬于北郊幕府山宋明帝刘彧高宁陵侧，而不大可能入葬刘宋南郊岩山陵区。

不为陵园痤蜡鹅

——梁昭明太子墓

南京栖霞山西南约 2.5 公里、北象山下栖霞镇新合村狮子冲，现存有一对在南京地区南朝陵墓神道石兽中尚不多见的有角石兽。两件石兽东西相对，间距 24.45 米。其造型灵巧威猛，都是头部硕大，头颈间无鬃毛，舌不垂露。以西石兽为例，身长 3.19 米，高 3.02 米，体围 2.8—3.06 米，底座高 0.27 米。石兽昂首挺胸，张口含舌，舌不下垂，下颏须髯分五缕飘拂胸前。头顶独角上有三个圆柱。腹侧双翼作七根翎状。四腿刚劲有力，左腿前迈，足为五趾，翘起，似蓄势待发。长尾下垂，其上骨节隆起。全身上下浮雕勾云纹，华美艳丽，光彩照人。

南朝帝陵神道石兽造型和装饰的演变，似有规律可循。以丹阳胡桥、建山诸陵为代表的齐代石兽轻盈窈窕，梁初的建陵完全沿袭齐陵石兽的形式，继后的梁武帝修陵石兽造型虽有变化，但尚未完全摆脱齐的影响。真正开创梁陵石兽样式者，为丹阳陵口和简文帝庄陵的石兽，它们一扫

南京栖霞镇新合村狮子冲安宁陵石兽

齐陵石兽体形的流丽曲线而呈现端庄稳重的倾向。狮子冲石兽不类南齐造型，也不似建陵和修陵的石兽，而接近陵口和庄陵石兽样式，但更为华丽精美，尤其足趾翘起的姿态与庄陵石兽几乎完全相同，可见两处石兽的时代相去不远。

围绕南朝陵墓神道石刻归属的聚讼，历来以栖霞区狮子冲石兽为最，其中最具影响的一种观点认为狮子冲石兽为陈文帝陈蒨永宁陵遗存，而石兽旁竖立的国家级文物保护标志碑上也是这样明示的。

从地理位置上看，狮子冲北邻集中埋葬梁代宗室萧秀、萧憺、萧景的甘家巷、尧化门地区，南近梁临川靖惠王萧宏墓，属于梁代陵墓区范围无疑。仅以此而言，陈文帝陈蒨永宁陵的可能性已可排除。狮子冲现存的这两件神道石兽，均为有角雄兽，西侧石兽为独角麒麟，东侧石兽为双角天禄，且通体作繁缛、细密的减地雕饰，其雕刻明显较王侯墓前的狮形石兽精细且费工耗时，不同于萧梁宗室王侯陵墓神道前所置的无角辟邪，而契合南朝帝陵的规制，当属萧梁帝陵神道石刻。那么，萧梁时期究竟会有哪一位皇帝营葬于此呢？

2013年1月至6月，考古工作者在狮子冲石兽之后发现并发掘了两座均曾遭受严重盗毁的南朝大型砖室墓。两墓坐北朝南，东西并列，M1居东，M2居西，墓坑相距9.3—10米。据出土纪年砖推断两墓的墓主极有可能是梁昭明太子萧统（M1）与其生母丁贵嫔（M2）。

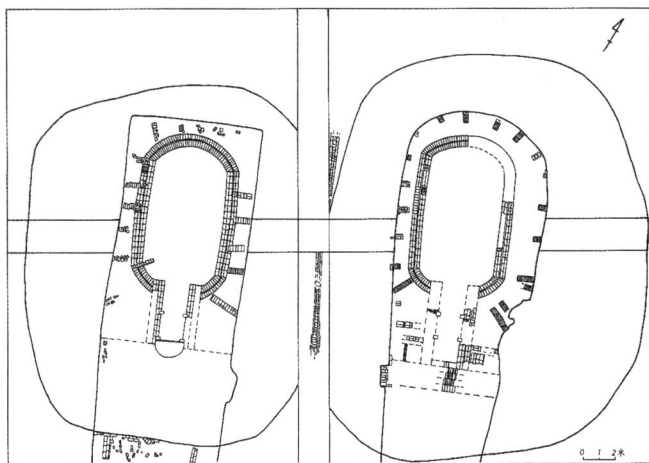

昭明太子萧统墓（M1）与其母丁贵嫔墓（M2）平面图

经勘探发掘可知，M2所处位置为原始山坡，M1所处位置原为山坳，经堆土垫平后再开穴建墓。两墓上部各有独立的封土，M1封土西侧边缘叠压于M2封土之上。这一现象说明 M1 的建造年代晚于 M2。两墓封土下的玄宫，均为平面呈"凸"字形、附甬道的单室砖墓，墓室后壁外弧明显，两侧壁略弧，墓室前端左右呈弧角与甬道相连，砖室砌筑时使用了大量的模印莲花纹砖，具有典型的南朝中晚期大型墓葬的特征。

M1 全长 14.2 米，宽 6.4 米。封门墙厚 1.78 米，共计五重，最里一重嵌砌于甬道口内，其他四重砌于甬道外，其宽度与墓道宽度相同。甬道内长 5.4 米，内宽 1.64 米，东西两壁均由"三顺一丁"组砖砌成，厚 0.7 米。甬道内设两重石门。石门门柱内侧，饰线刻宝珠莲花等缠枝花卉纹饰，面向封门墙一侧饰仙人骑瑞兽、鸾鸟的形象，神兽周边饰以祥云、缠枝花等图案。门楣正面，以浮雕仿木结构的"人"字形拱为中心，左右两侧各有一组对称的翼兽图案，顶端饰莲瓣，莲瓣下方为十瓣坐莲。

墓室平面介于长方形与长椭圆形之间，内长 8.32 米，内宽 3.04—4.64 米。墓室前部与甬道呈弧角相连。墓坑与砖室之间，残留二十二道砖砌短墙，环列于砖室外壁与墓坑之间，起到加固墓室建筑的作用。墓室双重墓壁，四壁均厚 0.74 米，以"三顺一丁"组砖砌成。东西壁均发现有模印画像砖拼接的砖画，西壁的模印砖画保存较好，由南向北依次为"羽

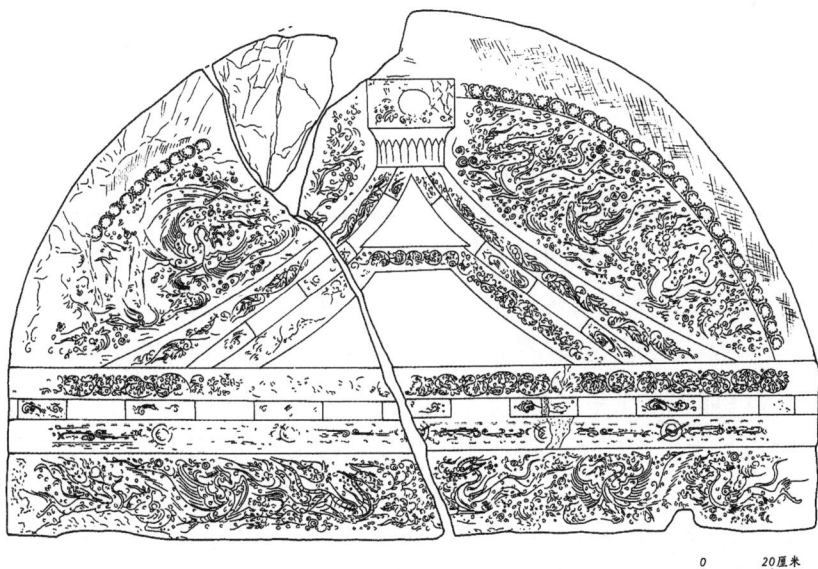

昭明太子墓室玄宫石门浮雕仿木结构的"人"字形叉手

人戏虎"和半幅"竹林七贤与荣启期"人物组画。"羽人戏虎"砖画位于靠近甬道处,画幅长 3.15 米,残高 0.74 米。"竹林七贤与荣启期"砖画位于墓室侧壁中后部,画幅长 2.46 米,高 0.72 米,局部保留有彩绘痕迹。砖画绘四人,各人以树木分隔,形成独立的画面。依据人物侧旁的榜题,可知四人由外向内依次为阮咸、阮籍、山涛和嵇康。

在墓室内堆积的乱砖中,发现一块刻划有"师李中大通弍年五月廿七日於俊盱作此砖大好可用"二十二字的铭文砖。其中"弍"字原写作"元",后添笔改成"弍"字。

M2 全长 15.2 米,宽 6.48 米,墓室长 8.4 米,最宽处达 5 米。形制、构造与 1 号墓类同。墓室东壁砖画保存相对较好,可见长 0.68 米、高 0.41 米的"仙人持幡"图,据下方露出部分须、角等,推测尚有"羽人戏龙"砖画;西壁"仙人持幡"图下部亦隐约可见部分须、尾等,推测应为"羽人戏虎"砖印壁画。因未能继续清理,无从悉知。在墓坑内堆积的乱砖中发现一块砖面刻划"普通七年师张正员"八字的纪年砖。

M1 与 M2 规模之大,臻于以往发掘的帝陵一级的大型南朝砖室墓。且甬道内设两重石门,见于墓壁两侧的"羽人戏龙""羽人戏虎""竹林七贤与荣启期"等砖印壁画等,也都与丹阳发现的南齐帝陵相埒,因此狮子冲两座南朝大墓的墓主无疑也应属于帝陵一级。

M1 出土"中大通弍年"纪年砖,M2 出土"普通七年"纪年砖,所显示的纪年均为梁武帝的年号,为判定两墓的埋葬年代与墓主身份都提供了确凿的依据。普通七年是梁武帝之子昭明太子生母丁贵嫔的卒年,中大通二年则是昭明太子卒前一年,这就让狮子冲这两座大墓乃至墓前石兽与编集《文选》而闻名遐迩的昭明太子、后又两度被追尊为昭明皇帝的萧统及其生母丁贵嫔母子之间发生了联系。简言之,出土"普通七年"纪年砖的 M2 应是萧统的生母丁贵嫔墓,出土"中大通弍年"纪年砖的 M1 应是昭明太子萧统墓。

昭明太子萧统,字德施,小字维摩,是梁武帝萧衍的长子。昭明太子名垂青史,是因为他在文学史上的重要地位。萧统才华横溢,文学成就斐然,除有文集二十卷外,还编撰古今典诰文言为《正序》十卷、五言诗之善者为《文章英华》二十卷,特别是召天下才俊共相撰辑的《文选》三十卷，又称《昭明文选》，是我国现存最早的诗文总集。对《文选》的注释、辞章、评论、广续、校雠等，自唐代以来就形成了绵延不绝、极富特色的专门学问——"选学"，而昭明太子萧统也被誉为"我国总集之祖"。

萧统于天监元年（502）十一月被立为太子。中大通三年（531）三月，萧统游后池，乘船摘莲，因宫姬荡舟溺水而染疾，至四月乙巳日薨，时年31岁。梁武帝"临哭尽哀，诏敛以衮冕。谥曰昭明"。

据狮子冲两座南朝大墓考古发掘的东西向剖面，M1封土部分叠压于M2封土之上，可知M1的营建时间晚于M2，这既与各自墓中出土纪年砖所反映的墓葬时代相合，也与所推定的墓主丁贵嫔与昭明太子萧统的卒葬先后次序相合。从考古发掘的迹象看，两墓的营建过程为：M2先选择高地开挖墓穴、营建砖室、堆筑封土，最后于墓前砌筑祭台；M1因所处位置原本相对低洼，建墓时先将低洼地段堆土垫高，然后再开挖墓穴、营建砖室、堆筑封土，最后在两墓封土相接地带砌筑共用的排水明沟。

母子死后同处一个陵区，可谓东晋南朝葬制的组成部分之一。梁武帝郗皇后死得早，武帝登基后未册立皇后，丁贵嫔因受武帝宠爱，又生育了昭明太子与后来的简文帝，母以子贵，"位在三夫人之上，……典章礼数，同于太子，言则称令"。普通七年（526）十一月庚辰，丁贵嫔薨，"有司奏谥曰穆，葬宁陵，祔于小庙。简文即位，追崇曰太后"。丁贵嫔既葬宁陵，可知与位于兰陵故里梁武帝营建的修陵并无关系，所以宁陵最可能便是在都城建康。据《南史》卷五三《梁武帝诸子传》记载："初，丁贵嫔薨，太子遣人求得善墓地，将斩草，有卖地者因阉人俞三副求市，若得三百万，许以百万与之。三副密启武帝，言太子所得地不如今所得地于帝吉，帝末年多忌，便命市之。葬毕，有道士善图墓，云'地不利长子，若厌伏或可申延'。乃为蜡鹅及诸物埋墓侧长子位。"文中"墓侧长子位"并非指丁贵嫔墓侧的位置是专为昭明太子下葬时预备的，而是当时丧葬制度中的一种观念。昭明太子如果登基为帝，驾崩后必定会入葬兰陵故里皇陵区。但昭明太子未及登基而薨，"长子位"就有了现实意义。按照晋宋以来母子可以同处一个陵区的惯例，启用"墓侧长子位"为昭明太子营建墓地，就成为自然的选择。

从上引昭明太子为丁贵嫔选择墓地一事可见，在宦官俞三副的干涉下，梁武帝没有采用太子所选的墓地。经发掘可知，狮子冲 M2 的墓穴开凿在山坡的高昂之处，其东侧是一处低洼的山坳，很明显这里原本就是为了营建 M2 选择的，并没有意识到今后还会在这里营建 M1。但是在此后的道士相墓中，发现这处墓地"不利长子"，于是采用在墓侧的"长子位"埋入"蜡鹅及诸物"加以补救。昭明太子死后，启用生母丁贵嫔墓侧虚设的"长子位"时，不得不采用人工填埋的方式抬高地表，在人工堆筑的山体上凿穴建墓。考古发掘中的这一现象，同样也揭示了位于同一陵园内，东西并列、墓坑紧邻、封土相接、墓前对应同一对有角石兽的狮子冲大墓，就是丁贵嫔与昭明太子母子两人之墓的可能性。

按照陵寝制度，太子和太后陵墓可以号墓为陵。昭明太子的陵号，《梁书》《南史》本传以及《建康实录》等均记为"安宁陵"，唯有李吉甫《元和郡县图志》称之为"安陵"。萧梁帝陵所荐陵号例为单名，如梁文帝建陵、梁武帝修陵、梁简文帝庄陵等，昭明太子陵号若如《元和郡县图志》称"安陵"则合乎此例，若称"安宁陵"则于例不合。然由史载丁贵嫔普通七年十一月庚辰死后"葬宁陵"而言，史称"安宁陵"，或即昭明太子与生母丁贵嫔葬在同一陵园内的反映。狮子冲的这处带有明显的陵垣、共用一个神道和一组石刻的陵园，因园内有昭明太子的安陵和丁贵嫔的宁陵，因此合称"安宁陵"，应是情理之中的事。

石兽苍凉夕照中
——萧梁时期的皇族墓

在陵墓封土前开辟神道并设置作为标识的神道石刻，自两汉以来已不是新鲜事物，但像南朝陵墓神道石刻这样铭诸史册，明令成为陵墓制度组成部分的，却前所未有。

文献记载早如南朝刘宋时期的帝王陵墓，已然在石兽之外配置了石望柱之类的标志物，但迄今所能见到的有序列、成组合的南朝陵墓神道石刻，则始于萧梁一朝。南朝萧梁王侯一级的贵族墓葬，相对集中地分布于两块区域：其一是南京东北栖霞区的尧化门、十月村、甘家巷、张库村一线，主要包括栖霞区张家库梁桂阳简王萧融墓、甘家巷梁安成康王萧秀墓与梁始兴忠武王萧憺墓及旧传为梁鄱阳忠烈王萧恢墓的失考墓、尧化门北家边原本疑为梁南平元襄王萧伟墓的失考墓、十月村梁吴平忠侯萧景墓、张库村梁临川靖惠王萧宏墓、燕子矶徐家村南朝失考墓、栖霞区董家边梁新渝宽侯萧暎墓；其二是南京南郊江宁淳化、上坊等地，主要包括江宁淳化的梁建安敏侯萧正立墓与江宁镇方旗庙南朝失考墓等。此外，还有位于句容的梁南康简王萧绩墓。

综合文献记载和实地调查的情形来看，上述南朝萧梁皇族墓神道石刻的组合，既有如梁临川靖惠王萧宏墓那样作石兽一对、石柱一对、石碑一对的三种六件之制，也有像梁安成康王萧秀墓、梁始兴忠武王萧憺墓那样作石兽一对、石柱一

梁安成康王萧秀墓神道东侧石刻

对、石碑二对的三种八件之制，但也有不少墓仅存一对石兽或一对石柱。对此，以往的相关著述普遍认为，南朝陵墓神道石刻的组合，例为石兽、石柱、石碑各一对，共计三种六件，但凡少于这三种六件的，往往都是后来毁佚缺损所致。

2002年10月至12月，文物部门对墓主被认为是梁南平元襄王萧伟的尧化门北家边失考墓所在区域进行了细致的考古勘探，结果除了原有的一对石望柱之外，并未发现曾有设置石兽或石碑的痕迹，据此可证尧化门北家边梁墓的神道两侧原本仅仅设置了一对石望柱，此外再未设置其他石刻。据《隋书·礼仪三》所述："（天监）六年，申明葬制，凡墓不得造石人兽碑，唯听作石柱，记名位而已。"是谓梁台初建不久的天监六年（507），朝廷即对墓葬神道石刻的内容做了明确规定，即只准在墓所竖立用以标记墓主名号的石望柱，其余如石人、石兽、石碑，都不允许建造。这意味着南朝萧梁时期，墓所只合设置一对石望柱，至于前述萧梁王侯墓前神道上三种六件或三种八件的石刻组合，很可能都是出自朝廷特赐的结果，不能作为常例来理解。

还有一点，梁天监六年虽然申明葬制"凡墓不得造石人兽碑，唯听作石柱"，但南朝陵墓神道石刻的组合中迄未见有石人之属，倒是北朝后期的帝王陵墓陆续发现有设置石人的情形。不过，已发掘的南朝帝陵的墓室玄宫、甬道的壁面，多可见模印有挂刀介甲的宿卫直阁将军镶拼砖画，其寓意或与北朝帝陵的墓上石武像相近。

南朝陵墓前的神道石兽均是成对配置，不论形体大小，皆昂首挺胸，张口露齿，腹侧饰双翼，造型夸张适度。其中，帝陵前的石兽，头顶有独角或双角之分，通常是以独角石兽为麒麟，双角石兽为天禄。但无论麒麟抑或天禄，皆长须垂胸，四肢前后交错做行进状，体表雕饰繁缛华丽，体态健劲灵动，韵律感十足。至于王侯墓前的石兽则被称之为辟邪，它头顶无角，鬃毛下披，显得头部硕大无朋，长舌多外垂至胸际，舌尖微卷，体态雄浑壮硕，气势威猛。

由于南京地区的南朝帝王陵墓多是王侯一级的贵族身份，真正属于帝陵的很少，所以辟邪这样的神道石兽也就具备了几乎是压倒性的数量优势，最为人耳熟能详，喜闻乐见。在很多人的心目中，威武雄壮而又憨态可掬的辟邪，早已成为六朝以至六朝文化的代表性符号。

南朝陵墓神道石柱的称谓，史籍所见极为丰富，有称之为"标"者，有称为"表阙"或"阙"的，有称为"表"的，也有自称为"石柱"的。如果说神道石兽由于等级不同在造型

梁安成康王萧秀墓神道东侧石兽

上还有所区别的话，那么神道石柱除了体量大小有别外，在形制上则单纯得多。南朝陵墓神道石柱例以柱座、柱身、柱头三部分构成，柱头包括装饰有覆莲的圆盖和仁立在盖顶部的小石兽；柱身圆形，雕刻隐陷直刳棱纹20至28道；柱身上方近莲盖处，凿成矩形石版，上刻朝代、墓主官职、谥号等文字，或正书或反书，或顺读或逆读，方版下依次雕神兽纹、绳辫纹和双龙纹；柱座上圆下方，上为头部相连、尾部相交、口含宝珠的双螭围成的环状榫孔，下为方形基座，基座四面刻神怪形象的浮雕。

民国时期，以滕固、朱偰为代表的一批学者，将南朝陵墓神道石柱柱身所刻隐陷直刳棱纹的艺术源头追溯到了希腊式石柱。另一方面，印度阿育王时代的遗址曾出土30多处石雕的柱头和柱身，柱头顶上亦置莲花形盘座，上有圆盖，盖上仁立石狮、牛或其他动物形象，较之南朝陵墓神道石柱的形制尤为相似。

然而，自20世纪五六十年代以来，国内学者普遍认为，在柱身纵刻刳棱纹、顶托方版的神道石柱，早在汉代就已出现，如北京石景山汉幽州书佐秦君神道石柱、山东历城出土汉琅玡相刘君石柱、洛阳西晋韩寿神道石柱等，因而认为南朝陵墓道石柱与所谓希腊式石柱毫无关系。

近来，也有观点认为南朝陵墓神道石柱是因循东晋陵墓地表所立以木材和竹子做成的"凶门柏历"而来。所谓"凶门柏历"，即先以许多

圆木聚合成圆柱形,外部用刳成两半的竹片背面反贴于柱身,并以大绳束缚,下半截再插入基座内,使其不致散乱倾倒。南朝陵墓神道石柱柱身隐陷的纵刳棱纹,应即为模拟的束竹纹,故南朝的神道石柱正是承袭汉晋文化传统的作品,其造型风格完全显示出中国古代文明的民族特征。但问题是,即便是汉代的造型艺术,也不乏来自域外的深刻影响,如中原地区出土的汉代建筑明器上所见形貌完整的希腊爱奥尼亚式柱(Ionic)便是极好的例证,类似的柱形在南京高淳东汉画像砖墓表现宫室内容的砖画上也不乏其例。而且,南朝陵墓神道石柱顶端具有明显印度阿育王时代风格特征的圆莲盖承石兽的形制,莫非也可以从汉代以来简陋的束竹柱上找到源头?众所周知,即便是纹饰的传播,也不可能轻易脱离其所属本体,如天马行空般无所凭借地自由来往,更何况是如此体量宏大、形象鲜明、功能明确的具有礼制象征的物品呢?

文化不是纯种马。南朝陵墓神道石柱在形制上远承希腊乃至古印度柱式,恰恰凸显了中国传统文化海纳百川般的包容与博大。文化只有不断融入新的元素,才会焕发出勃勃生机和活力,以此来观照南朝陵墓神道石柱中的域外因素,只会愈加生发出对中国古代艺术的景仰之情。

南朝时期佛教大盛,表现在神道石柱上,除了顶端所置圆莲盖外,还有莲盖下矩形方版两侧阴刻莲花等图案,但由于这类图像线条浅细,加之距地面较高,目力难及,不易察见,长期以来并未引起注意。20 世纪 50 年代,南京市文物保管委员会在对南京附近的南朝陵墓神道石刻进行维修时,在梁吴平忠侯萧景墓神道石柱方版一侧,发现刻画袒肩跣足执花叶僧人形象的阴刻线画,由于其制作时代确切无疑,堪称江南现有艺术史价值最高的佛画。

南朝陵墓神道石碑形制完整者仅有四通,皆为萧梁一朝遗物,分碑额、碑身和下承碑身的龟趺三部分。碑首半圆形,外侧圆脊两侧浮雕相互交结成辫形的双龙;碑首正中有略凸出表面的方额,其上题刻墓主官职、谥号等内容,额下有穿。其形式大体承自东汉碑石,与神道石兽、石柱相比,南朝陵墓神道石碑无疑是最具有中国民族特色的一种遗物。

萧梁神道碑铭文在书法史上颇受重视,如现存 2800 余字的梁始兴忠武王萧憺碑,以结体峻密、意象雄强,而被晚清金石学者莫友芝评为"上承钟（繇）王（羲之），下开欧（阳询）薛（嗣昌）"，梁启超《碑帖跋》更以"南派代表端推此碑"的赞誉表达了对此碑书法艺术的推崇。

近年来引起学术界关注的反倒是碑文漫漶无存的梁临川靖惠王萧宏墓碑。此碑碑首之阴与碑身两侧纹饰繁丽诡异，令人瞩目，但以往

梁吴平忠侯萧景墓石柱及其方版侧面所镌跣足僧人拈花图像

对这些图纹的性质认识不够充分，往往笼统地将之归结为中国本土固有的神怪形象乃至朱雀、凤凰、螭龙等艺术造型。有学者认为，此碑碑额（实为碑首之阴）主体实为屈腿伸臂、肩生火焰的胡天神。上述图像中，饰以莲花瓣的火坛与近年来发现的北周安伽墓墓室门额上刻画的火坛造型相似，而且火坛和左右下方神像的构图布局等也可以在安伽墓门额画像上见到，而安伽墓门额画像鲜明的祆教主题，寓示着萧宏墓碑额之阴的图纹可能也反映了相同的祆教主题。值得注意的是，生前官丹阳尹的萧宏在梁武帝诸兄弟中，以喜聚敛钱财、富可敌国而著称。与之相应的是，信奉祆教的粟特商人早在南北朝后期，已经成为活跃在丝绸之路上的重要经济乃至政治力量。如果基于这样的认识，那么，萧宏的巨额财富与其神道碑上富于祆教色彩的图像有何内在联系，也是值得留意的。

梁临川靖惠王萧宏墓神道碑上镌刻图纹

萧梁王侯一级的墓葬，经考古发掘的已经不少，但能够与上述萧梁神道石刻联系并对应得上的墓葬，只有梁桂阳简王萧融墓、梁桂阳敦王萧象墓与梁安成康王萧秀家族墓、梁临川靖惠王萧宏家族墓等，寥寥无几。这些墓葬都是附甬道的"凸"字形单室墓，通长10米左右，墓砖上模印有莲花纹样；甬道内只设一重石门，石门上未见雕饰花纹图案；墓室砖砌棺床上铺垫石棺座，棺床前摆放围屏石榻。墓内的随葬品理应多摆放于石榻上或石榻附近，但由于这一时期的墓葬几乎没有不遭到严重盗掘的，所以还存在不少难于厘清的遗迹现象。

兴亡陈迹太匆匆

——陈朝名将黄法氍墓

说起六朝建康地区的陈朝墓葬，以往最让人津津乐道的莫过于江宁上坊石马冲的陈武帝陈霸先万安陵与栖霞南象山狮子冲的陈文帝陈蒨永宁陵两处石兽了。不过，经考古发掘可知，所谓陈文帝陈蒨永宁陵，其实是梁昭明太子及其生母丁贵嫔的安宁陵。至于江宁上坊石马冲陈武帝陈霸先万安陵现存间距 48.8 米的一对石兽，头颈间披鬣毛，舌外吐下垂，分明是南朝陵墓神道石刻中的辟邪之属，与帝陵神道上石兽皆为独角或双角的造型迥异，并且其躯体长而动感较强的态势，也更符合南朝早期陵墓的特征，故更可能属南朝宋、齐时期的宗室王侯墓葬的遗存。

2016 年在南京尧化门翠林北路发现的一座南朝残墓中，出土了数枚铜质五铢钱，钱文形态符合钱币学界公认的"陈五铢"，而同墓出土的陶制明器与平唇折腹的小瓷盏也具有显著的南朝晚期至隋的造型装饰特征。鉴于隋开皇元年（581）铸行"隋五铢"后，朝廷曾明令禁止使用各种古钱，各关隘皆以新铸的隋五铢钱为样品，以查验过关人等所携铜钱，凡不如制的钱币都加以销毁，故隋墓中随葬前朝货币的可能性微乎其微。因此，翠林北路南朝晚期墓的时代可划定为陈朝。此外，20 世纪 80 年代在南京东善桥发掘的一座规格颇高的南朝晚期墓，出土随葬品殊为粗陋草率，位于甬道内的石门上的"人"字形叉手竟然是在平面上以阴线所刻，甬道两壁均砌有作浅浮雕拱立文官形象的特制大砖，颇体现了墓葬仪卫观念的变迁。综合各方面的情

南京东善桥南朝晚期墓发现的模印拱手侍立文官形象的特制大砖

形来判断，东善桥的这座南朝晚期墓也很可能是陈朝墓葬。即便如此，1989 年 5 月至 6 月间在南京西善桥发掘的陈义阳郡公黄法氍墓，仍然是六朝都城建康地区迄今发掘的唯一一座墓主确凿无疑、生卒年代清晰且立传于正史的高等级陈朝墓葬。

黄法氍字仲昭，巴山新建人，少有胆略，借梁末侯景之乱，啸聚徒众，受命为巴山郡监知郡事，驻守新淦。在陈霸先打着北上勤王的旗号起事不久，黄法氍即以洞察秋毫的先见之明举众归附，并在陈朝建立前后的一系列战事中累建军功，终封义阳郡公，邑二千户。黄法氍卒于陈宣帝太建八年（576），时年 59 岁，赠侍中、中权大将军、司空，谥曰"威"。

黄法氍墓形制宏大，规格甚高。墓葬主体平面略呈"凸"字形，方向 180 度，由封门墙、甬道、石门和墓室构成，另在墓室前部两侧辟有两个对称的小耳室，墓室中部砌有高出铺地砖的棺床。墓葬总长近 9 米，其中甬道长 3.25 米、宽 1.35 米、高 2.14 米，墓室长 5.5 米、宽 3.15 米、耳室宽 0.66 米、深 0.8 米、高 1.04 米，砌墓用砖的侧面多模印有组合莲瓣纹。墓中出土最为重要的文物当属黄法氍墓志与组合完整的一套石葬具——围屏石榻与石障座。黄法氍墓志出土时即位于墓室入口处正中，

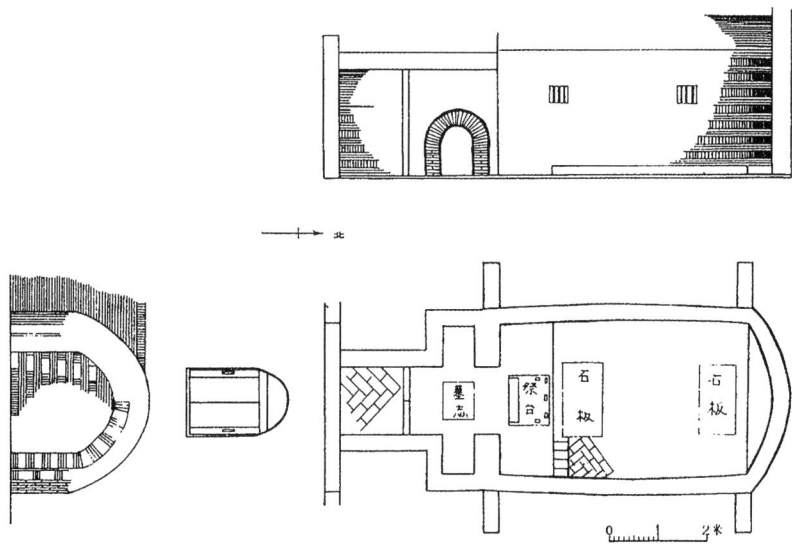

陈朝义阳郡公黄法氍墓平、剖面图

与棺床前的围屏石榻及棺床上的垫棺石板皆规整地排列于墓葬的中轴线上，故可推知黄法氍墓早年虽经盗掘，但这些相对粗重的石制葬具的摆放位置并未遭扰动。

值得一提的是，据 1931 年修《江苏吴县黄氏宗谱》所述，黄法氍死后归葬巴山故里即今江西乐安县潭港乡案山村黄源岭。位于故土的黄法氍墓冢高 1.2 米，宽 3.9 米，墓冢前尚存约 4 米见方的拜堂，黄氏后人历有修整，并已被公布为抚州市第一批市级文物保护单位。南京西善桥黄法氍墓的考古发现表明，黄法氍死后即赐葬于都城建康，位于巴山故里的这处黄法氍墓应当只是具有纪念意义的衣冠冢。

南京西善桥黄法氍墓在墓室前部与甬道交接处辟有两个对称的小耳室，甚为独特，应是南朝后期在长江中下游地区新兴起的一种形制，对于南朝墓葬的年代学研究具有重要的参考价值。值得一提的是，2012 年 12 月在江苏扬州曹庄发现的隋炀帝墓，也是一座由甬道、主墓室与两个对称的小耳室构成的砖室墓，其平面布局乃至规制与黄法氍墓近似，在墓葬形制上其实显露出很强烈的南朝晚期以来尤其是陈朝的墓制特征。

南朝高等级大型墓葬在甬道内往往置石门一重或两重，这些石门的半圆形门额之上例皆有浮雕仿木结构的"人"字形拱装饰，俗称"大叉手"，但黄法氍墓石门的门额上却并未发现雕有仿木结构的"人"字形拱，也可能是以阴线雕刻，因不耐剥蚀而漶损。

黄法氍墓棺床前放置的围屏石榻，是以下承四矮足的石祭台与五块插屏围合而成。围屏石榻的四角分别放置四件用于张挂帐幔的半圆形石座。魏晋以降，经济凋敝，在帝王身体力行的倡导之下，薄葬之风盛行，单室墓虽然取代了多室墓，但"前堂后室"的传统观念仍然深入人心，其具体表现之一便是在棺床前设置陶制或以砖石砌造的榻一类的设施，此即《晋书·王祥传》所述王祥"及疾笃，著遗令训子孙曰：'夫生之有死，自然之理。……勿起坟陇。穿深二丈，椁取容棺。勿作前堂、布几筵、置书箱镜奁之具，棺前但可施床榻而已。'"据刘熙《释名·释床帐》谓："长狭而卑曰榻，言其榻然近地也。小者独坐，主人无二，独所坐也。"据早年发掘的南京栖霞区蔡家塘南朝晚期墓与南京栖霞区尧化门老米荡南朝梁墓，可见彼时合葬墓往往在夫妇二人棺具前各置一围屏石榻，于此可证，黄法氍墓棺床前面居中设置的这唯一的围屏石榻即是独坐式榻，亦可证黄法氍墓并非是夫妇合葬墓，实仅葬入了法氍一人。

南朝公侯级墓葬的砖砌棺床上，于例铺置有纵向的长条形石棺座，石棺座侧面雕琢凸出的横有行、竖有列的乳钉纹。凡夫妻合葬墓，多有两副石棺座左右并排铺置。黄法氍墓却是在棺床前后各置放了一块只合陈放一具棺木的垫棺石板。黄法氍墓之所以摒弃石棺座而采用垫棺石板，应非出于节省石料的用意，更可能与风俗葬仪方面的因素有关。将棺木的前后部位或四角分别垫在石制葬具上，是东汉后期南方土著豪族常见的葬仪，而黄法氍原本就是僻居山谷的"郡邑岩穴之长，村屯坞壁之豪"，凭借侯景之乱以至门阀士族的沦亡才得以崛起为公卿，故在行事上虽犹不免模仿晋宋齐梁以来的所谓"正统"，但在观念上与前朝统治者之间仍然存在差异或分歧。

黄法氍墓室内壁上的直棂假窗与壁龛的组合，亦颇为草率。如直棂假窗，只有三棂，很是狭小，与此前所见南朝高等级大墓的直棂假窗多为五棂或五棂以上不同。又，此前所见南朝大中型墓的直棂假窗上几乎无一例外都辟有"凸"字形或桃形的壁龛，而黄法氍墓墓壁的五个直棂假窗，唯有后壁直棂假窗上辟有一方形壁龛，这一细节也让人诧异。凡此种种都表明，作为东晋、南朝墓葬具有标志性的重要组成部分——直棂假窗与壁龛，在新兴贵族的心目中已不再被重视，它们原本相对固定的形制及其所蕴含的寓意，正不可避免地趋于涣解。

石墓志是黄法氍墓考古发掘最为重要的收获，不仅仅因为墓志提供了墓主身份的准确信息，其内容对于补证墓主所涉梁陈之际的史事也具有非常重要的价值，在书法史上的示范意义同样不容忽视。黄法氍墓志在书法史上的价值主要体现在两点：其一，南北朝时期的墓志上罕有镌刻书人题名的情形，黄法氍墓志次行则有"冠军长史谢众书"的题名。南朝墓志上镌刻书人题名，黄法氍墓志是迄今所见唯一的一例，对于考察南朝墓志的书人身份有重要的参考价值。其二，谢众所书黄法氍墓志是迄今所知时代最晚的一块南朝石墓志，志文虽为高度成熟的小楷字体，但其横画末端却流露出早先齐梁石墓志所未见的隶笔波挑之意，表现出与北朝后期碑志文字频见的复古现象相呼应的趋势。

关于黄法氍墓志，还有一点值得注意，即墓志题名部分虽已明示江总为铭辞的作者，但将志文通读一过，却并未发现有铭辞内容，甚至连铭辞之前的由顾野王撰述的序文内容也有缺失。那么应如何看待黄法氍墓志在内容上很不完整的情形呢？综合各种情形来看，黄法氍墓志缺失的铭辞与部分序文，很可能当初曾另镌一石，但由于经办者的失误，导致在移棺入藏、下器圹中之际，镌刻了铭辞与部分序文的第二块墓志石未能与现存黄法氍墓志一并被摆放于墓室内相应的位置。像黄法氍墓志这样一志二石的例证，在南朝石墓志中可谓仅见，但在北朝后期至隋代墓志中，将一篇墓志文字分段镌刻于两块志石上的做法，却屡见不鲜。至于其源头，或许可以追溯到将一篇志文依次镌刻于六块砖上的南朝刘宋永初二年（421）谢珫墓志，但谢珫墓志毕竟是砖志，无论载体、形制以至行文体例，都与成熟完备的石墓志不可同日而语，故黄法氍墓志一志二石的形制，对于探讨南北朝后期的文化交流问题亦具有特定的考察价值。

史籍记载，陈朝对于萧梁的礼制是有所承继或借鉴的，但这种吸收也必然会受到政治方面的制约与影响。梁陈之际是南朝政局与社会风尚剧变的时期，高居庙堂的门阀士族经侯景之乱的打击，早已七零八落，不成体统。为陈霸先所倚仗的南方酋豪如黄法氍之流，以军功跻身政治舞台，成为政权的主导力量，在相当程度上主宰了陈朝的政局，支撑了陈朝数十年的偏安局面，深刻影响了江南的社会风尚，也注定了旧的秩序与礼制不可能得到全盘的维持，这从郗昙、谢安这样草创江左、位及人望的士族领袖的墓葬居然会在有陈一朝遭到公然发掘，而像始兴王陈叔陵这样的皇族子弟却不惮从中获利，亦可见一斑。凡此种种，聚合于陈太建八年构建的黄法氍墓，既在总体上呈现出因循守旧的一面，也流露出变革的因素甚至是衰颓的迹象，体现了非士族人物成为政权支撑力量后及这一政治集团左右下的社会风尚的潜移默化，反映了战乱对社会经济、文化的冲击，这正是黄法氍墓考古发现的重要价值所在。

唐宋

空山遗甃在的南唐三陵

　　1950年春，南京江宁县境内的牛首山至将军山一带，发生了大规模的盗墓事件。南京市人民政府获悉后，委派省市文物考古专家前往调查。在少数早于明代的被盗古墓中，调查组认为最有历史艺术价值的是位于祖堂山西南麓的"太子墩"，并称之为"献花岩大墓"。调查组当时从盗墓贼在墓顶打通的盗洞下到墓中，发现此墓不仅规模大，而且在涂朱的墓壁还有凸出壁面的仿木结构的柱、枋、斗拱、阑额，其上并有红黄青绿等矿物颜料彩绘的牡丹花、宝相花等图纹。经向中央文化部文物局请示后，文物工作者于1950年10月开始对"太子墩"进行考古发掘，从出土玉谥册残存的"维保大元年岁次癸卯十……子嗣皇帝臣瑶伏以……高祖开基"与"烈祖伏惟明灵降格膺兹典礼锡祐垂"等内容，推断出"太子墩"正是南唐开国皇帝、烈祖李昪的钦陵。

南唐烈祖李昪钦陵

南唐中主李璟顺陵

钦陵的发掘工作于 12 月 2 日结束，就在发掘钦陵的同时，文物工作者对钦陵周围的地势进行了勘查，发现在"太子墩"西北也有两个形势相似的土墩，遂分出一部分人力对"太子墩"西北约 50 米并有明显盗掘痕迹的土墩进行试掘，发现这座土墩之下，也有一座与钦陵规制相近的大墓。查近人张璜《金陵陵墓古迹全图·说明》，得知"南唐……元宗明道崇德文宣皇帝璟、光穆钟皇后葬顺陵，在江宁境"，而墓中清理出的石哀册残片上也可辨识出"先帝之""弟居储元""尊谥曰""号之宝"等内容，故可推知此墓即南唐烈祖李昇之子、中主李璟及其皇后钟氏合葬的顺陵。

钦陵与顺陵这两座南唐帝陵是新中国成立后首次经考古发掘的古代帝陵，在中国考古学史上具有里程碑式的意义。自此，"南唐二陵"的名号也广为人知，并于 1988 年被公布为第三批全国重点文物保护单位。

据文献记载，南唐二陵所在地应当正是文献里记载的南唐"园寝"。据马令《南唐书》卷六记载，南唐后主李煜昭惠国后周氏（俗称大周后）乾德二年（964）十一月病亡于瑶光殿西室，享年二十九，次年"正月壬午，迁灵柩于园寝……陵曰懿陵，谥昭惠"。庶几可知，在这个南唐"园寝"

之内，除了南唐烈祖李昪钦陵、中主李璟顺陵之外，还有南唐后主李煜昭惠国后周氏（大周后）的懿陵。

2010 年是南唐二陵考古发掘六十周年，省市文物主管部门决定在当年举办南唐二陵考古发掘六十周年系列纪念活动，对祖堂山南唐园寝的考古工作也被列为系列纪念活动之一。这一工作始于 2010 年 9 月下旬，至 2011 年 1 月上旬结束。其间在李璟顺陵西北约 100 米的缓坡上发现并发掘了一座南唐墓葬。由于园寝内的南唐烈祖李昪钦陵、中主李璟顺陵已分别编号为 1 号墓与 2 号墓，故新发现的这座南唐墓次第编为 3 号墓。3 号墓尽管规模明显小于南唐二陵，但与南唐二陵毗邻，在墓室内发现的一小段左侧股骨，经中国社科院考古研究所鉴定，可能是一成年瘦弱女性的遗骨。综合考察墓葬规模与墓葬在祖堂山南唐园寝的相对位置，以及昭惠国后周氏（大周后）临终前"自为书请薄葬"的文献记载，推断新发现的南唐 3 号墓即南唐后主李煜昭惠国后周氏所葬的懿陵。

除了被推定为大周后懿陵的南唐 3 号墓，2010 年 9 月至 2011 年 1 月对南唐二陵周边地区的考古工作，还揭示出陵垣、陵门、陵寝建筑、道路、窑址、砖砌排水沟等重要遗迹，丰富了人们对祖堂山南唐园寝布局的整体认识。

考古工作表明，祖堂山南唐园寝四周有利用自然土埂再加以夯筑的、周长约 895 米的近方形陵垣，陵垣四面均设凸出的陵门，其中东、西陵门偏于陵垣南部，南、北陵门偏于陵垣东部。已发现的烈祖李昪钦陵、中主李璟顺陵与被推断为懿陵的南唐 3 号墓均位于园寝北部，各据一座独立的岗阜，大致处于由东南向西北渐低岗阜上。钦陵、顺陵之前均发现有用碎石铺筑的道路与道路两侧的排水沟。

园寝内、外各发现一处建筑基址。园寝外的建筑基址位于陵园西门外的高台上，东西长约 60 米，南北宽约 50 米，推测可能与园寝的守护相关，也可能是下宫遗址。园寝内的建筑基址位于李璟顺陵西南的夯筑台基上，东西长约 90 米，南北宽 64—74 米，台基边缘用砖包砌，应是园寝内举行祭奠之礼的献殿遗址。献殿四周原有宽约 2 米的包砖围墙。园寝外围四面均发现有依山所建、用于烧造陵墓建筑所需砖瓦的窑。

祖堂山南唐园寝的规划选址，始于南唐烈祖李昪驾崩之后的保大元年（943），其时"邹廷翙相皇陵于牛头山"，委惬中主李璟之意，遂以"知礼"的江文蔚、韩熙载、萧俨等人"董治山陵"。

祖堂山南唐园寝的三座陵墓，以烈祖李昇与皇后宋氏合葬的钦陵规制最高。钦陵全长达21米余，宽10米余，包括前、中、后三室和十间侧室。前、中两室及其所附四间侧室均为砖构，后室及其所附六间侧室为石构。侧室后壁均砌有陈放随葬品的砖台。中主李璟与皇后钟氏合葬的顺陵建于公元961年，全为砖结构，其形制与钦陵相近，为前、中、后三室并附八间侧室。其中，后室所附侧室为左右各两间，较李昇钦陵少了两间侧室。

南唐二陵的墓门与前、中、后三室均仿木结构建筑式样，壁面上用砖砌或石雕成梁、枋、倚柱和斗拱，再用石青、石绿、赭石和丹粉等颜料在其上涂绘明艳绚丽的彩画，图案内容包括缠枝牡丹、宝相花、海石榴、四瓣柿蒂形团窠、束柱的仰覆莲瓣等，用色则多以朱红衬地，以黄、绿、青作花叶，以赭色勾勒，以朱红点花心。顺陵三室壁面的彩画多已遭淤土侵蚀，已经模糊不清，只有阑额上犹可辨枝叶回绕的牡丹花纹，并可见朱红、石绿晕染过的痕迹。在中国的建筑彩画中，南唐二陵的仿木构架建筑彩画可谓最早的遗存，也是宋代《营造法式》著录的最高规格的第一类彩画——五彩遍装。五彩遍装以朱红衬地，使用青、绿、红、黄、紫、赭、黑、金等诸色绘制花纹图案，通常都是被用于最高等级的殿堂之上。相较而言，唐代章怀太子墓、懿德太子墓、永泰公主墓中壁画木构建筑的柱子、阑额、斗拱都作单一红色，未施他色，额上仅有七朱八白图案，属于《营造法式》彩画中的第五类——丹粉刷饰，在规格上逊于南唐二陵的彩画。

李昇钦陵的中室和后室过道的横额上，有双龙攫珠石刻浮雕，在双龙攫珠浮雕下方的过道左右两侧，各有一尊顶盔贯甲挂剑而立的石雕武士像，两尊武士像均足踩祥云，身躯欹侧，面部略转向门道，表面原本敷金涂彩，惜已脱落。

钦陵后室以青条石叠涩收拢、象征苍穹的顶部，尚存以天青色为底的彩绘星象图，其东方的红日、西方的月亮、南斗星座与北斗星座，皆历历可见。与顶部的星象图对应的石板地面上，有浅刻的蜿蜒曲折的江

南唐烈祖李昪钦陵中室、后室过道处的石雕拓片

河形状。这种装饰意味着"象天地"，也就是上具天文、下具地理。与钦陵相似，顺陵在后室的顶部亦可辨在石灰粉刷的底子上用石青等颜料绘成的月亮与星座构成的天象图。钦陵后室中后部地面上，放置六块巨大磨光青石拼合而成的棺床，棺床的平面正中辟金井，边缘减地浅雕枝叶回绕的卷草海石榴纹，侧面浮雕表面贴金的游龙。

相较而言，顺陵在中、后室的过道入口处，不再雕饰双龙攫珠与侍立的武士像，后室的石棺座侧面也未见游龙浮雕。凡此种种，或许反映了当时南唐国势衰颓，并去帝号、臣服后周的情形。

李昪钦陵前、中、后三室与所附的侧室之内，原置的金、玉、铜、铁和陶瓷质的随葬器物，多被盗墓者劫掠破坏。考古发掘所获的遗物主要包括两副玉质册简残片和157件各种形象的陶俑以及数十件陶瓷器。

两副玉质册简，均各自盛放在由外至内套装的石函、漆匣之中。哀册字体小，字沟填金，原本有40片，上下各20片；谥册字体大，字沟未填金，原本有28片，上下各14片。其中，哀册残存的"钦陵礼也钟鸣玄宫"与谥册残存的"维保大元年岁次癸卯十……子嗣皇帝臣瑶伏以……高祖开基""文皇定业渍之德泽熏以声教""烈祖伏惟明灵降格膺兹典礼锡祐垂"等内容，明确记载了南唐烈祖钦陵的陵号与下葬年代。有意味的是，其中"钦陵礼也"四字曾被用刀子刮去，而《南唐书》等史籍亦载南唐先祖李昪死后葬于"永陵"。这究竟是怎么回事呢？经查证史籍，可知五代后周开国皇帝郭威的父亲郭简的墓，在郭威称帝后被追尊为"钦陵"，而交泰元年（958）南唐中主李璟因战败而臣服后周，笔者推断可能是出于避讳的考虑，李璟遂于此际将李昪的"钦陵"更易为史书中所见载的"永陵"，又为此进入已然封闭的先皇陵墓并刮涂哀册上的"钦陵"陵号字样。

顺陵劫余的随葬品有料器即玻璃（过去认为是石质）制成的哀册、谥册与残存"元""后""号之宝"文字内容的神位。另有 54 件陶俑。

南唐二陵在历史上多次被盗，考古工作者清理出土的 640 余件劫后余存的随葬品中，除了哀册、谥册、谥宝以及钱币、残损陶瓷器之外，尤以 200 多件陶俑最为引人瞩目。这些陶俑中的人首鱼身、人首鸟身、人首蛇身、双（人）首蛇身俑，属于唐代以来南方地区常见的镇墓类俑；而以男女优伶乐舞俑为代表的陶俑，与隋唐墓葬中常见的武士俑、文吏俑、侍从俑等的组合则大异其趣，表现出更多的世俗氛围，流露出与宋元伎乐舞蹈杂技俑之间的源流关系。

新发现的被推断为后主李煜昭惠国后周氏懿陵的 3 号墓位于顺陵西北约 100 米的缓坡上，距陵园西垣约 8 米。是一座平面呈"中"字形的竖穴土坑砖石结构的单室墓，其平面形制与此前发现的墓主被推定为杨吴寻阳公主的扬州邗江蔡庄五代墓相似。墓顶上并铺有一层拼合而成的厚约 20 厘米的防盗石板，相邻石板的边缘均錾刻槽孔，应是以金属铆扣加以勾连之用。类似的构造亦见于扬州邗江蔡庄五代墓，所不同的是，懿陵墓顶防盗石板的槽孔内并未发现铆扣。

相较于钦陵与顺陵而言，被推断为后主李煜昭惠国后周氏懿陵的 3 号墓总长 6.84 米，总宽 5.51 米，墓室高 2.4—2.52 米，规模可谓相当之小。以陵墓之尊却又如此不成体统，或与其时后主李煜已被迫去帝号、昭惠国后周氏临终亦请薄葬有关。南唐 3 号墓甬道为长方形券顶，墓室为长方形四边叠涩式穹窿顶，墓室中部两侧附有对称的券顶耳室，甬道前壁与墓室三壁近底部共辟有 12 个壁龛。除甬道前部及两耳室后部墓底用双

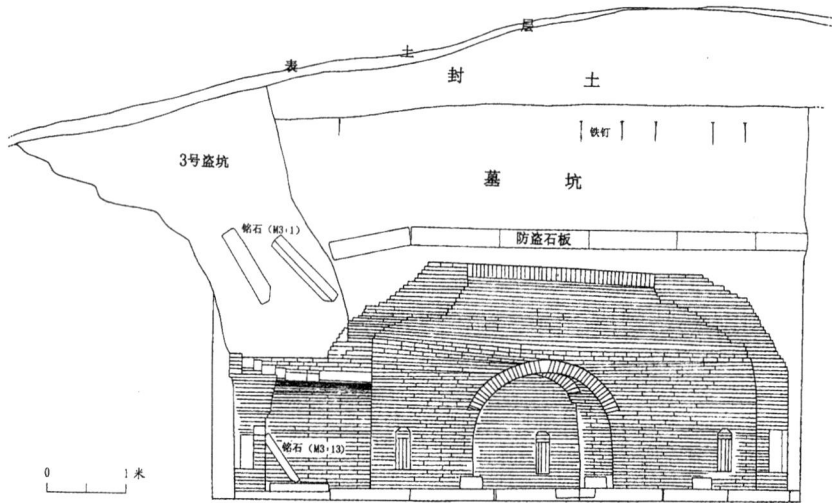

被推断为后主李煜昭惠国后周氏懿陵的祖堂山南唐 3 号墓西壁剖视图

层青砖横向错缝平铺外,余均用石板平铺。石板之上铺设三排条形石棺座,中排两块石棺座正中的铺底石板上,凿有南北向长方形金井。部分墓砖的端面和侧面模印有"北官务记"等铭文。墓葬因早年遭盗扰,仅出土小型玉片饰 13 件,陶鸱吻 1 件,酱、黄色釉残瓷碗 7 件,银质的簪、钥匙、搭扣、钱币、泡钉等共 7 件,此外尚有铁钉若干和只字无存的铭石两合。出土的酱、黄釉瓷碗,与南唐二陵及其他杨吴、南唐墓发现的同类遗物别无二致。出土的玉饰件与合肥西郊南唐保大四年(946)汤氏县君墓、浙江临安发现的吴越国恭穆王后马氏康陵出土的同类器接近。出土银质开元通宝钱可能是赏赐钱,且钱文形态明显具有初唐武德开元钱的特征。与南唐二陵不同的是,南唐 3 号墓内并未发现能够标示墓主为帝后身份的哀册、谥册或谥宝之类的遗物,不过出土的银搭扣与银钥匙分明属于有可能放置简册或谥宝的漆匣上的附件。这样看来,墓内原本也可能随葬有标示帝后身份的哀册、谥册或谥宝。

史载,开宝七年(974)南唐国都陷落,南唐宗室及贵族墓葬多惨遭吴越兵报复式大肆掘毁。马令《南唐书》卷十《李建勋传》云:保大十年(952),致仕司徒李建勋"临卒,顾谓门人曰:'吾死,敛以布素,旷野深瘗，任民耕辟，不须封树。'暨甲戌之役，公卿茔域，越人发掘殆尽，而独建勋以不知葬所获免。"在这一历史背景之下，祖堂山园寝内的南唐诸陵当然也不可能幸免。至于懿陵顶部防盗石板之上发现的两排竖立钉入填土、间距不一的大铁钉，也不排除可能是吴越兵出于镇厌敌手的胡作非为。

关于亡国后被押往开封的南唐后主李煜的墓葬，近年结合考古发现也颇有一些线索。据南唐旧臣、北宋大学士徐铉所撰《大宋左千牛卫上将军追封吴王陇西公墓志铭》记载，李煜葬于洛阳瀍水以西、谷水以北、唐上阳宫以北的邙山南麓。而唐上阳宫遗址以北的孟津县朝阳乡有一处名为后李村的古老村落，鉴于洛阳地区许多古老村名往往与历史人物的墓葬相关联的例证，推测后李村一带很可能就是南唐后主李煜的葬地。至于后李村西的周寨村的村名，也可能与李煜继妃小周后的墓地有关。

祖堂山南唐园寝中的三座陵墓——钦陵、顺陵、懿陵，在规制上所流露出的分明是江河日下的景象。不过，以李唐为正朔的南唐政权，在陵墓制度方面力争承袭唐朝绪余的种种表现，对于考察唐代陵墓制度的作用与意义也不容小觑。迄今所见，唐陵除地表建制尚有迹可循之外，经发掘者仅唐末的僖宗靖陵。但僖宗靖陵为单室墓，在规制上似犹逊于盛唐时期的懿德太子、永泰公主等墓。从这个意义上来说，南唐二陵以及法门寺唐代地宫均为三室制的构造，也为探究盛唐时期帝陵玄宫的形制提供了值得借鉴的实例。南唐开国之主李昪向以李唐皇室后裔自居，作为统治基石的礼仪制度也"一如盛唐"，故史称"五代之乱也，礼乐崩坏，文献俱亡，而儒衣书服，盛于南唐……江左三十年间，文物有元和之风"。祖堂山南唐园寝从陵园布局到玄宫，尤其是钦陵的玄宫建筑方面，所表现出的对唐代传统陵寝制度的沿袭，反映的正是这样的情形。另一方面，祖堂山南唐诸陵共用一个封闭的陵园，三陵不再设各自陵垣，献殿建筑亦不单列，而是集中布置在一处夯土台基上。凡此种种，与唐代帝陵各自拥有独立陵园、献殿遗址位于南陵门内中部则有所不同。究其原委，当与受江南自然山川地形及气候条件的限制不无关系。

锐意新法的改革家王安石家族墓

北宋著名的改革家王安石，字介甫，抚州临川人，元祐元年（1086）四月初六日在南京城内秦淮河畔小宅去世，终年 65 岁，追赠太傅，谥曰"文"，后世称"王文公"，以终封荆国公，故世亦称"王荆公"。据蔡上翔《王荆公年谱考略》"宝元二年条"载：王安石父"（王益）楚公通判江宁，既卒于官，葬于江宁牛首山，子孙遂家焉"。说的是自王安石的父亲王益卒葬南京江宁牛首山之后，其子孙即在南京安家置业。

2009 年 10 月，南京江宁区将军山南麓施工取土时发现一合墓志，南京市博物馆随即前往进行考古发掘，确认该处有两座平行排列、彼此相距仅 5.5 米的竖穴土坑墓，墓葬构造颇为简单，均是在墓坑内以石灰砖砌筑成长方形的椁室。通过对出土墓志的释读，可知两墓的墓主分别是王安石的父亲王益与长兄王安仁。其中，王益墓墓圹长 5.2 米、宽 2.96 米，椁室长 4.78 米、宽 1.9 米。椁室南部中央铺设平面呈梯形的石灰棺座。

南京将军山发现的王安石家族墓

棺座南北长 1.9 米，东西宽 0.54—0.71 米。棺座上置放一具木棺，因腐蚀仅存一侧的棺板。王安仁墓墓圹残长 2.3—2.56 米、宽 2.7—2.86 米，椁室残长 2.3—2.56 米、宽 2.18—2.28 米。

两墓出土的随葬品包括釉陶罐、铜镜、银盘等十余件，而最为重要的是两合墓志。其中，王益墓志志盖有楷书题"王公之墓"四字，志文漫漶极甚，但仍然可以在残文中辨识出其子"安石"的名讳。王安石家族是北宋衣冠望族，而王安石尤为临川王氏最负盛名的杰出政治人物，且与其弟王安礼、王安国皆以文学名重一时，时号"临川三王"。

王安石的父亲王益，《宋史·王安石传》仅有"父益，都官员外郎"这样的只言片语。所幸传世另有王安石所撰行述和曾巩所撰《尚书都官员外郎王公（益）墓志铭》两文，比较详尽地记载了王益的生平。王益以大中祥符八年（1015）进士及第，但毕生只做了几任知县和知州。尽管名满天下的曾巩曾撰有《尚书都官员外郎王公（益）墓志铭》，但在南京南郊将军山出土的王益墓志，却并非位列"唐宋八大家"之一的曾巩手笔，据出土墓志残文可知，出土的王益墓志铭实出于孙侔之手。

孙侔"与临川王安石、南丰曾巩，知名于江淮间"，素为王安石的布衣交。据《王文公文集》卷五《与孙侔书三》，王安石曾在曾巩撰王益墓志铭之后，又致书孙侔请为王益撰造墓志铭。王安石之所以这样做，主要是认为曾文"事有缺略"，故请孙侔"作一碣，立于墓门，使先人之名德不泯"。

王安石的祖父王用之早先已归葬于故里的抚州灵谷山，那么王安石的父亲王益为何死后未能归葬江西抚州祖茔，却安厝于官舍所在的南京呢？归根到底，无非由于王安石兄弟在抚

王安石父王益墓

王安石兄王安仁墓

州故里"无田园以托一日之命",换言之,王安石兄弟非常清贫,无力将父亲归葬临川祖茔,不得不就近厝于已寓居多年的江宁。而这种情形在当时的寒儒之家,是普遍的现象。

王益长子王安仁,皇祐三年(1051)历官宣州司户参军、转运使监江宁府盐院,同年卒,享年37岁。皇祐四年(1052)葬于牛首山乃父王益墓旁。王安石早年丧父,随兄"寄金陵家焉,从二兄入学为诸生",王安石诗文集中有数篇作品皆涉及王安仁,并感怀其学养深厚却怀才不遇。出土的王安仁墓志志盖题写"宋故将仕郎试秘书省校书郎守宣州司户参军王府君之墓"二十四字;志文22行,满行18字,内容与王安石撰《亡兄王常甫墓志铭》传世文本毫厘不爽,可知王安仁墓志虽无作者题名,但实出于王安石手笔无疑。

从文献记载来看,王安石本人虽然也葬于南京,但具体位置却是南京东郊而非南郊。王安石晚年定居的金陵半山园,位于今中山门段城墙内西北隅、前湖南面的海军指挥学院内。北宋江宁府城东郊的半山园旧名白塘,因位于江宁府城东门白下门(今大中桥处)至钟山14里的半道7里处,故而得名。史载,宋熙宁九年(1076)十月丙午,王安石第二次罢相,次年力请宫观,定居半山园。至元丰七年(1084),王安石舍宅为寺,宋神宗赐名"报宁禅寺",王安石则迁居秦淮河畔,直至病逝。

有意思的是,王安石死后,他的政敌、尚在病中的司马光立即致函当朝宰相吕公著,希望吕向皇太后和皇帝进言:"介甫文章节义过人处甚多,但性不晓事而喜遂非,致忠直疏远,谗佞辐辏,败坏百度,以至于此。今方矫其失,革其弊,不幸介甫谢世,反覆之徒必诋毁百端。光意以谓朝廷特宜优加厚礼，以振起浮薄之风。"可见司马光与王安石虽为政敌，但这一番话犹不失政治家的大度。不过，据宋代张舜民《画墁集》收录《哀王荆公》七绝四首之一云："门前无爵罢张罗，元酒生刍亦不多。恸哭一声唯有弟，故时宾客合如何。"可知在当时大力贬斥王安石变法的严峻形势下，王安石的丧葬事务仅有诸弟置办，门庭冷落，场景凄清。

关于王安石的葬地，据《景定建康志》卷四三载"王舒王墓在半山寺后"，谓王安石死后即埋骨于生前所居的半山寺后。南宋叶梦得有诗《同惮立游蒋山，谒宝公塔、王荆公墓，晚过草堂寺周颙故宅》，从标题可知，叶梦得出游的行程大致为钟山南麓自东向西的宝公塔—王安石墓—草堂寺周颙故宅一线。宝公塔所在的独龙阜，至明初已被辟建为孝陵，而明代开国功臣开平王常遇春墓即卜建于草堂寺。于此可知，王安石墓即位于明孝陵至常遇春墓之间。此外，南宋周辉《清坡杂志》卷十二亦载："王荆公墓在建康蒋山东三里，与其子王雱分昭穆而葬。绍圣初，复用元丰旧人……盖当时士大夫道金陵，未有不上荆公坟者。"

王安石之所以葬于钟山，归根结底仍属祔葬王益的继室夫人、王安石生母吴氏之墓。据曾巩《仁寿县太君吴氏墓志铭》记载，王安石的母亲吴氏于嘉祐八年（1063）卒于京师，"葬于江宁府之蒋山"。据王安石《王平甫墓志》所述，熙宁七年（1074）王安石弟王安国病逝后，亦于元丰三年（1080）葬于"钟山母楚国太夫人墓左百步有十六步"。据王安石《题雱祠堂》自注，王安石之子王雱病逝京师后，亦由王安石之弟王安上护丧回宁，即葬于钟山蒋山寺宝公塔院，与楚国太夫人吴氏及王安国母子墓相距不远。王安石弟王和甫于绍兴二年（1132）患风痹病去世，终亦归葬蒋山。南宋周必大所撰《记金陵登览》详述其游历王安石祠墓之行："出东门（白下门）五里，至报宁寺，本介甫旧宅……土人但呼半山寺……顷之，至蒋山精舍，盖王氏功德院……饭罢，筍舆访八功德池水，皆山行……既而子柔云：定林无足观。遂同至池上。移时，乃下山，复与子柔驰马穿松林约四五里，到介甫坟庵，一僧守之。平甫、和甫、元泽诸坟相望也。日斜，归憩半山……游时，绍兴戊寅春。"据此，殊不难想见南宋时钟山南麓的半山寺后，业已形成了一片以王安石生母仁寿县太君吴氏墓为主墓的王安石家族墓地。在这片颇具规模的墓地之中，除了王安石三世的墓冢与守墓的坟寺之外，据南宋叶梦得《同悻立游蒋山，谒宝公塔、王荆公墓，晚过草堂寺、周颢故宅》诗"佳城倚华表，拱木埋貂蝉。暮过草堂寺，借榻聊暂眠"并及苏泂《金陵杂兴·半山园》诗"绿阴黄鸟半山园，谢字王名宛若存。试问时人两安石，却推翁仲不能言"，可证卒后追赠太傅的王安石墓不仅"佳城倚华表（望柱）"，依规制还置有石像生，故答客难之际"却推翁仲不能言"。据王安石十三世孙、元代处士王仁煜作《拜荆公墓》："郁郁佳城数百年，一回瞻拜一潸然。扫松来借樵夫路，荐藻犹分太守田。春水池塘骤添雨，夕阳岩树横抹烟。芒鞋竹杖无由识，深愧云仍失所传。"庶几可知王安石墓至元仍存。

据明代沈德符《万历野获编》卷二《发冢》："冢墓被发，即帝王不免，然必多藏，始为盗朵颐。如王荆公清苦，料无厚葬。其墓在金陵。正德四年，南京太监石岩者，营治寿穴，苦乏大砖，或献言云'近处古冢砖奇大'，遂拆以充用。视其碣，乃介甫也。则薄葬亦受祸矣。"是谓明正德四年（1509）王安石墓因南京守备太监石岩营治寿穴而遭拆毁。

也有观点认为，王安石墓其实在明初已被迁移。据崇仁《甘坑王氏九修族谱》记载："荆国公墓：公卒半山寺，敕葬于钟山之阳。我明太祖迁陵，问曰：'旧为若坟？'辅臣对曰：'水口为吴王孙权墓，服山为宋丞相王安石。'太祖乃曰：'孙权居水口，留为守陵。王安石可召其子孙迁葬。'时其子孙王伯安承命迁于临川月塘祖坟旁。"谓王安石十六世孙、国子学录王伯安，因明太祖朱元璋营建孝陵而受命将王安石墓迁归临川月塘，亦即金溪县琉璃乡月塘村灵谷山王安石祖墓。不过，这种见诸私修谱牒的记载未必可靠，如抚州市孝桥乡横洒《王氏三修宗谱明公总世系》记载了王安石之父王益墓"明洪武间，迁葬月塘祖坟旁"。揆诸南京南郊将军山王益、王安仁父子墓的考古新发现，就显然不可信了。此外，民国初年南京江宁麒麟门亦传闻发现了王安石墓。不过，南京作为民国首都，名流荟萃之地，有王安石这等名头人物的墓葬发现，居然没有引起轰动，更未引起当时古物保存所的专业人士的注意，未免有些不可思议。

宁作赵氏鬼　不为他邦臣
——杨邦乂剖心处

　　杨邦乂，字晞稷，吉州吉水人。少在郡学，不视非礼。博通古今，每以节义自许。建炎三年（1129）金兵南侵，宋高宗赵构逃往浙西，留右仆射杜充为御营使，驻守建康，命韩世忠、王燮诸将悉听杜充节制。杜充其人酷而无谋，军心不附。金兵迫近后，杜充派遣先锋陈淬等与金人战于马家渡。时王燮拥兵不救，致陈淬被金人擒获，杜充则率领部下几千人投降。金人渡江，兵锋直逼建康，时以户部尚书监督军饷的李棁、以显谟阁直学士驻守建康的陈邦光等皆具降书，在十里亭迎接金人。金兵主帅完颜宗弼入城后，李棁、陈邦光率领下属官员皆跪拜迎接，只有杨邦乂不从，并蘸血在衣襟上写下"宁作赵氏鬼，不为他邦臣"。宗弼派人劝说杨邦乂，许诺恢复他原有的官职。杨邦乂用头撞柱础至流血道："世岂有不畏死而可以利动者？速杀我。"次日，宗弼等人与李棁、陈邦光在厅堂上举行宴会，杨邦乂立于庭叱责李棁、陈邦光道：天子让你们守卫城池，敌人来了你们不抵抗，反与敌人一起宴饮玩乐，还有脸见我吗？有个姓刘的团练使在纸上写下"死活"二字供杨邦乂抉择道：你不必多说，想死赶紧写个"死"字吧。杨邦乂遂奋笔写下"死"字，并远远看着宗弼大声骂道："若女真图中原，天宁久假汝，行碟汝万段，安得污我！"宗弼大怒，将杨邦乂杀害，并剖取其心，时年44岁。朝廷闻知杨邦乂舍生取义的忠烈事迹，赠予直秘阁之职，赐田地三顷，并为他殓尸下葬，就其葬地赐庙号"褒忠"，谥"忠襄"，授予他的四个儿子官职。

　　宋杨忠襄公邦乂的剖心处位于南京雨花台东的"江南第二泉"后山，现存碑记四通，稍早的碑记有清同治十二年（1873）"重建三忠祠碑"与民国二十一年（1932）"宋杨忠襄公剖心碑"两种，另有石狮两尊。历史上，杨邦乂剖心处几经迁移，其原址在雨花台百货商店以南的宁芜铁路和宁芜公路之间的雨花路上，原址除立有"宋忠臣庐陵杨忠襄公剖心处"碑外，尚有"聚忠祠"和"剖心坊"等建筑。首次迁移为民国

杨邦乂剖心处

二十一年（1932），因"辟雨花路，碑为前梗"，遂"移置台阳，距南址东向百尺"，即今宁溧公路上。第二次迁移是在1952年，"因新建宁溧公路，又向南迁到宁溧公路南面土山上"，亦即今雨花台北大门内广场的烈士群雕附近。1974年至1975年，因雨花台烈士陵园扩建工程施工，遂历第三次迁移而至现址。

民国时期南京市市长石瑛重立的"宋杨忠襄公剖心碑"，踞于平面呈扇状的"剖心处"中心平台之上，碑身高1.86米，碑额高0.6米。碑文由三部分组成，中间竖书"宋忠臣庐陵杨忠襄公剖心处"，隶书碑文首题"宋杨忠襄公剖心碑记"，正文为"公讳邦乂，吉水人，建炎初停建康。金师至，留守杜充战败，降。公独不屈，大骂金人，剖其心而死。今中华门外雨花台下有碑可识也。时代递迁，芳馨若歇。壬申春，余来长京市，辟雨花路，碑为前梗，命工移置台阳，距南址东向百尺，绕以砖栏，俾忠员于乎。国步艰难，外侮日亟，国人其亦瞻慕而兴起乎。中华民国二十一年八月日阳新石瑛敬记"。

在石瑛重立的"宋杨忠襄公剖心碑"后约4米处，即"重建三忠祠碑"。碑身高1.67米，碑额高0.36米。碑额篆书"重建三忠祠之碑记"，碑文为"祠昉于宋绍兴元年，诏即杨忠襄公剖心处立庙祀之，赐额曰'褒忠'。明时附祀文信国公，为杨、文二公祠，亦曰'二忠祠'。其后，又附祀李忠肃公。至我朝咸丰元年始改为'三忠祠'。三忠皆江右吉水人也。杨忠襄公于建炎三年通判建康殉。金人南侵之后百五十年，宋亡，而信国公燕市就义，大节彪炳人间。盖信国幼见忠襄遗像，即慨然愿俎豆其旁。后过金陵，屡赋诗怀之，其志同道合如此。又三百年，而忠肃公遭甲申之变，尽节'二忠祠'内。四百余年中，伟人继起，后先辉映，皎然与日月争光。异代而同心，异时而同里。皆舍一身，以植纲常于天下万世。其合祀也，固宜旧祠。宏敞三忠，各有肖像。左右前后，分设享堂。近毁于粤匪之乱，荡然无存。今年春，署制府张公始筹款，议重建。予及同乡挂宦游于斯者，各捐廉以助之，并溧阳忠襄公后裔集资，共得千金。鸠工庀材，悉赖吾乡桂芗亭观察经理。夏间创建，至八月告成。新祠为室十五楹，门房、享堂、内室、书厅、厨房各三楹。享堂中设龛，奉三公神主合祀焉。予既与同乡诸君敬谨至奠，遂略述原委，俾勒诸石，以垂永久。时同治十二年八月之吉。赐进士出身翰林院庶吉士诰奉大夫江宁布政使赏戴花翎疆勇巴图梅启照撰文并篆额书丹"。

根据上述碑文可知，初建于南宋绍兴元年（1131）的杨忠襄公祠，因明代附祀文天祥而易名为"二忠祠"，后又有李邦华"遭甲申之变尽节二忠祠内"，复易名为"三忠祠"。

值得一提的是，在梅启照所撰"重建三忠祠碑"的背面，还有一篇《碑阴记》，记载三忠祠、杨邦乂墓及其祭田的所在、面积和四至。碑文为"三忠祠基，东至大街，横阔十一丈；西至土墙基，横阔九丈五尺。南北直长二十一丈四尺。东南隅内有民基三间。忠襄公老祠基三间，在剖心坊侧。东至路，南至茶坊屋，西至大街，北至千总衙署。忠襄公墓在雨花台东北小茅山，东至小茅山，南至旧清源观墙基，北至路。墓前有碑记一座。墓道有高山岗，自海公祠前一直向西到剖心坊，计二百余丈，横阔计二丈五尺。忠襄公祭田坐落上元县长宁乡兴一图地名辛家边，计田二十六区，共计六十亩；又地五亩四分；又山一号，计五亩八分；又塘一口，计七亩一分。此由师程公所署，系光裕堂独业。忠襄公光裕堂、世清堂后裔暨集庆堂有事来此，道士一体应给。此祠系忠襄公后裔禀请建造，向归忠裔管业。与他祠宇不同，一应仕宦客商及地方绅士会集，不得借用"。由于城市建设带来的沧海桑田般地变化，《碑阴记》中所述的三忠祠"东至大街""西至土墙基"等标志物早已湮失无存，据此殊难查找三忠祠的确切所在。不过，《碑阴记》中关于"忠襄公墓在雨花台东北小茅山"的记述，对于探究同样湮废已久的杨邦乂墓则提供了难能可贵的线索。

据《当代南京园林》一书关于《雨花台烈士陵园》的介绍，可知杨邦乂墓的墓碑毁于"文革"初，当时有雨花台烈士陵园管理处的工作人员曾亲见镌刻"宋忠臣杨忠襄公之墓"的墓碑被砸倒仆地，现已下落不明。

经实地考察和走访并结合文献证实，杨邦乂墓东的"小茅山"即今雨花台东岗"江南第二泉"后山，杨邦乂墓的确切地点在"辛亥革命雨花台之役人马合冢"东面约 15 米处、现雨花阁西北坡处。杨邦乂墓碑虽已被毁，幸而直径约 7 米、高逾 2 米的墓冢尚存，2012 年 3 月 20 日已被南京市人民政府公布为第四批南京市文物保护单位。

杨邦乂墓所在地亦称土门岗，清代陈文述有《土门岗吊杨忠襄公》诗，诗曰："翠华远向临安去，铁骑翻及建邺来，大帅已甘囚首缚，孤忠竟受剖心哀。苍茫云树环遗墓，惨淡风烟护将台，闲向土门岗上望，精灵应共怒潮回。"

据"重建三忠祠碑"的《碑阴记》，杨邦乂墓范围"东至小茅山，南至旧清源观墙基，北至路"。据周宝偀记叙，清源观"在梅岗，即小茅山，宋名清源庙，成化十三年重修，赐名观。按，清源君，蜀三神之一也"。旧清源观早已不复存在，杨邦乂"墓道有高山岗，自海公祠前一直向西至剖心坊"中的"海忠介公瑞祠"也已渺不可寻。据地方志记载，海公祠就"在聚宝山梅岗上"，与其并列的还有明万历时为建文忠臣景清所建的景公祠。杨邦乂墓冢的重新发现，不啻为探究这些已经佚失的历史遗迹提供了重要的坐标。

南宋荣州防御使张保墓

　　1973 年 6 月，南京中华门外晨光机器厂在宁芜铁路南侧新建职工宿舍区西围墙之际，发现了一座仿木结构的砖砌古墓，随即停工并向省市文物主管部门汇报。南京晨光机器厂厂区范围内的历代文物古迹可谓星罗棋布，包括明代著名的大报恩寺及寺内被誉为中古世界奇观之一的琉璃宝塔、瘗藏唐代高僧玄奘顶骨的西天寺、明代开国功臣虢国公俞通海家族墓、陕国公郭兴与其弟武定侯郭英家族墓，而诸多六朝时期的古墓葬特别是东晋中兴名臣谢安墓也位于此地。因此，省市文物主管部门对这一发现非常重视，南京博物院与南京市文物保管委员会的考古专家赵青芳、李蔚然、袁俊卿、季士家等皆一并赶赴现场查勘，待见到出露的这一仿木结构的砖砌古墓时，都不禁大吃了一惊。一方面，这座已经"露头"的古墓的墓门有着飞檐翘角并且铺覆瓦当、滴水的仿木结构的砖砌门头，而在南京地区，这种形制的墓门此前仅见诸位于南京祖堂山的南唐二陵，近年来也仅在南京西天寺发现过同样形制的南宋墓葬；另一方面，砌墓的墓砖比通常所见的六朝墓砖要厚，但又小于被俗称为"明城砖"的明代官砖，与南唐二陵的墓砖尤为近似。据宋代以来的南京地方志书记载，南唐名宦韩熙载的墓葬就位于雨花台西的梅岗，大致正是南京晨光机器厂厂区范围内。考古专家们面面相觑，莫非，这会是韩熙载之墓？

　　韩熙载，字叔言，后唐同光四年（926）进士，南奔投效杨吴政权以至南唐禅代杨吴之后，一度颇受重用。后主李煜即位后，由于政治、军事力量上的弱势，对于盘踞在中原的军阀极为戒备，而对于早先自中原北方投奔而来的官员，李煜也颇为疑忌，并毒杀了很多有着中原北方背景的文武臣僚。韩熙载对此极为不安，为了免除无妄之灾，故不得不做出一幅放浪形骸、醉生梦死的模样，韬光养晦，以求自保。但李煜对韩熙载仍不放心，派画院待诏顾闳中前往韩熙载的府邸暗中窥伺。凭借敏锐的洞察力和惊人的记忆力，顾闳中将韩熙载家中开宴行乐、载歌载舞的夜宴过程默记于心，归而以连环长卷的方式加以描摹状写，再上达李煜。

这便是被誉为中国十大传世名画之一的《韩熙载夜宴图》。

《韩熙载夜宴图》画卷由五个既联系又分隔的画面组成，借欢乐场景生动传神地刻画出韩熙载超然自适的气度与苦闷彷徨的心境。中国历朝历代的名宦不知凡几，纵观韩熙载的一生，大约除了为南唐二陵的建造设计提供了制度因素方面的参考外，谈不上有什么令人难忘的事迹。但恰恰正是拜传世名画《韩熙载夜宴图》所赐，韩熙载的艺术形象可谓深入人心，甚至几乎可以说到了家喻户晓、妇孺皆知的程度。想到此，在场的考古专家们不由得都兴奋起来。

尽管当时还处在"文化大革命"的特殊时期，但在听取了专家们的汇报意见后，江苏省革委会与省、市文物主管部门仍然对即将到来的考古工作给予了高度重视。考虑到墓葬里或许会出土壁画、丝织品与稻谷等易腐蚀的遗迹、遗物，江苏省革委会还专门下达了做好考古发掘与文物保护工作的指示，并组织了由十多个单位、部门组成的专家组，省、市文化局长乃至市公检法政委等一并出任古墓发掘领导小组成员，共赴古墓出露现场指导并配合考古发掘工作。

1973 年 6 月 20 日正式发掘前一日的晚上，省市文物考古工作者与专家组的成员就已驻扎在工地现场，听候调动，并且召开了全体会议，分别领受了工作任务，做足了考古发掘与文物保护工作的准备。考古发掘工作于 1973 年 6 月 21 日早晨 6 点冒着微雨正式展开。先由专业的摄影队对墓葬外景进行拍摄，摄影除了黑白胶卷，还使用了当时很贵重的彩色胶卷。外景摄影工作告一段落后，再逐一拆去封门墙砌砖，并由防疫站工作人员先行提取了墓内空气进行分析，检测封闭的墓室内部是否含有毒害气体成分。这之后，始由考古工作者进入墓室内展开发掘清理工作。

该墓长约 6 米，宽约 3.5 米，由前后两个墓室组成，前、后室均为穹窿顶，后室的中间纵向砌一堵隔墙，将后室分为左右两室，亦即同茔异穴的男女墓主的长眠安息之所。其中，女性墓主的骨殖已经腐朽无存，男性墓主尚存头骨和部分肢骨。墓室内的铺地砖上有厚约 40 厘米的淤土堆积。墓壁均涂抹有白色石灰层，唯后壁可见残留的壁画痕迹，但多已脱落，仅局部可见少数的几个红色小圆圈，红色小圆圈之间以红线相连，考古工作者怀疑画面描绘的可能是天上的星斗。

靠近前室东、西壁处，各竖立圆首碑形石墓志一块，志石上镌刻的字迹已漫漶风化，只约略可辨识出碑首题额的几个大字。其中，西面墓志石上的题额文字为"宋故荣州防御使张公墓志铭"，东面墓志石上的题额文字为"宋故淑人任氏墓志铭"。至此可知，这座"雕梁画栋"的仿木结构砖室墓，并不是南唐名臣韩熙载的墓葬，而是官"荣州防御使"的宋代张姓武官夫妇的合葬墓。但由于墓志文字漫漶不清，墓主事迹一时难于辨识，故此"荣州防御使张公"姓甚名谁，一时也还难于察知。这时，有人灵机一动，建议电话咨询对宋史素有研究的无锡文物主管部门的顾文璧。经顾文璧帮助查阅宋代《景定建康志》，始知墓主"荣州防御使张公"，正是南宋与刘光世、韩世忠、岳飞齐名的"中兴四将"之一的太师、循王张俊的同母弟张保。张俊是南宋初的抗金名将，后顺应潮流，力主和议，并以此博得宋高宗的宠幸。张俊晚年封清河郡王，显赫一时，但张俊的弟弟张保，史载甚简，仅知其佐兄立功，累官至拱卫大夫、荣州防御使，留建康十五年，绍兴二十六年（1156）终于私第，享年66岁。《景定建康志》卷四三《诸墓》谓张保卒葬江宁县凤台乡松林庄，应即是此墓的发掘地点之所在，可惜由于出土墓志志文漫漶风化得太过厉害，未能提供更为详细的信息。

南宋张保墓出土定窑刻划花银釦白瓷盘之一

南宋张保墓出土定窑刻划花银釦白瓷盘之二

当天晚上与 6 月 22 日全天，考古发掘工作继续进行，除了张保及妻室任氏淑人的两件墓志外，共计清理出土 40 余件文物，包括漆奁 1 件、釉陶缸 1 件、陶军持 2 件、定窑烧制的白瓷盘 3 件、白瓷碗 3 件、白瓷盂 1 件、铜洗 2 件、铜镜 4 件、铜碗 2 件、银唾壶 2 件、银带饰 4 件、银锁 2 件、金栉背 1 件、太平通宝金钱 1 件，南宋绍兴二十五年（1155）文思院铸造的铅质"荣州防御使印"一方及与官印配套使用的印牌，另有小串珠、铜钱等物。此外，墓中还发现了大量的水银，考古工作者取样约 2 斤予以保留。

6 月 22 日当晚，考古发掘工作全部结束。考虑到张保墓精美的仿木结构砖雕实属难得的考古发现，考古工作结束后，南京晨光机器厂将张保墓重新填土回封，并在墓坑上建成钢筋混凝土大梁，在钢筋混凝土大梁上砌建围墙，对张保墓予以保护。

宋代墓葬中，罕有以墓主生前佩用官印随葬的，像张保墓这样竟然将组合完整的一套"荣州防御使"的官印与印牌作为随葬品下葬的，更是绝无仅有，对于印证宋代典章制度而言，自有非同寻常的意义。

传世宋代官印，多出自古战场遗址或江河湖泊之中，显为战乱遗失之物。然由宋神宗元丰六年（1083）十二月"诏自今臣僚所授印，亡殁并赐随葬"的记载，可知宋代官印之流传后世，也还应有墓葬出土者。但在已考古发

南宋张保墓出土"荣州防御使"官印

掘的宋代墓葬中，仅见有一枚或多枚私印出土，官印则几乎没有发现，以致学术界对宋代始自元丰年间的诏赐官印随葬制度的真实性，也都产生了怀疑。张保墓出土"荣州防御使印"并印牌，是为迄今所见唯一出自墓葬且组合完整的宋代官印。它的出土，验证了宋神宗元丰六年十二月诏赐官印随葬制度的可靠性。

张保墓出土荣州防御使印的印面近正方形，边长 5.6—5.7 厘米，边栏宽 0.2—0.3 厘米，印文"荣州防御使印"计两行六字，阳文叠篆，系随印体一同铸出。印背铸橛纽，纽左、右两侧分别署记"文思院铸""绍兴二十五（年）"背款。由背款推知，该印是在张保卒终前一年由文思院铸造并颁授张保本人的。

鉴于黄桥兵变的前车之鉴以及前朝屡屡由统治集团内部引发的祸乱，宋廷对驻防在外拥兵自重的诸王以及节度使、州府军监等地方军职人员防范甚严，除在职权范围方面加以限制外，还强化了自唐代以来对官印的使用与管理制度，即在向掌印者颁铸官印的同时，制作与之配套的印牌，使"诸王、节度、观察使、州、府、军、监、县印，皆有铜牌，长七寸五分。诸王广一寸九分，余广一寸八分。诸王、节度、观察使牌涂以金，刻文云'牌出印入，印出牌入'"。张保墓出土"荣州防御使印"印牌为圆首，长条形牌身，下部残缺。残长 20.8 厘米、宽 5.9 厘米、厚 0.44 厘米，距顶 1.5 厘米处有直径 0.65 厘米的圆穿以供佩挂。印牌正面刻"荣州防御使印牌"七字，背面刻"牌入印出，印入牌出"两行八字，

南宋张保墓出土"荣州防御使"印牌

107

与《宋史·舆服六》所载"牌出印入，印出牌入"的"出、入"语序颠倒，但文义相同。

有关宋代印、牌组合使用的具体措施，据胡三省在《资治通鉴·唐僖宗中和四年》之"并牌印皆设不反"下注曰："至唐始置职印，任其职者，专而用之。其印盛之以匣，当官者置之卧内，别为牌，使吏掌之，以谨出入。印出而牌入，牌出则印入，故谓之牌印。"也就是说，官印平时由官员本人负责保管，印牌由属吏持有，须钤印时，由属吏向官员交牌用印，用完后，再交印将印牌取回。这样，诸王节度等人就难以随心所欲、擅用职权，举止行踪皆可受到朝廷监视。

"荣州防御使印"钤本极其模糊不清。细审其印面，凸起的阳文线条多以断残寸碎而不连贯，以致钤本印文笔画不全。此种残损情形，当非锈蚀使然，显然是遭受外力破坏的结果。根据文献记载，或与礼部销毁废印的方式有关。北宋龙图阁直学士宋敏求《春明退朝录》卷上记曰："同判尚书礼部，掌诸路纳到废印极多，率皆无用。按唐旧说，礼部郎中掌省中文翰……又谓员外郎为'瑞锦窠'。员外郎厅前有大石，诸州府送到废印，皆于石上碎之。又图写祥瑞，亦员外郎厅所掌。令狐楚元和初任礼部员外郎，有诗曰'移石几回敲碎印，开箱何处送新图'是也。"故宋敏求认为："今之废印，亦准故事碎之。"又据宋神宗元丰六年十二月"诏自今臣僚所授印，亡殁并赐随葬，不即随葬因而行用者，论如律"的记载，可知宋廷对赐葬官印易于流失而生奸弊的情形仍心存顾虑，因此，效仿唐朝故事先碎赐葬官印印文，亦是不无可能的。

近数十年来，南京地区又陆续发现了若干仿木结构的宋代砖室墓，墓主有武官，有僧侣，但无论墓葬规模与随葬品之丰富，仍无从与张保墓相提并论。从这个层面上来看，张保墓能够入列同时代人马光祖编纂的《景定建康志》，并不是偶然的。

抗金名将王德墓

公元 12 世纪爆发的宋金战争中，涌现了岳飞、韩世忠、刘锜等众多戎马倥偬、彪炳史册的一代名将，卒于荆南、葬于南京的王德也堪称其中的佼佼者。

王德，字子华，宋通远军熟羊砦（今甘肃省陇西县）人，娴习骑射，以武勇应募。史载，靖康元年（1126）金兵南下中原，王德曾潜入隆德府（今山西省长治）刺探军情并手刃敌酋，后又率十六骑偷袭隆德府，斩杀敌军百十人，生俘隆德府太守姚太师而归，以勇武而被誉为"王夜叉"。

南宋建炎年间，战事频仍，有实力的大将如刘光世、韩世忠都极力扩充自己的势力，作战勇敢的王德自然成为各方拉拢的对象。而作为次一级武将的王德，也巧妙地利用了这种背景，"欲自致功名"。建炎三年（1129）四月，王德在受韩世忠节制追剿叛军途中，擅杀韩世忠麾下健将陈彦章，之后仍怒气未消欲与韩世忠一搏。战事结束后，王德论罪当死，宋高宗以王德有功而免予死罪，将其发往郴州，军中巨头刘光世则以空头黄敕赦免了王德。

建炎四年（1130），刘光世镇守京口（今江苏省镇江）。时金兵南下，兵锋甚锐，有人建议退保丹阳，王德以"天堑之险，弃而不守，脱或逆胡侵轶，如二浙何？愿终死守江上"，竭力向刘光世谏言应坚守长江防线，并以偏师耀武淮海，屡挫强敌，先后收复真州（今江苏省仪征市）、扬州数地。绍兴元年（1131），迁中亮大夫、同州观察使。绍兴三年（1133），刘光世和韩世忠的部队因奉命换防而发生骚乱，关键时刻王德挺身而出，以负荆请罪的姿态得到了韩世忠的谅解，化解了两人之间的恩怨。

绍兴七年（1137），身陷北房的宋徽宗的死讯传来，极大地刺激了宋人。时刘光世由于怯战被罢免，宋高宗颁《谕王德等听岳飞号令诏》，拟将刘光世军交给岳飞节制，但因朝廷内部的掣肘，将淮西军交付岳飞的意图终了不了了之。之后朝廷提升王德为都统制，此举引发了淮西军猛将郦琼的不满，导致淮西兵变——郦琼带领淮西军渡过淮河投降伪齐刘豫政权。淮西兵变极大地挫折了高涨的抗金热情，原归都督府统领的王德无枝可依，遂率"所统皆椎锋百战之余，猛鸷为诸军之冠"的八千子弟归入张俊麾下。张俊名其军为"锐胜"，以旌宠之。

绍兴十一年（1141）春，完颜宗弼撕毁与南宋的和议盟约，倾国之兵，大入淮泗，江东震动。张俊主张分兵防守长江南岸，王德则认为弃淮河不守，长江唇亡齿寒，金兵远道而来，若半渡而击，可夺其锐气。遂率所部涉江抵采石（今安徽省当涂县北），夜克历阳（今安徽和县），乘胜又克昭关（今属安徽省含山县）。

柘皋（今安徽省巢县西北）之战中，金军主将完颜宗弼以铁骑十余万夹道为阵，王德麾军攻敌右翼，射杀指挥作战的金将，令"万兵持长斧如墙而进"，大败金军，俘斩逾万，乘胜遂克合肥。柘皋之战也是王德军旅生涯的最后一战，随后南宋朝廷解除了韩世忠、张俊、岳飞三员大将的兵权，与金人和议，宋金战争告一段落。

由于黄桥兵变的前车之鉴，宋朝统治者对武将的猜忌根深蒂固，朝廷尽管削夺了韩世忠、张俊、岳飞等大将的兵权，但对接手掌管军队的都统制们仍然心存疑忌。王德在建康府仅仅做了三年御前诸军都统制就被调任浙江、福建总管，最后任荆湖北路副都总管，为朝廷"卧镇上游"。总管，在北宋时是军中大帅，事权很重，武将只能充当副职，文臣才能任正职。然而到了南宋，总管之职只存虚名。宋金和议后，英雄无用武之地，像王德这样曾经在战场上叱咤风云的将领，最终也只能在平淡甚至有些失落中度过晚年。

绍兴二十四年（1154）十月，终官清远军节度使、陇西郡公的王德病殁，诏赠检校少保，谥"威定"，以次年九月葬建康府上元县（今南京）钟山之原。

王德虽在南宋初期卷入了武将之间的政治斗争，但最终却因富于远见地脱离刘光世转投张俊麾下而平步青云。不过从战史、战绩看，王德固有盖世之雄，却廉让不伐，故功名全节，终始如一，这也可以说是他在谋略上的过人之处。

王德墓位于南京栖霞区燕子矶镇下庙村伏家桥邱家山下，早在1956年就已被公布为江苏省文物保护单位，是江苏地区保存相对较为完好的

20 世纪 50 年代的南宋抗金名将王德墓神道石刻

宋代墓葬。其墓前现存龟趺神道碑一通与石马二、石羊一、石虎一。

关于王德墓的信息，最初见诸南宋《景定建康志》卷四三"少保威定王德墓"条："（王德墓）在上元县钟山之原，傅雱撰神道碑。"明代地方志则多记王德墓位于南京城外郭观音门外，较宋元方志每以行政区划或山川为参照标注位置的做法不同。

宋代品官墓的石像生大致沿用了唐制，据《宋史·凶礼三》之"诸臣丧葬"等仪条："坟所有石羊、虎、望柱各二，三品以上加石人二人。"从中可见，唐代仅见诸帝陵的石望柱，此际也可以为人臣所享有。如安徽合肥包拯墓前就设置了石望柱、石虎、石羊、石人各一对，符合这一规制。尽管南宋帝陵"权宜择地攒殡"，未设石像生，但南宋品官墓则不受这一限制，墓前设置石像生的情形较为普遍，而且较诸北宋"诸臣丧葬"等仪条的规定，南宋较高等级的品官墓前的石兽除了石羊、石虎之外，又增加了石马一对。

王德墓神道石刻除了龟趺神道碑一通与石马二、石羊一、石虎一之外，20 世纪 60 年代附近清真寺老和尚开荒时，还曾在石虎的斜对面发现了被掩埋在淤土中的石文官翁仲。2005 年文物核查时，南京栖霞区文物干部在当地农民指引下，曾予试掘，确认了这一线索，证实王德墓神道原先确曾置有石人。而依据神道石刻成双设置的规制，王德墓神道石刻应包括神道碑一通与石翁仲、石马、石虎、石羊各二。庶几可见，王德墓神道石刻的完整组合，是与《宋史·凶礼三》相符合的。

王德墓神道碑碑额高 0.85 米，题额楷书"宋故赠检校少保王公神道碑"三行十二字，题额周围饰以浮雕云龙纹。碑身高 2.22 米，宽 1.2 米，厚 0.29 米，龟趺头部残缺，龟背通长 1.6 米，承碑的榫坑外部雕饰云纹；龟趺底部有扁方石座，石座侧面雕饰云气纹。王德墓神道碑碑文为知韶州军事傅雰撰，杨畴正书并题额，潘寿隆刻。碑文共计 55 行，满行 98 字，虽历千年风雨，剥蚀严重，但尚可辨认。

神道碑由于记录了王德生平事行，历来都是王德墓神道石刻中最引人瞩目的一种。南宋《景定建康志》卷四三"少保威定王德墓"条即抄录了王德墓神道碑文的铭辞。

由于受乾嘉考据学派的影响，中国的金石学在清代达到鼎盛时期，清代学者们对王德墓神道碑文的考察也更胜于前。道光年间，韩崇在《宝铁斋金石文跋尾》中对王德墓神道碑做了颇为详细的记录，内容涉及碑文字数、内容考证以及修整保护的建议等。同治年间所修《续纂江宁府志》之《艺文志》与缪荃荪《江苏金石记》等书稿，结合史籍对王德墓神道碑内容的考订已经相当精审。20 世纪 80 年代末，北京图书馆对馆藏旧拓进行整理并影印出版，初为清末民国藏书家章钰收藏的王德墓神道碑拓本也得以收录《北京图书馆藏中国历代石刻拓本汇编》一书中，这恐怕也是王德墓神道碑拓片迄今可查阅的唯一来源。

作为哀诔文的神道碑或墓志，出于为尊者讳的考量，往往存在隐恶扬善的缺陷，王德墓神道碑文也是如此。如建炎三年（1129）王德擅杀韩世忠麾下健将陈彦章及由此引发的一系列恶果，碑文里竟无一字提及。此外，绍兴十年（1140）夏，金人围刘锜于顺昌，碑文详述王德驰援刘锜，继而收复淮北重镇宿州、亳州，奏功居最，高宗制曰："知勇自见，屡收不战之功；果毅敢前，若践无人之境。"但实际上，所谓的"顺昌之围"，不过以刘锜为统帅的宋军对金军作战的一次大捷。时金兵以优势兵力围困顺昌府，刘锜在各路援军未到的情况下，利用金军围城日久的困乏，以步兵撒豆喂饥马，再砍马腿，搅乱敌阵，以逸待劳，以少胜多，以步兵胜骑兵，让金兵尝到了南侵以来最大的一次失利。时任淮西宣抚司都统制王德所率的援兵尚未到达，宋军即已取得胜利。随后张俊、王德奉命收复了宿州、亳州。但在宿、亳驻守不久，张俊、王德就收到朝廷的命令，从宿、亳撤回庐州。这次军事行动，先收复失地，而后又主动放弃，算不上什么功业，却受到了宋高宗的褒奖，升任王德为侍卫亲军马军都虞侯。对于朝廷对王德等人的封赏，时人张嵲即表达了不同意见，认为不应该对王德等封赏，反而应该降罪。正是由于张俊、王德等在没有金兵威胁的情况下从宿、亳地区撤兵，使得在河南战场上的岳飞军队孤军奋战，无奈之下也不得不班师，错过了收复旧京的机会。

王德墓石马在龟趺神道碑前呈东西向排列，马头戴络头，近马嘴部位遭人为砸毁，马背披鞍鞯，马鞍上覆以垫布，鞍鞯外缘雕饰缠枝蔓草纹，缰绳即搭于马鞍垫布之上。石马身长 1.9—2.1 米，高 1.3 米，宽 0.4 米。石虎呈蹲踞状，后腿屈曲，前肢与躯体间的石料掏空，惜前肢业已被砸断。石虎身长 1.3 米，高 0.35 米。石羊呈四腿跪伏状，早年倾倒一侧，后被扶正。石羊身长 1.15 米，高 1 米。

南宋抗金名将王德墓石马

　　文史学者朱偰先生在 20 世纪 30 年代拍摄了南京与周边地区的大量古迹名胜，并结集出版了《金陵古迹名胜影集》一书，王德墓及其神道石刻也赫然在列，共有两帧照片，分别题为"宋故赠检校少保王公神道碑"与"宋王德墓全景"。第 2 帧照片"宋王德墓全景"的说明文字为"（王德）墓在神策门（今和平门）外下庙，有碑一、石马二（一已倾倒）、石虎二（仅存其一）。石马雕刻极佳，有宋人画意"。这表明，王德墓前的石羊与 2005 年文物核查时挖掘出的石翁仲，朱偰先生当年都未及发现。值得一提的是，据朱偰先生所摄"宋王德墓全景"照片，其时王德墓石马犹完整无缺，其嘴部被砸毁当系近数十年来所为。

著名词人张孝祥暨其养子张同之墓

宋代著名词人张孝祥，字安国，号于湖居士，历阳乌江（今南京江浦与安徽和县交界处）人。绍兴二十四年（1154）状元，官至建康留守。乾道五年（1169）三月以显谟阁直学士致仕，七月病故于安徽芜湖，时年38岁。张孝祥的葬地，史载互歧，南宋《景定建康志》记载张孝祥墓在上元清果寺，明代《应天府志》却记载在江浦七垛山。通常，地方志理应是成书越早越可信，所以《江浦埤乘》认为："宋人志宋墓当不妄，而孝祥乌江人，今浦地七垛山之墓，或其祖墓欤？"

1982年5月24日，为了配合南京市文物普查工作，江浦县文化局的文史工作者朱锡友、凌竞鸥等人在江浦黄叶岭（也作黄悦岭、黄山岭）南坡竹林踏查时，发现了张孝祥的墓碣。墓碣高0.9米，宽0.44米，大半为黄土掩埋。其上所刻文字为"宋故显谟阁直学士状元张公讳孝祥字于湖公之墓"，右侧上款为"嘉庆二十五年三月初一日新立"，左侧下款为"裔孙□儒等奉祀"。除了下款第三字因碑身断裂伤及字文外，其余字迹皆清晰可辨。在这并不起眼的墓碣背后，有一抔约1.2米高的黄土，即是中国文学史上大名鼎鼎的宋代豪放派词人张孝祥的埋骨之地。庶几可知，明代《应天府志》对张孝祥墓所在位置的记载，无疑较《景定建康志》更为准确可信。

张孝祥墓在被发现两年之后的1984年，即被列为江浦县文物保护单位，至1992年又被公布为南京市文物保护单位。相关的文保单位名录中公布的墓葬地点为江浦县老山黄叶岭南，即今南京市浦口区岔路口老山国家森林公园

著名词人张孝祥墓碣

内黄山岭南坡，旧地名"鲤鱼三点籽"。如今，张孝祥墓作为老山国家森林公园内的景观，已修葺一新，冢前新立的墓碑后仍保留了清代嘉庆年间所立残碑。

张孝祥之子张同之墓，也位于黄叶岭东南麓，从出土墓志述及张同之子张亿、张俌于庆元三年（1197）三月卜吉葬乃父于祖域之旁、黄叶岭之阳而言，可知张同之墓与张孝祥墓亦相去不远。

张同之墓系夫妇合葬墓，1971年3月由当地白马村黎村组象山村民在耕田时发现。墓室东西向，坐北偏东70度，男女墓主"同茔异穴"，分别葬于左右两室，中间以一堵厚0.67米的砖墙相隔。墓室呈长方形竖井状，无墓门，四壁用长方砖平砌而成，底部无铺地砖。其中，左室为男室，亦即张同之的墓室，长2.92米，宽1.45米，高1.6米，左右两壁距后壁0.42米处均辟有高0.45米、宽0.32米、深0.24米的凸形壁龛，大部分随葬遗物置于龛内。右室为女室，即张同之妻章氏的墓室，长3.07米，宽1.46米，高1.59米，左右两壁距后壁0.64米处也辟有壁龛，龛的大小、形制和左室壁龛相近，后壁龛高0.44米、宽0.33米、深0.18米，三个壁龛内也放置有随葬品。左右两室的墓壁上部，分别以长1.83米、宽0.54米、厚0.18米的条石封顶，条石之间均凿制有凹凸约8厘米的榫卯结构。封顶的条石之上，再用特制的弧形砖分别砌成拱顶，左右两室的拱顶均长2.73米、宽1.36米、厚0.54米。两墓室内的棺木均已腐烂，棺下铺垫有0.36米厚的石灰，并有大量水银夹杂其中。

张同之夫妇墓作长方形竖井状，无墓道也无墓门，墓室四壁以条石封顶，在封顶的条石之上，再用砖砌成券顶。这种构造的墓葬，客观上造成

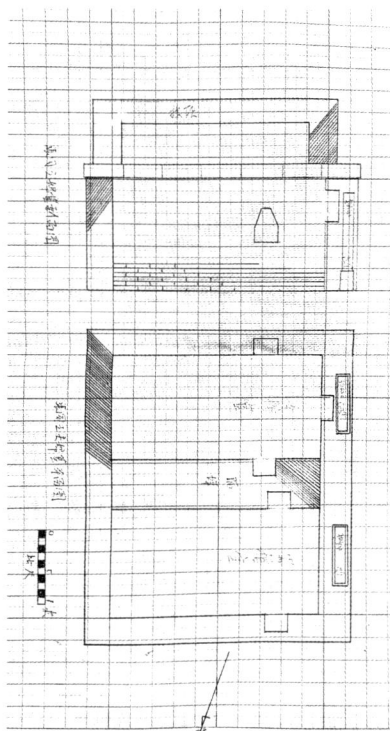

张同之夫妇合葬墓平、剖面图

了上下两层的墓室空间，其形制在中国古代墓葬中尤为少见。值得一提的是，这种构造独特的墓葬形制对后世也有所影响，如明代初年卒葬、同位于南京北郊幕府山南麓的开国功臣蕲国公康茂才墓与东胜侯汪兴祖墓，也是采用了与张同之夫妇墓相近似的构造，唯所不同的是，康茂才墓是将石墓志也平放在封顶的条石之上。张同之墓的形制如此，乃父张孝祥墓的形制又如何？张同之墓的独特构造，是否还会有来自张孝祥墓的影响？而且，这种形制的墓葬与张孝祥家族之间存在怎样的联系，无疑都是令人感到有兴味的问题。

考古发掘之前，墓室上部建筑大多已遭村民拆除，随葬品也多被取出，送交县文化馆保存，考古工作者进场后又继续清理出铜器和水晶饰件等部分随葬品。水银除翻动流失不能收起的外，尚提取出约 5 市斤。由于封顶条石榫槽对缝严密，条石之上又有拱顶封护，所以室内积土不多，死者骨架保存也较完好。

两墓室内出土随葬品 40 余件。其中，张同之所葬的左侧墓室出土了一组雅致的文房器具，包括钟形端石砚与腰圆形歙砚各一、墨笏两锭、附宝珠纽盖的方形铜水盂并花瓣形银匙、长条状铜镇纸一对、长方形铜笔架一件、铜瓶一件、小铜钹一副、铜六面印一方，这些均为张同之生前所用之物。另有鹧鸪斑天目茶盏两件和外包镂空钱纹金皮的金镶玉钱一枚。碑形墓志一通，刻文19 行，满行 29 字，首题"宋故运判直阁寺丞张公埋铭"。

张同之妻章氏所葬右侧墓室除了墓志之外，还随葬有一组制作精美的银器。这些银器胎体轻薄、形体小巧、题材新颖，是南京地区宋代随葬银器最大宗的一次发现，引人瞩目。其中，银盘、银碟、银瓶等丰富多彩的曲瓣式造型，与图案意味十足

张同之夫人章氏墓出土月映梅纹银盘

的植物花卉纹和谐统一，完美展现了宋代金银器清秀雅致的浓郁的民族风格。

张同之系宋代词人张孝祥之子，但《宋史·张孝祥传》并没有记载张孝祥的后裔。《江浦埤乘》之《张郯传》则声称："张郯，字知彦，邵之弟……子孝伯，登隆兴元年进士第……孝伯子：即之、同之。即之字温夫……同之字野夫，历官滁州丞。"谓张同之为张孝伯之子、张孝祥叔父张郯孙。按，张同之与诗人陆游友善，《江浦埤乘》载有陆游《送张野夫寺丞牧滁州》长诗一首，可见他们彼此间的深厚友谊。但陆游所撰《张公（郯）墓志》中记张郯"子六人：孝伯、孝仲、孝叔、孝季、孝穉、孝闻。孙六人：守之、宜之、约之、及之、即之、能之"，其中并无同之，若张同之系张孝伯之子，而与张氏家族关系密切的陆游在撰述张郯墓志时，断不致有如此疏忽。而且《宋会要辑稿·职官六一》也记述了张同之之所以于淳熙十六年（1189）六月二十四日与司农寺丞郭麟锡两易，正是为了回避堂叔张孝伯任职干办诸军审计司之故。最重要的一点，是谢尧仁为张孝祥《于湖集》所写序言中有云："天下刊先生文集者有数处，豫章为四通五达之冲，先是先生之子同之将漕于此，盖其责也，时侍郎莆阳蔡公屡劝之，而竟不果，信之斯文塞通，亦自有时。"这里不仅可以看出张同之确系孝祥之子，而且谢尧仁等曾经劝说张同之将他父亲的手稿汇编成集。综上所

张同之墓出土铜质六面印

118

述，可知张同之墓的发掘及其墓志的出土，是以无可辩驳的第一手材料修正了志乘之误。

张同之墓室中出土覆斗纽铜印一方，印底与印顶乃至印台共六面，皆阴刻篆文：印底即印章正面刻"张同之印"四字，印纽顶刻"野夫"二字，分别是张同之的名和字；印台四面依次镌刻十六字的边款，内容为"十有二月""十有四日""与予同生""命之曰同"，其口吻应是出自乃父张孝祥无疑，意谓张同之的生日与张孝祥生日偶合，皆为十二月十四日，这应当正是张同之得名的由来。

尽管张同之为南宋著名词人张孝祥之子殊无疑义，但有关张同之的来历，仍不无可述之处。张孝祥与夫人时氏曾有二子，然均于绍兴年间夭亡。张孝祥于绍兴三十二年（1162）春起知抚州，自建康过昭亭山，有《过昭亭哭二弟墓》诗句"两儿二弟俱冥漠，顾影伶俜欲语谁"，说的即是此事。乾道四年（1168）张孝祥羡吴铨子孙繁衍，有"我女才三岁，此事当退听"，表明张孝祥此际膝下犹只有 3 岁小女。甚至张孝祥死后，芜湖知县沈端节悼亡诗仍有云："宁有故人怜阿鹜？但余息女类文姬。"可见在时人心目中，孝祥至死仍然无有子嗣。从出土张同之墓志自称"本生母李氏"而李氏却又未列"妣时氏硕人"之后，可推知张同之的本生母固非张孝祥妻姜，张同之也不是张孝祥的亲生子，而可能是由同宗子弟过继的养子。

据出土的张同之墓志记载，张同之在张孝祥致仕后遂以"恩授承务郎、监平江府粮科院、两淛转运司提辖催促纲运官，迁承奉郎、福建路转运司主管文字，迁承事郎、宣义郎，用荐者入为提辖文思院、提辖杂买务杂卖场"。淳熙十五年（1188）六月初八日，张同之到任宣教郎，十月除将作监主簿，并以所藏《大招图》遍邀时贤名流题记。陆游《剑南诗稿》收录《题张野夫监簿〈大招图〉》诗，许及之《涉斋集》亦收录《题张野夫所藏颜持约〈大招图〉》诗，可为明证。未几，张同之改太府寺丞，并于淳熙十六年（1189）以光宗登基恩迁通直郎。为了回避堂叔张孝伯任职干办诸军审计司，张同之于当年六月二十四日与司农寺丞郭麟锡两易。

据光绪《滁州志》卷四记载：淳熙十六年九月，张同之迁奉议郎，擢知滁州，他奏言滁州"地居极边，控扼要害，宜分兵屯驻，诏报可。即于殿前马军司拨官兵五百人戍守，岁番上，置寨于州城东南，为屋一百一十五楹"。此亦即张同之墓志所谓"擢知滁州，迁奉议郎。创缮戍兵营寨"云云。陆游在临安所作《送张同之赴滁州》诗曰："皇天方忧九州裂，建隆真人仗黄钺。……金印斗大谁作州？公子玉面苍髯虬。赋诗健笔挟风雨，论兵辩舌森戈矛。别君帐饮灞桥头，长歌为君宽旅愁。战场遗迹倘可画，尺素寄我关河秋。"诗中极力称颂张同之赋诗论兵之才，并以九州分裂相激励。

继而张同之"授承议郎，知舒州"，并于绍熙二年（1191）十月游历潜山县石斗洞，镌《三祖寺》诗于石壁："飞锡梁朝寺，传衣古塔秋。石龛擎古木，山谷卧青牛。半夜朝风起，长年涧水流。禅林谁第一？此地冠南州。"传世张同之诗作仅见于此。宋代地方官一任为两年半，约在绍熙三年（1192）夏，张同之"除淮西提举兼权转运判官，提点刑狱，兼提点江淮湖北铁冶铸钱公事，迁朝奉郎"。绍熙五年（1194）七月后以宁宗"登极恩迁朝散郎"，以"赈荒尽力，民赖以安……特授朝请郎"。庆元元年（1195）七月，张同之除直秘阁，移江南西路转运判官。庆元二年（1196）三月二十二日疾卒于官舍，享年50岁。

张同之先娶韩氏，先同之十八年而亡。继娶章氏。章氏的高祖为宋徽宗时封申国公的权臣章惇，章氏之父章冲为石林叶梦得之婿，著《春秋类事始末》五卷。章氏死于南宋嘉泰元年（1201），次年三月祔葬张同之墓。但章氏墓志却刻意将张同之亡故的时间提前了一年，而涉及章氏本人的卒葬纪年却又遮遮掩掩，未能据事直书。这林林总总，也许不应只归结为祭葬之际的草率从事，而更可能是营葬者对于章氏后妻名分的欲盖弥彰。

值得一提的是，文献中也不乏张同之弃官学道之说，如《历阳典录》卷二三谓张同之"尝乘船浮山，游而乐之。辟一岩，遂弃官辞家隐居其中，辟谷仙去"，但这显然是小说家言，不足取信。

遭人指唾的秦桧"秽冢"

　　到过杭州西湖岳王庙的人都会记得，岳飞墓前缚跪着卖国贼秦桧及其妻王氏的铁像，真可谓"青山有幸埋忠骨，白铁无辜铸佞臣"。然而很少有人知道，秦桧这个遗臭万年的历史罪人却是道道地地的南京人，他的老家就在南京江宁牧龙镇。

　　秦桧于北宋政和五年（1115）登进士，北宋末年任御史中丞。金军南下，秦桧力主抗金，反对割地议和。靖康二年（1127），秦桧夫妇与宋徽宗、宋钦宗一同被金人俘虏，至建炎四年（1130）南归，任礼部尚书。绍兴年间，秦桧极受知于宋高宗赵构，两度出任宰相，把持朝政达十九年之久。当权期间，他极力主持和议，向金国称臣纳贡，并杀害抗金名将岳飞。又结纳死党，屡兴大狱，斥逐异己，使南宋的抗金力量遭受沉重打击。居心叵测的宋高宗赵构不仅默许了秦桧的种种倒行逆施，还不断给他加官晋爵，直至绍兴二十五年（1155）十月丙申加封秦桧建康郡王，令与其子秦熺一并引退。是夜，秦桧卒，年66岁。十一月，追赠秦桧为"申王"，谥"忠献"，赐神道碑，额为"决策元功，精忠全德"八字。开禧二年（1206）四月，宋宁宗追夺秦桧申王爵位，改谥"谬丑"。嘉定元年（1208）三月，又恢复秦桧王爵，赠谥。宋理宗宝祐二年（1254）二月，再改谥为"谬狠"，

现藏中国国家博物馆的秦桧铁跪像

位于南京江宁建中、墓主被推断为秦桧夫妇的南宋墓葬

较之前的一个恶谥"谬丑"再加一级。

据岳飞的孙子岳珂所撰《桯史》"牧牛亭"条："金陵牧牛亭，秦氏之丘垄在焉。有移忠、旌忠寺，相去五里，金碧相照。"可知秦桧家族祖茔就位于金陵牧牛亭，秦桧死后也葬于牧牛亭，即江宁铜井牧龙村。宋代《景定建康志》称"太师秦桧墓在牛首山，去城十八里"，说的正是今铜井牧龙村所在之处。

据《至正金陵新志》卷十一引《乾道志》载，旌忠禅院在城西南五十八里，绍兴二十六年（1156）赐额为秦申王坟寺。秦桧生前作恶多端，士大夫都"鄙其为人"，即使那些过去阿谀奉承秦桧的人，也"畏物议，故不敢作神道碑"，结果秦桧墓前虽"丰碑屹立"，但却"有其额而无其辞"。这"有其额而无其辞"的秦桧墓神道碑，应即绍兴二十五年（1155）十一月宋高宗赵构所赐额为"决策元功，精忠全德"的神道碑。

秦桧墓早在南宋时期就已经日渐荒凉败落，当地百姓索性在秦桧墓园牧羊放牛，遂视其地为牧场，"牧牛亭"亦由此而得名。与秦桧同时代的诗人杨万里曾路经牧牛亭秦氏坟庵，感慨万千，遂题诗壁间："函关只有一穰侯，瀛馆宁无再帝丘。天极八重心未死，台星三点坼方休。只看壁后新亭策，恐作杝中属国羞。今日牛羊上丘垄，不知丞相更嗔不？"

秦桧生前作威作福，死后墓冢遭牲畜践踏，皆呼之为"秽冢"。据《骨董续记·秽冢》载：宋将孟珙率军与金兵作战回朝时，故意把军队驻扎在秦桧墓附近，并下令军士只准在秦桧墓上粪溺，以快其心。元至元二十五年（1288）后，诏改旌忠禅院为天禧寺下院，并以其废产充作天禧寺高僧讲席之费。正德《江宁县志》载："秦桧墓在江宁镇南，至今翁仲尚存。行道过之，无不指唾。"尽管翁仲尚存，但秦桧墓冢已然荒灭无存，这是情理之中的事，毕竟，谁会为这臭名昭著的秽冢添土呢？

民间传言，秦桧为人奸诈，自知残害忠良，树敌太多，死后难免鞭尸之祸，于是将自己的墓地选择在水塘中，用巨石砌成墓穴，用整段巨木制成棺材。尽管秦桧绞尽脑汁，但据《金陵胜迹志》卷十引《金陵杂咏》记载，其墓至南宋末即被盗发。明成化二十一年（1485），秦桧墓再次被盗掘。据县志载，当盗墓者掘开墓上封土后，忽见下面有石数重，移石旁置，更见"有水池浮巨段木，其中少动辄碰撞有声"。以考古学的常识来验证，这段颇富神秘色彩的记述或许是比较可信的：盗墓者挖开封土后发现的"石数重"，应即秦桧墓的顶部，因南宋时期的墓葬盛行在砖砌椁室之上覆以青石板墓顶的构造，据此更可进一步推知秦桧墓的形制亦属石顶砖椁墓；所谓水池，应指墓内积水而言，因南宋与明代的墓葬，多营造于地势低平之所，常有地下水渗积其中，这种状况在已发掘的南宋墓中并不鲜见，前人不明其理，难究其详，故附会出秦桧狡诈、营墓于池塘内之说；至于秦墓积水上所漂浮的"少动辄碰撞有声"的巨段木，或为朽烂散架的棺木构件，并非营葬时故意设置的机关暗器。

按旧时律例，盗墓要受到严惩，但由于秦桧罪大恶极，所以地方官员并未依法惩办盗墓者。秦桧遭人痛恨之深，由此可见一斑。司寇滑浩、大理蔡昂还作诗以志其事："权奸构陷孤忠残，二帝中原不复还。恨无英主即显戮，至今遗臭江皋间。当时殉葬多奇宝，玉簪金绳恣工巧。荒榛无主野人畊，狐兔为群石羊倒。一朝被发无全躯，若假盗手行天诛。于戏浙上鄂王墓，松柏森森天壤俱。"

2004 年 2 月，滨江开发区在原江宁镇建中行政村宅前自然村一土岗东南麓施工取土时，发现一座大型南宋墓葬，为砖石结构，由并列的南、北两个长方形墓室构成。墓室总宽 7.94 米，北侧墓室略大，全长 6.58 米，南侧墓室稍小，全长 4.82 米。两个墓室的结构大体相同，墓壁均由三重砖石构成，厚逾 1 米，其外用一层三合土浇浆密封。墓顶用长方形条石封盖，接缝处用铁榫卡合，内层使用了多层石灰砖。北侧墓室历史上曾多次遭到盗掘，部分墓砖上模印"大宋绍兴二十五年四月八日"等铭文，仅在墓内扰土中发现少量兽骨和晚期陶器碎片。南侧墓室的砌筑要晚于北侧墓室，木棺内墓主骨架保存较好，甚至连头发、指甲和少量衣物还未完全腐烂，经鉴定为一老年女性。棺内出土瓷、银、铜、漆木、牙角、玉以及玻璃、水晶、玛瑙、琥珀等不同质地的文物约 800 件。随葬品中以大量成组的玉器和玻璃、水晶、玛瑙、琥珀制品最为引人瞩目，价值极高。其他罕见的重要文物还有木钱、木质册书、木牌饰以及满盛香料的多件牙角质盖盒等。

建中南宋墓规模大，等级高，出土文物丰富精美，墓室结构独特，与南宋帝陵的攒宫石藏子制度有关，足证墓主身份不同寻常。北侧墓室砖铭上的纪年与秦桧卒年相合，更与调查发现的秦桧坟寺移忠寺塔砖铭

建中大型南宋墓出土的玛瑙璧与水晶璧

文完全相同，墓地所在的建中村之"建中"，也与秦桧坟寺旌忠寺之"旌忠"谐音。此外，墓地所在的建中村与文献所记的秦桧家族墓地所在的牧龙镇仅咫尺之遥。据《铜井乡志》介绍，该村原属牧龙镇，1957年撤区并乡时才由牧龙镇并入江宁乡。综合上述因素，再结合出土印章等线索，推断建中南宋墓墓主极有可能就是秦桧夫妇，其中，北侧已被盗掘一空的墓室所葬为秦桧本人，南侧墓室所葬为秦桧夫人王氏。

除了建中南宋墓之外，近年关于秦桧家族墓的考古工作，尚有两次颇为重要的收获。其一是秦桧之子秦熺夫妇墓的考古发掘。秦熺原为秦桧妻兄王唤的庶子，不被嫡母郑氏所容。秦桧夫人王氏无子，夫妇二人被金人俘虏期间，王唤遂将此庶子冒姓秦，出为秦桧嗣子。秦桧归宋后，见之甚喜，遂"以己子视之"。秦熺初以秦桧恩荫补官。绍兴十二年（1142），大权独揽的秦桧授意考官取秦熺为进士第一甲第一名，后又故作姿态，让考官降秦熺为第二名。秦熺自此青云直上，历仕右通直郎、左朝奉郎、临安府通判、秘书郎、秘书少监、崇政殿说书、礼部侍郎、提举秘书省、翰林学士、资政殿学士、提举万寿观、知枢密院事、特进观文殿大学士等职。绍兴二十年（1150）六月，迁少保。次年十一月，迁少傅，封嘉国公。绍兴二十五年（1155）二月，秦熺请旨回江宁省视祖茔，其子秦埙随行。为此，朝廷下诏令江东、两浙转运司往来应付，故各州县监司迎送极为恭谨。到建康府后，知府、江东安抚使兼行宫留守宋贶亲自陪同秦熺祭祖、扫墓并游览名胜。十月，秦桧病重，秦熺鼓动同党奏请代居相位。宋高宗不允，令秦桧、秦熺父子一并致仕，进秦熺为少师。秦桧旋病死。秦熺家居凡六年，于三十一年（1161）二月卒于建康府，诏赠太傅。次月，即因给事中黄祖舜之奏追夺赠官。据《同治上江两县志》卷八记载，宋建康府学原有秦熺祠，至明代毁废。

秦熺夫妇墓位于江宁街道清修行政村邵家自然村的一座小山丘的南麓，2006年11月至次年2月经考古发掘。发现的三座墓葬自东向西呈"品"字形分布于同一座封土堆下，依次编号为M3、M4、M5，以续接此前建中发掘、墓主推测为秦桧夫妇的两座宋墓。三座墓葬早年均遭盗掘，墓葬形制结构与建中南宋墓极为相似，只是规模略小。墓顶亦置厚重的石板，内壁则砌筑多重石灰砖，墓内葬具为一棺一椁，棺内盛有大量水银。其中，

位于江宁清修邵家村、呈"品"字形分布的秦熺夫妇墓

M3 长 5 米、宽 3.9 米、深 2.5 米，墓主为秦熺夫人郑氏；M4 长 6 米、宽 3.5 米、深 2.5 米，墓主为秦熺本人；M5 长 5.26 米、宽 3.6 米、深 2.5 米，墓主为秦熺夫人、北宋开国功臣曹彬六世孙女曹氏。三座墓内出土金、银、铜、铁、玉、瓷、漆等质地随葬品逾百件。墓地东、南、西三面经勘探发现砖砌墙基，墓前还发现有神道、石翁仲、石柱础、砖质建筑构件等遗迹和遗物，可证墓地原有规模甚大的建构布局。

秦桧家族墓另一次重要发现，是秦待制墓的考古发掘。1986 年 1 月，南京市博物馆在原铜井乡牧龙村的一处小山坡上，清理了两座已遭盗掘的宋

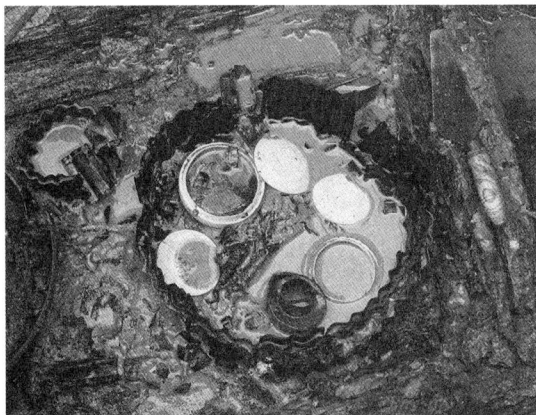

秦熺夫人、北宋开国功臣曹彬六世孙女曹氏墓出土器物

秦熺夫妇墓园遗址出土的模印阿育王塔纹样的瓦当

墓。两墓形制基本相同，相距 1 米，均为平面呈长方形的砖石结构。其中，
2 号墓比 1 号墓稍大，墓顶以六块石板平铺，墓壁底部砖砌，上部则以条
石垒砌。该墓早年即被盗掘一空，没有发现有价值的随葬品。1 号墓顶用
五块长方形大石板平铺而成，墓壁砖砌，长 3.15 米、宽 1.6 米、高 1.6 米，
北壁开一高 0.37 米、宽 0.3 米、深 0.14 米的"凸"字形壁龛。墓底发现
了一些水银，墓内出土瓷、陶、银、玉、水晶、铜类遗物 20 余件，比较
重要的有黑釉碗、定窑白瓷碗、银渣斗、银盘、钱形玉佩等，在被推测
可能是定窑白瓷碗口沿所镶的银边上，发现残存的"秦待制位"四字。

由于地方志记载这两座宋墓所在的江宁街道牧龙村周围一带分布有
秦桧家族的墓地，而 2 号墓的墓主又为秦姓，故应属秦桧家族墓。不过，
考古简报所谓在定窑白瓷碗口沿所镶银边上刻划"秦待制位"四字这一点，
让人觉得非常可疑，因为从所刻铭文内容看，这件残损不全的银片应是
墓主神位的残存之物，这样庄重肃穆的物件，不可能用于包镶随葬的定
窑瓷碗的芒口，所以不应将其视为包镶定窑白瓷碗芒口的银边。

待制之名，首见于唐代，原本是轮番值日以备皇帝顾问之意，初非
官名，至宋代方定为官称，在各殿阁均设待制之官，以典守文物。史载

秦桧家族成员中，秦桧兄秦梓、秦桧弟秦棣与秦熺二子秦堪、秦埙，均曾授敷文阁待制。以上四人中，秦桧弟秦棣后升敷文阁直学士，秦熺次子秦埙后升左朝请郎兼实录院修撰、敷文阁直学士。秦桧兄秦梓，字楚材，少有才名，宣和六年（1124）进士，曾奉使高丽。绍兴年间，历知台州、秀州、袁州、太平州、常州、湖州、温州、宣州，进翰林学士、资政殿学士、端明殿学士等，因恶秦桧言行而徙家避居于溧阳。据《景定建康志》卷四三记载，绍兴十六年（1146）秦梓卒于建康，即葬于溧阳县南屏风山，故亦可将其排除。由此可见，江宁牧龙村发现的秦待制墓的墓主，固以官待制、建康郡侯的秦堪的可能性最大。

今天的南京江宁牧龙镇，尚有徐氏一族世居于此，民间相传其祖先即是为秦桧守坟的秦氏族人，因羞于秦姓，便改姓为徐。此即《白下琐言》所云："其后裔犹有居其地者，皆改为徐姓矣。"之所以把秦姓改为徐姓，是由于"秦"字上边是"三、人"，下面加个"禾"字组成；而"徐"字左边乃是双人偏旁，加上右上边的"人"字，合起来亦恰成"三、人"。总的来说，"秦""徐"两字拆解开来都是"三人加一禾"，似隐含虽避秦姓、犹不忘祖的深意。

秦桧的至亲中，也不乏正直忠烈之士，如秦桧的父亲秦济在做湖州知县时，就颇有惠政，当地有"秦公桥"即以其姓氏命名。秦桧的哥哥秦梓，后人评价"其立心操行，与弟桧顿异也"。秦桧的曾孙秦钜，嘉定年间任蕲州通判，曾率军殊死抵抗金兵，被围月余，誓不投降。及城破，又与敌巷战，直至全军覆没，乃疾回官署引火自焚。有一老兵冒火去抢救，反遭秦钜叱责，并抽剑割断老兵扯住不放的衣袖，就焚而死，状极惨烈。其子秦浚、秦泽共仰乃父高义，亦同时为国捐躯，堪称一门忠烈，较曾祖秦桧卖国求荣、残害忠良之种种劣迹，真有霄壤之别。

明代

禁城东去是龙蟠
——明孝陵

明太祖朱元璋于 1368 年登基称帝、定都南京后，即以万象更新之势，大规模营建这座新王朝的都城。在短短几十年的时间内，南京陆续建成了世界上最长的城垣、宏伟庄严的宫殿坛庙与鳞次栉比的官署衙门，以及奠定明清六百多年帝王陵墓规制的明孝陵。直到今天，这些历史遗迹仍是影响并塑造南京精神内核最重要的历史文化遗存。

古人对"生"的世界与"死"的世界历来给予同样的重视，由此使得帝王陵寝建筑取得了不亚于皇城宫室的高度艺术成就。岁月悠悠，沧桑变幻，当年的宫室殿宇几乎全部倾没无存，而陵寝建筑多少还保留着初建时期的形貌，成为揣度时代精神有形的物质凭借。

明孝陵位于南京东郊的钟山南麓独龙阜，作为明太祖朱元璋与皇后马氏的陵寝，因其在中国帝陵发展史上里程碑式的地位乃至空间序列的

空中俯瞰明孝陵

完整性与建筑、石刻艺术的非凡成就，于 2003 年 7 月 3 日列入《世界遗产名录》。明孝陵的整体规制与风格有着朱元璋对"汉唐之制"的追慕，也有他行事不拘一格的锐意创新。

史载，朱元璋始于洪武十三年（1380）选定在钟山南麓的独龙阜营建孝陵，在将独龙阜原地的宝志和尚塑像迁走后，随即让他的外甥、曹国公李文忠与崇山侯李新董督太平、应天、镇江等府石匠三百余人凿山为穴，名曰万年宫，又曰永寿宫，并改钟山为紫金山。尽管兴工两年后即葬入了孝慈皇后马氏（此固"孝陵"得名之由来），但孝陵主体建筑部分却历经十年才完工。明孝陵是我国现存建筑规模最大的古代帝王陵寝之一，自起点下马坊至方城明楼，纵深达 22 公里，围绕孝陵的红墙周长 22.5 公里，而当时南京京城城垣总长为 33.4 公里，也就是说，孝陵的陵域相当于京城城垣长度的三分之二，可见其规模的宏大。

孝陵的平面布局可分为前后两个部分：前半部分自下马坊至棂星门，是为导引的神道；后半部分则是陵墓的主体——陵寝建筑。

孝陵起点的下马坊，是一间两柱冲天式石牌坊，面阔 4.94 米，高 7.85 米，两柱前、后及外侧均抱以碑石，柱端饰以云板云罐，内侧雕出梓框，镶入大额坊，额上刻"诸司官员下马"六字。下马坊东 36 米处，有嘉靖十年（1531）改钟山为神烈山而竖立的"神烈山碑"。碑通高 4 米，碑额篆题"圣旨"两字，上款刻"嘉靖十年岁次辛卯秋九月吉旦"，下款刻"南京工部尚书臣何诏、侍郎臣张羽立石"。神烈山碑原有的方形碑亭现仅存四隅的柱础，柱础高 97 厘米，宽 110 厘米，柱础侧面浮雕有石榴、牡丹、山茶、金菊等图案。从神烈山碑东去 17 米，为崇祯十四年（1641）立、通高 3.46 米的"禁约碑"，碑首雕二龙攫珠，碑文为禁止损坏陵墓及谒陵条款。禁约碑以东原设有护卫孝陵的卫所——孝陵卫。

由下马坊西北行约 755 米，有孝陵陵园的大门——大金门。大金门南北向，面阔 26.66 米，进深 8.09 米。大金门券门三洞，下部为石造须弥座，束腰部分浅雕椀花，须弥座以上为砖砌。从须弥座至挑檐石下皮，高 4.91 米。根据 1964 年对屋顶的整理，判断被毁的屋顶结构应为重檐歇山顶，施黄色琉璃瓦及绿色琉璃椽子，腰檐下不施斗拱，代以石制挑檐（现已复原）。大金门东西两侧原接有陵园的红墙，现已湮没，仅见连接的痕迹。

从大金门正北去70米，是明成祖朱棣永乐十一年（1413）撰造的"大明孝陵神功圣德碑"。碑文长达2746字，记录了明太祖朱元璋一生的事迹。碑身高6.7米，龟趺座高2.08米。碑亭平面方形，面阔、进深均为26.86米，下部为石造须弥座，束腰部分浅雕椀花，上部砖砌。四面各开券门一洞，从须弥座至四壁顶部残高8.84米。碑亭顶部已毁，内望通天，民间俗称"四方城"，近年参照北京长陵碑亭复建。

从碑亭西北行，过御河桥约100米，即为孝陵神道石刻所在区域。神道石刻分两组，第一组神道石刻分布在长618米、地势略有起伏的西北向神道两侧，有石兽六种，依次为狮子、獬豸、骆驼、大象、麒麟、马，每种两对，造型均为一坐一立，相间排列。其中，最值得一提的是骆驼、大象、麒麟与马。骆驼被置于帝陵前，可谓孝陵首创，虽然有记载东汉时期人臣墓上已有石驼，但并无实物留存。孝陵的立驼高3.68米，是六组石兽中最高大者。西汉时西域常献骆驼于朝廷，骆驼也是帝王大驾卤簿常见的形象。在孝陵神道置石骆驼，既象征太祖的大驾卤簿，更有大明疆域辽阔、四方来朝之意。

明代的大驾卤簿由锦衣卫掌管，锦衣卫还专门设"驯象所、领象奴养象，以供朝会陈列、驾辇、驮宝之事"。石象也是孝陵石刻最具代表

大明孝陵神功圣德碑亭——四方城

性的作品。洗练的巨大石象，耳朵、腿部和鼻子的刻画浑然天成。孝陵神道石刻博大坚实的气魄和朴素洗练的艺术特点，集中表现在大象和骆驼的造型上。

麒麟作为神道石刻用于帝陵前的实例，最早见于南京、丹阳等地的南朝陵墓。唐宋帝陵神道石刻组合舍弃了麒麟，直到孝陵才重新将麒麟纳入神道石刻的行列。石马是古代帝陵或勋臣墓前石刻中最常见的题材。孝陵石马

明孝陵神道石刻之骆驼

的神态温和恭顺，且未设控马官。未附设控马官的石马在明初并不鲜见，但底部四足间的石料往往未予掏空，像孝陵石马这样未附设控马官且又将四足间石料掏空者，实属仅见。

石兽群雕尽处，神道折向正北，至棂星门而止，长 250 米，是为第二组神道石刻所在区域，依次有位于转折处的白石望柱一对与石武像、石文像各两对。望柱高 6.25 米，相距 5.2 米，顶端为双层圆柱形冠，一改唐宋以来神道石柱顶部作莲花形的造型。柱身六面雕饰云气纹，柱头浮雕云龙纹，自上而下连成一片，显得雍容挺拔。

明孝陵石武像

望柱向北的两对武将、文臣，皆为一对无须，一对有须。武像头戴周边出沿的兜鍪，顶部洒插长缨，身罩山纹甲，披膊肩部饰虎吞，下有腿裙，鹘尾，脚蹬云头靴，腰部佩剑，手执骨朵。文官头戴朝冠，圆领宽袖长袍，手执朝笏，腰系革带。

石翁仲之后 18 米即是南北向、三间两垣、面阔 15.73 米的棂星门。由棂星门往东北 275 米，折北便是御河桥。御河桥石造，原为五孔，后改为三孔，桥基和两岸石堤犹是原物。自御河桥往北到方城宝顶一线的建筑，均按南北中轴线配置。

御河桥北 200 米为文武方门。文武方门为五门，正门三洞，两侧为过梁门。晚清重修之际将两侧四门堵塞，只留正中大门，上嵌传为曾国藩所书"明孝陵"三字青石门额，20 世纪末经考古发掘恢复五门。文武方门东西两边接有围墙，将后面的享殿建筑环绕在内。门外东侧红墙下和门后碑殿的东墙下，各有清宣统元年（1909）两江洋务总局道台和江宁府知府竖立的"特别告示碑"一通，上有用日、德、意、英、法、俄六国文字刊刻的保护孝陵的告示。文武方门内东西两侧各有水井一口，井栏平面作六边形，是孝陵内东侧具服殿、西侧宰牲亭的遗存。

文武方门之北为孝陵殿的中门，即享殿前门。现仅存东西面阔 40.1 米、南北进深 14.6 米的须弥座台基。台基前有踏垛一道，后有踏垛三道。台基两侧原有分别向东、西延伸的墙垣。台基上原有面阔 22.3 米的门基，清代晚期在此因陋就简建造碑殿，殿内陈列石碑五通：正中一块是康熙三十八年（1699）御题高 3.85 米的"治隆唐宋碑"，此碑东、西两碑皆为乾隆帝行书诗碑。殿后有两块卧碑，东碑正面刻康熙二十三年（1684）玄烨谒陵纪事，背面刻两江总督王新命等人的题名；西碑正面刻康熙三十八年玄烨谒陵纪事，背面为两江总督陶岱等人的题名。

享殿前门之后为享殿，亦称孝陵殿。享殿左右两厢分别有称之为"庑"的配殿各三十间。这些建筑也都已毁废，但台基、柱础尚存。从文武方门至享殿之间有宽 1.59 米的石墁御道。气势宏大的享殿是孝陵最重要的建筑。享殿台基以通高 3.03 米的三层石造须弥座逐层内收而成，四角皆设石雕螭首。台基前后各出踏垛三道，中央踏垛居中置六块大陛石，其上浮雕云龙山水。三层须弥座上的享殿内原供奉明太祖朱元璋和皇后马氏的神主，清咸丰三年（1853）毁于兵火。现在的殿基上还有五十六个硕大的石础，据此推断孝陵享殿为面阔九间、进深五间。现有的建筑是清同治四年（1865）和十二年（1873）经两次重新修建的，规模比明代的享殿缩小了许多。

明孝陵方城明楼

经享殿过红门，往北 133.3 米，有一南北长 57.5 米的单孔大石桥，过桥即达方城。从文武方门到方城，共长 375 米。

方城是宝顶前面的一座巨大建筑，外部用大条石砌筑，正面自须弥座基至墙面顶端高 16.25 米。方城的东西两侧各有八字墙一堵，各高 7 米，长 20.66 米，墙下部为两层砖砌须弥座，墙面四角的砖雕犹为明初原物。方城正中有一高 3.86 米的券洞。券洞内为五十四级石阶构成的逐层抬升的纵向隧道，隧道两壁底部仍作须弥座结构。出隧道为方城与宝顶之间的夹道，俗称"哑巴院"。其北即宝顶南墙，用十三层条石垒筑，上有民国初年所镌"此山明太祖之墓"七字。由东、西走道折而向上，可登临方城之上的明楼。明楼东西面阔 39.25 米、南北进深 18.4 米，四周有过道。南面有拱门三洞，东、西、北三面各有拱门一洞。明楼地面以方砖墁地，楼顶在晚清兵火中已化为灰烬，近年亦予重建。

方城的后面是宝顶，又称宝城，是一个直径 325—400 米的圆形大土丘，周围缭以条石基础的砖墙。宝顶之下即是朱元璋与马皇后的陵寝玄宫。整个陵园原来种植松树十万株，畜鹿一千头。

就布局而言，明孝陵虽继承了前朝制度，但在神道和陵寝的具体安

135

排上多有创新和发展。总体来说，孝陵废方上（即平面呈方形的覆斗状封土）为圆丘，并上、下宫为一体，又新创了雄伟高崇、可以极目远望的方城与明楼，包括"阴差阳错"地将石望柱置于石兽与石人之间，都堪称孝陵独特风格的体现。孝陵在规制上的特点，还表现在人工建设与自然形势的完美结合。中国明代以前的帝陵，神道一般均处于中轴线上。而孝陵神道在设计上一反传统，于中轴线外、环山绕以"之"形神道，从陵区入口下马坊至金水桥，完全依山势地形作回转曲折的布置，这是囿于南方丘陵山地的限制而不得不打破历代陵墓建筑传统原则的创举，在陵寝建筑中是前所未有的。

孝陵神道石刻形体宏大，如高3.47米、长4.21米、宽2.16米的立象，至少重八十吨。这样高大的石刻，巍然耸立于神道的两侧，雄浑博大，给人以震撼的感受，也很自然地体现出皇权的至高无上。就石刻种类而言，孝陵神道石刻对唐宋帝陵也进行了有选择性地吸收与变革。在沿用早期帝陵神道石刻常见的马、象、狮子、麒麟的同时，最重要的变化在于取消了唐宋帝陵与明初凤阳皇陵的虎、羊、控马官、内侍题材。这种继承与改变的背后，可以看出时代风气的转变与统治者个人的旨趣。

孝陵石刻的石材皆是南京地区附近的石灰岩，本身多分布有大小不一的燧石结核，并不适宜进行精微的雕琢。相较而言，北京明十三陵以房山的汉白玉为石象生石材，硬度高，适宜精雕细刻。这或许也从客观因素上解释了为什么孝陵神道石刻以整体造型为主，注重写意风格，而十三陵石像生则追求写实，极尽细致工巧之能事。

孝陵神道的石刻制度，对明清两代帝陵神道石刻产生了较大影响。明长陵除了华表的位置重新置于神道石刻最前方，以及在石刻最后增加了一对勋臣石刻以外，其余基本与孝陵石刻相同。只是从石雕艺术风格来看，十三陵石刻更加注重细部的加工，反倒略显华而不实，整体神韵并不及孝陵石像生之生机勃发。此后的清代帝陵的神道石刻，基本承袭自孝陵，只是种类大都有所减少，论及工艺气度比起孝陵则相去甚远。

夕阳云树孝陵东
——明东陵

　　明东陵，是明太祖朱元璋长子朱标的陵寝。朱标，元至正十五年（1355）生于戎马倥偬之中。洪武元年（1368），朱标被册立为皇太子，时李善长、徐达、常遇春、冯胜、廖永忠、赵庸、康茂才、张（汪）兴祖、邓愈、汤和、刘基、章溢等文韬武略之士或"辅成太子德性"，或督太子"不忘武备"，居安思危，从中可见朱元璋对培养皇位接班人的良苦用心。

　　洪武十年（1377），朱元璋"令自今政事并启太子处分，然后奏闻"，同时告诫朱标"守成之君，生长富贵，若非平昔练达，少有不谬者。故吾特命尔日临群臣，听断诸司启事，以练习国政"，并以自己"戴星而朝，夜分而寝，尔所亲见"的事实，要求太子"体而行之"，造福天下。由此可见，从洪武十年起，朱标即在文华殿协助朱元璋处理国家政务，直至去世，时间长达十五年。史称朱标"通经史大义""天性友爱""于刑狱多所减省"，其渊博的学识和良好的品性为天下共知。方孝孺《懿文太子挽词》称其"盛德闻中夏，黎民望彼苍。少留临宇宙，未必愧成康"，将朱标比拟西周著名的成、康二王。

　　由于御史胡子祺上书认为"夫据百二河山之胜，可以耸诸侯之望，举天下莫关中若也"，而明太祖朱元璋也拟在南京应天、北京开封、中都临濠之外，于西安再建"西京"，以控制西北，遂于洪武二十四年（1391）委派朱标前往巡抚陕西，考察西安建都的可能性。朱标回京师"献陕西地图"之后，却一病不起，于洪武二十五年（1392）四月辞世，终年38岁。朱元璋老年丧子，也失去了一位精心培养多年的接班人，极其痛心，令将太子祔葬孝陵之左，史称"东陵"。

　　明代中叶以后，朱标入葬的东陵日益破败，到了明代后期几乎成为废墟，入清后更是人迹罕至，以至民国时王焕镳编撰《明孝陵志》一书之际，对东陵的陵寝位置竟然出现了截然不同的两种说法：一说在梅花山西，即所谓明孝陵"棂星门之东，有小山特起穹窿，为吴王山（今梅花山），有钟山亭，西有菜房桥，桥西为明懿文太子东陵"；一说主要依据《明会典》《明史·兴宗传》等史籍，推测位于孝陵之东。也许正是因为《明孝陵志》的误导，直至20世纪90年代还有南京文史专家认为东陵位于孝陵棂星门基址及梅花山西。不过，南京中山陵文物管理处的工作人员早在20世纪八九十年代，就已经在明孝陵之东约80米的密林中发现了属于明东陵享殿建筑遗址的成排石柱础，只可惜未能对遗址做进一步的调查勘探，而相关的发现也未能引起文物部门的重视。

1999年5月至2000年5月，南京市文物研究所在与中山陵园管理局合作进行明孝陵考古调查的过程中，对明孝陵东侧的明东陵遗址也进行了考古勘探与发掘，终于揭开了明东陵遗址的神秘面纱。

考古发现，明东陵园寝位于紫霞湖南端，明孝陵陵宫东垣以东约60米处，北依山地，南临一片平岗，明孝陵御河亦从明东陵陵园东侧流过。庶几可知，明孝陵与明东陵处于统一规划的同一陵墓区域内。明东陵园寝坐北朝南，建筑呈中轴对称布置，南北纵深94米，东西宽49.8米，自南向北由两进院落构成。第一进院落，由相当于明孝陵文武方门的陵宫门与享殿前门组成，陵门与享殿前门之间以弧形墙垣相连。第二进院落的中心建筑即为享殿。

明东陵的享殿前门与享殿的台基均用黄土和卵石逐层夯筑而成，构筑技法与明孝陵享殿两庑的配殿台基相同。台基四周以官砖甃壁，部分砖侧模印"物勒工名"性质的铭文。享殿前门台基长约20米，宽13.5米，从残存的方形角柱石推断，该建筑面阔三间、进深二间。殿前有宽大的月台基址。北面有三条踏跺与三条道路分别通往享殿，居中的一条道路高于陵园地面，应为丹墀。

享殿台基东西长33.34米，南北宽18.7米，残高1米余。从柱网排列分布推断，明东陵的享殿面阔五间、进深三间。享殿基址四周的地面，尚保留着砖砌的散水、台阶、踏跺、路面等遗迹。根据出土建筑构件判断，享殿顶部原本覆绿色琉璃瓦和黄色琉璃瓦，室内地面铺正方形的金砖。享殿前的月台台基东西长约18米，南北宽约10.5米。享殿建筑除了南面外，东西两侧亦有石砌台阶可供上下，现存台阶基础宽2.3米，长2.79米。

由于明东陵园寝所在位置较低，所以排水设施颇为齐备。首先是陵园北垣被人为加宽，厚达3.1米，而陵园东西垣厚度均为1.2米。从墙垣

明东陵享殿（祾恩殿）基址东北角

明东陵享殿东侧抄手踏跺出土时状况

断面上看，明东陵的北垣明显经过先后两次加筑，其中第二次加筑时，曾在底部铺垫一层厚约 30 厘米的石灰三合土浇浆，外墙面再用官砖或条石做基础，显而易见是为了抵御宝顶所在的后山来水对墙体的冲刷。

明东陵陵园东侧的外排水系统已被勘探证实，系由宽大的明沟与过水涵道组成。其中，过水涵道处竖立的两排石柱，每排五根，石柱断面呈梭形，用以减小流经水流的阻力，由此可见当年造陵者的独具匠心。陵园内的排水系统主要通过各建筑物附近的明沟，将水汇集到园内第二进院落的东南角，经石砌涵洞，再从地下砖砌阴沟汇聚排出至陵园的东部御河中。

对明东陵的考古发掘还清理出一大批建筑构件，包括享殿建筑之上的石柱础、角柱石、台阶石、月台台基条石与绿、黄、白、黑诸色琉璃构件。其中，琉璃构件有黄釉龙凤纹瓦当，西番莲纹的瓦当与滴水，屋顶配置的彩釉鸱吻、套兽、蹲兽等，造型华美，釉色亮丽，制作工艺甚为精湛。

明东陵园寝以北约 300 米处，有一隆起的土坡，推测系明东陵的封土遗存。考古工作者从园寝以北的断面上观察，似可见人工填土夯筑的

明东陵园寝外东北侧排水系统

痕迹，经精密磁测技术勘测，发现其南北范围纵深达300多米，但这一结果尚未及勘探验证。

值得一提的是，据民国二十六年（1937）三月一日《中央日报》报道：二十五年（1936）冬，（孙中山）陵园管理处因建筑紫霞洞水坝，而在紫霞洞西南处取土，取土之际发现砖砌古墓一所。墓葬位于明孝陵东，北距紫霞洞约一里许，西距紫霞洞水坝（即今紫霞湖）仅百余步。墓上封土隆起若小山丘，封土下的墓室分为前后两室，规模宏大。前室前部有封门墙，前、后室之间，以对开的两扇石门分隔。墓室内高约3米多，四壁之上的券顶为三券三伏的砌法。墓砖皆为与明城砖形制、尺寸相近的官砖，唯无铭文。后室之内有一石桌。然三月十三日的《中央日报》又报道是"石巢"，并称"石巢下察觉有一以砖砌成之方洞"。据此描述，可推测此所谓石桌或曰石巢，应即官砖四周甃砌并以条石铺作台明、中间填以黄土的须弥座状棺床。至于"所有门桌等处均染红漆"，说的应是前后室过道处的石门与后室的石棺床表面均可见到的红色涂料，这种情形在明太祖朱元璋养子、黔宁王沐英家族墓中也屡见不鲜。

紫霞洞西南的这座古墓被发现后，来游观者络绎不绝，任行政院参事的古物学者滕固等皆往现场考察，并推测"该墓约在千年左右前建筑，因砖外附着之石灰黏性既未全失，颜色又无变化"。客观地说，滕固先生的这一判断并不很准确，仅据《中央日报》的连续报道文字，便可推知，此墓形制与构造完全符合明初工部造墓的特征，断为明初墓葬决无疑义。又兼墓室位置几乎处于明东陵享殿建筑与紫霞湖之间的直线距离上，故墓主除了懿文太子朱标，几乎不可能再作第二人想。此墓于数日后经清理发掘，然其内空无一物，时有古物专家推断"恐系明代贵族之生坑，后因变乱离散，并未葬棺，故内部无何发现"。但问题是，如果墓主懿文太子朱标的身份可以确定无疑，则此墓在靖难之役后的境遇是不难想见的，更何况此墓被发现后的多日内，均任由游人及附近居民上下探视，加之后来的发掘清理工作可能也比较粗糙，残存的随葬品有所流失也是意料之中的事。

明东陵的考古发现，为明代帝王陵墓的考古学研究提供了很多新的认识：诸如东陵第一进院落两侧连通陵门与享殿前门的墙垣，平面略近圆弧形，这在明代帝王陵墓中是非常罕见的，推测可能与明孝陵呈"之"字形的曲折神道一样，都是受墓葬所在的丘陵地带自然起伏的地形地貌的影响所致。再者，据文献记载，东陵在享殿的两侧曾建有具服殿、神库等，但经考古勘探与发掘，并未发现东陵享殿存有两庑建筑的遗迹。此外，与明孝陵相比，东陵也未建造方城、明楼。还有，考古资料证明东陵与孝陵实位于同一陵区，彼此共用同一条御河、同一条神道与同一组神道石刻。这对于后来的北京天寿山皇陵共用明成祖朱棣长陵神道的规划，无疑也应有所启示。

东陵的考古发现，对于恢复懿文太子朱标东陵的历史地位有相当的促进作用。史载，明太祖朱元璋驾崩后，皇太孙朱允炆继帝位，年号建文，史称惠帝。建文元年（1399）二月，朱允炆追尊皇考朱标为孝康皇帝，庙号兴宗；追尊生母开平王常遇春女常氏为孝康皇后。建文四年（1402）燕王朱棣攻占南京、夺得帝位后，为了统治的需要，对朱标诸子及建文帝的后代实行残酷迫害，并废建文帝号和朱标的帝号、庙号，试图抹去建文临政的历史。朱棣驾崩后，正德、万历、崇祯年间，不断有大臣提出要恢复建文帝的历史地位，但由于当时特殊的政治背景，这一旨在尊重历史、还原真相的要求，一直未能实现。南明时，福王朱由崧在南京继位，始予恢复朱标的帝号。建文帝的历史地位，直至清乾隆帝即位后才得以恢复，称恭闵惠皇帝，这意味着同时恢复了建文帝的父亲朱标应有的历史地位，故乾隆年间修订的《明史》专门为朱标立《兴宗孝康皇帝传》。从这个意义上说，明东陵应当具备了明代帝陵的历史地位。

将相丰碑夹路衢

——明代开国功臣墓

　　明代开国皇帝朱元璋为祈求王朝帝系万世，与历史上几乎所有的封建帝王一样，十分注重死后葬身之地的选择与营建。相传明太祖朱元璋在营建孝陵之前，曾与精通阴阳五行的谋士刘基及武勋功臣汤和等勘定陵墓位置，最终卜择京师东北钟山之阳的独龙阜。而在勘定陵址后，明太祖朱元璋遂有"我一人居钟山之阳，功臣陪葬钟山之阴"的构想，欲使众多开国功臣死后仍能忠实地守护在四周。从徐达、李文忠、吴良、吴祯、薛显、仇成等明初开国功臣墓呈拱卫状环布于钟山之阴的情形来看，明初开国功臣墓确曾作为明孝陵规划的重要组成部分，而被纳入到明孝陵的宏大体系之中。而认祖归葬的传统观念，又使不少明代开国功臣的子孙也相继得以从衬其间，从而在明都南京形成了一处处规模可观的明代开国功臣家族墓。

　　明初定都南京达五十余年之久，结合实地调查、考古发现兼及文献记载来看，明代开国功臣除少数归葬故里之外，大都营葬于京师（南京）近郊。并且，位于南京的明代开国功臣墓，除了南京东北钟山之阴（紫金山北麓）这一处，还包括北郊幕府山南麓与聚宝门外直至江宁的南郊丘陵地带。相较而言，由于明太祖朱元璋与马皇后合葬的孝陵位于钟山之阳的独龙阜，故位于钟山之阴的明初开国功臣墓，向来都被视为拱卫孝陵的陪葬墓而备受重视。

　　位于钟山之阴的明代开国功臣墓主要有：

常遇春墓

　　常遇春系明朝开国功臣中素以勇武敢战著称的猛将，他自己也曾夸下海口，声称如果有十万军队在手当可横行天下，故被誉为"常十万"。洪武二年（1369）七月七日，常遇春自开平率军南归途中病故，时年40岁。八月枢车至南京龙江，明太祖朱元璋亲致奠并撰文以祭，命择地于钟山草堂之原（今紫金山第三峰西麓的白马村）建祠墓，并给明

开平王常遇春墓石武像

器九十事纳圹中，追封开平王，谥忠武，配享太庙，肖像功臣庙，位皆第二。常遇春墓神道原本为规整的条石铺墁，现存神道石柱一、与控马官连为一体的石马一对、石羊一对、石虎一对、挂剑而立的石武像一对。墓冢前有常遇春裔孙于清同治十年（1871）二月重修常墓时所立"明故世祖开平王遇春常公之墓"石碣。1988年因修筑城东干道富贵山隧道，常遇春墓神道石刻向内整体迁移了20米。

吴良墓与吴祯墓

　　吴良、吴祯兄弟皆为朱元璋振起于濠梁的股肱之臣。吴良镇守江阴，被朱元璋倚为东南屏蔽，控扼与朱元璋实力在伯仲之间的张士诚多年，使朱元璋得以全力应付强敌陈友谅。洪武十二年（1379）齐王朱榑受封青州，以吴良女为王妃，遂命吴良前往营建齐王宫室，历二年病故，洪武十五年（1382）二月赐葬钟山之阴。吴祯初与兄吴良俱为帐前先锋，屡立战功。《明史·吴良传》以"良能没水侦探，祯每易服为间谍"寥寥数语，传神地刻画出了兄弟二人临阵之际的军事特长。吴祯卒于洪武十二年五月，以卒之闰月十三日赐窆钟山之阴。吴良、吴祯兄弟墓所在地现已辟建为新世界花园住宅区，吴良墓神道石刻残存石龟趺一座及石羊、石虎、石武像各一对，吴桢墓神道石刻尚存石马、石羊、石虎、石武像各一对。两墓神道石刻历经多次迁移，致使被相互混淆多年。吴良、吴桢兄弟乃至吴桢之子吴忠的墓葬已经考古发掘，其形制均为长方形券顶砖室墓，封门墙与墓壁、墓顶均用厚重的官砖砌成，墓室内以隔墙分为前、后两室，另在隔墙之间设一重双扇对开的石门，系明初工部所营建的功臣墓的标准样式。

李文忠墓

李文忠为明太祖朱元璋仲姊曹国长公主次子。李文忠十余岁即追随朱元璋，《明史》本传谓李文忠器量沉宏，人莫测其际，临阵踔厉风发，遇大敌胆气益壮。且颇好学问，通晓经义。洪武十七年（1384）三月去世，终年46岁。配享太庙，肖像功臣庙，位皆第三。李文忠墓位于南京钟山之阴的蒋王庙街6号，占地约一万四千平方米，是目前南京地区保存较为完好的明初功臣墓。墓上现存神道碑一通及石望柱、与控马官连为一体的石马、石羊、石虎、石武将、石文臣各一对。其中，神道北边的石马与控马官只粗粗雕出了个毛坯，还没雕刻完工就被弃置一边了，

岐阳王李文忠墓石武像

这在明代功臣墓神道石刻中可谓绝无仅有。李文忠墓神道石刻后部的享堂基址近年亦得以发掘并予展示，为探究明初功臣墓的规制和明初官式建筑提供了重要的实物资料。享堂后尚有李文忠十八世孙李永钦在光绪二十二年（1896）所立"明岐阳王神道"小石碑一通。李文忠妻室毕氏喜女的墓葬早年经南京博物院发掘。发掘毕喜女墓之际，是否触及李文忠墓不得而知。如果李文忠与毕喜女系同穴合葬，那么意味着李文忠的墓室玄宫亦已无存。

徐达墓

徐达与常遇春可谓明朝建立过程中朱元璋最为倚重的两位功臣，但常遇春还只是具备了一个伟大将领的素质，徐达虽然小常遇春两岁，却堪称一位优秀的统帅。朱元璋麾下众多战将南伐北战、东征西讨所取得的辉煌战果，其实大多来自徐达的运筹帷幄，因此徐达在朱元璋军事集团中举足轻重的作用几乎是不可取代的。徐达于洪武十八年（1385）二月病故后，赐葬钟山之阴，配享太庙，肖像功臣庙，位皆第一。徐达墓位于南京市太平门外板仓街190号，是南京地区保存较完好的明代功臣墓之一。神道长约300米，神道前端所立朱元璋御制碑文的龟趺神道碑通高8.95米，比今四方城内的明太祖朱元璋孝陵神功圣德碑还要高出近20厘米，是南京地区最为宏伟的古代碑刻。丰碑后的神道两侧，依次侍立与控马官连为一体的石马、石羊、石虎、石武将、石文臣各一对。为配合毗邻的南京天文仪器厂与南京林业大学的基本建设，自20世纪60年代以来，在徐达墓神道石刻后的东、西两侧，相继清理了自明早期至明晚期的近20座徐达家族墓，可见徐达家族的这片墓地延续使用了终明一朝。

薛显墓

薛显为徐州萧县人，他与常遇春一样都是后来转投朱元璋麾下。洪武二十年（1387）九月卒于山海卫，十月柩还南京，敕葬钟山之阴。薛显死后被追论胡惟庸党，以死不究。民间相传，薛显死后归葬故里——以出产酥梨而闻名的砀山县。在今砀山薛口村东侧，确有一座被列为县级文物保护单位的薛显墓，墓冢前尚存民国十三年（1924）铜山张伯英所立"明故大将军永国公薛公讳显谥桓襄之墓"。史载，薛显死后柩还朝廷敕葬的钟山之阴前，曾迎祭于徐州。砀山薛口村的这处具有纪念性质的薛显墓，可能与此次迎祭有关。南京钟山之阴的薛显墓早年经考古发掘，形制与吴良、吴祯墓近似。与薛显墓邻近的部队营区内，有20世纪50年代初被毁坏、迁移并已"倾作一堆"的明初神道石刻，包括石羊、石虎、石武像，或与薛显墓有关。

仇成墓

仇成于洪武三年（1370）止封大都督府佥事，洪武十二年（1379）论征西功封安庆侯，属明初第二批封爵的开国功臣。卒于洪武二十一年（1388）七月，八月卜葬钟山之阴。明初将钟山之阴作为开国功臣陪葬墓区的规划，当始于洪武十三年（1380）明孝陵卜建前后，而据考古发现推断，明初武臣得以赐葬钟山之阴的宠遇即所谓孝陵陪葬制度，遽止于胡惟庸党案兴起的洪武二十三年（1390），故卒赠公爵一级的明代开国功臣中，仇成极可能是得以礼葬于钟山之阴的最后一人。仇成墓南距开平王常遇春墓仅百米之遥，墓上神道石刻现存与控马官连为一体的石马一对、石羊一对、石虎一对以及神道左侧的石武像。位于神道石刻后的仇成墓在"文革"前夕经考古发掘，形制与吴良、吴祯兄弟及薛显墓类同。

在上述位于钟山之阴的明代开国功臣墓之间，今仍散布着三四处墓主失考的明代开国功臣墓神道石刻。

位于幕府山南麓的明代开国功臣墓主要有：

康茂才墓

康茂才幼年接受儒家传统教育，值元至正十一年（1351）徐寿辉等白莲教首领在蕲黄地区起事，康茂才组织义兵进行抵抗，先后被元廷任命为义兵长官、淮西宣慰使、淮南行省参知政事。康茂才为元朝征战了近五年，在走投无路的情形下始率部众归降朱元璋。在明初开国功臣中，康茂才几乎是作为敌对势力与朱元璋周旋最久的一位，但他显然具备朱

20 世纪 50 年代的蕲国公康茂才墓神道石刻

元璋麾下大多数将领所缺乏的见识与能力，因此他尽管归顺最晚却仍然被朱元璋委以重任。洪武三年（1370）八月三日，康茂才在还军途中病故，朱元璋"敕有司造墓于应天府上元县钟山乡之幕府山"，于九月廿一日下葬。康茂才墓上的神道石刻包括石马、石虎、石羊各一对，石翁仲文臣、武将各一。康茂才墓于 1974 年经考古发掘，为双层砖石混砌仿木结构，上、下层之间以条石间隔。其下层墓室内壁有砖瓦所砌仿地面建筑的须弥座、以陶瓦管连接而成并半嵌入墓壁的倚柱，并有缠枝牡丹纹雕花砖砌成的斗拱，殊为精美；上层墓室为砖砌拱形。康茂才墓内的金、银、铜、铁、锡、玉、陶、木等不同质地的随葬品皆放置在下层墓室，上层墓室只出土了石墓志一合。2018 年在幕府山南麓还发掘了康茂才之子、嗣蕲春侯康铎的墓葬。

汪兴祖墓

汪兴祖为明代开国功臣张德胜的养子。张德胜战死时，其子张宣尚幼，故由汪兴祖嗣袭张德胜生前职务。汪兴祖于洪武三年（1370）封东胜侯，然以杀降之过夺其诰券。洪武四年（1371）四月殁于平蜀之役，仍授东胜侯爵。汪兴祖墓于 1970 年在南京中央门外张家洼被发掘，墓葬形制与康茂才墓同为罕见的砖石砌前后室双层仿木构造，从考古发现来看，这种特殊形制的墓葬最早见于南京南宋张同之墓。汪兴祖墓上未发现神道石刻。结合出土的汪兴祖墓志中"俾善相地者卜兆京城西北，官营冢圹"云云，可证该地亦为曾经统一规划的明初功臣墓区。

位于南京南郊的明代开国功臣墓主要有：

俞通海墓

俞通海是朱元璋麾下最杰出的水军将领，至正二十七年（1367）平江战役攻打桃花坞时中流矢身亡，时年38岁，朱元璋追封其为豫国公，赐葬于南京城南聚宝山之原（今南京晨光集团所辖的戚家山）。洪武三年（1370）改封虢国公，俞通海仲弟南安侯俞通源及三弟越隽侯俞通渊，亦分别于洪武二十二年（1389）与建文二年（1400）赐葬俞通海墓旁，并谕神策老军刘海等守之。俞通海家族墓的神道石刻原应包括神道碑一通及石望柱、石马、石羊、石虎各一对，石文臣与石武将各一。其中，神道碑早年毁佚，剩下的石望柱、石马、石羊、石虎、石翁仲也多毁废于20世纪60年代，只剩下了一件石马和一件石羊，几经迁移，仍位于南京雨花台区晨光集团南区。20世纪70年代末，为配合晨光集团在戚家山下开挖人防巷道工程，南京市博物馆发掘了俞通海夫人於氏与俞通海仲弟南安侯俞通源的墓葬。

邓愈墓

邓愈是朱元璋最为器重的将领之一，原名"友德"，朱元璋赐其名"愈"。从大将军徐达出征西北，招降吐蕃、乌斯藏诸部，屡建奇功。洪武十年（1377）以征西将军平吐蕃叛军，穷追至昆仑山，开辟疆土数千里，班师至安徽寿春途中病逝。邓愈棺柩抵南京水西门时，明太祖朱元璋亲往祭奠，并重新赐葬于南京南郊旧茔傍近的西山之原，即今南京雨花台区邓府山。墓上神道石刻原本组合完整，但自20世纪80年代以来历经迁移，其间遗失了一对石望柱，现存朱梦炎所撰神道碑一通及石像生六对十二件。

李杰墓

李杰原本为朱元璋麾下的中低级武官，洪武元年（1368）十二月战死于孔山寨，时年38岁。洪武二年（1369）八月柩归南京，葬于南京城南聚宝山之阳。李杰女于洪武十七年（1384）九月被册封为"淑妃"，摄六宫事。李杰墓现存神道石刻为洪武三十一年（1398）重建，现存神道碑一通及石像生四对八件。李杰墓神道石刻原本位于南京中华门外雨花村，至今已历经三次迁移，现位于雨花台烈士陵园东北角，与新建的

20 世纪 50 年代的李杰墓神道石刻

二忠祠毗邻。李杰墓神道碑龟趺早先残缺的龟首，即是第三次迁移之际，翻模套取西宁侯宋晟墓神道碑龟趺的龟首复制而成。

此外，位于南京南郊并经考古发掘的明代开国功臣家族墓，还有郢国公冯国用夫人樊氏墓、恩国公张赫墓与黔宁王沐英家族墓。其中，冯国用墓与张赫墓俱已难觅神道石刻的踪迹，也可能原本就未曾设置。沐英墓上的神道石刻早年被破坏无遗，近年来经调查发现一对明初的石武像，传为沐英墓遗存，已为江宁区博物馆征集入藏。

明代开国功臣墓的地面建筑，由外及内包括神道、享堂建筑、墓冢等部分，神道起首有碑碣，神道两侧多分列有石望柱、石像生之类的神道石刻，而在享堂建筑与墓冢外周围砌有坟墙。由于品秩的关系，明代开国功臣墓的规模不尽相同，殁后封王与殁后封赠公侯者，彼此之间往往存在着泾渭分明的落差，史籍文献固不乏这一方面的记载。如《明史》卷六十《凶礼三·碑碣》谓："坟茔之制，亦洪武三年定……五年重定，功臣殁后封王，茔地周围一百步，坟高二丈，四围坟墙高一丈，石人四，文武各二，石虎、羊、马、石望柱各二。……一品、二品石人二，文武各一，虎、羊、马、望柱各二。三品、四品无石人，五品无石虎，六品以下无。"实地踏查也可提供相应的依据，以现存明代开国功臣墓而言，殁后封王的徐达墓、李文忠墓、邓愈墓、汤和墓的石像生均为"石人四，文武各二"，而殁后封公的俞通海墓、康茂才墓、吴良墓、吴祯墓、仇成墓以及臻于二品的李杰墓等，石像生则均为"石人二"，俞通海墓、康茂才墓所存的石翁仲也确是"文武各一"，与史载大致相符。

由于兵燹天灾，明代开国功臣墓地面建筑的保存状况不尽人意，当然其中也有政治方面的因素，以墓主是否涉及"胡蓝党案"为着眼点，可分为两种情形：

其一，墓主及其子嗣始终未受"胡蓝党案"株连，如中山王徐达墓、岐阳王李文忠墓、黔宁王沐英墓、东瓯王汤和墓、郢国公冯国用墓、蕲国公康茂才墓、东胜侯汪兴祖墓、江国公吴良墓、虢国公俞通海墓、黔国公吴复墓、赠中军都督金事李杰墓。其中，郢国公冯国用墓与东胜侯汪兴祖墓、恩国公张赫墓最初均未及设置石像生，不过冯国用墓在墓上设置的标识墓主官位的石坊，直至数十年前仍然完好保存着。因此，除了江国公吴良墓可能缺失了与控马官连为一体的石马之外，上述始终未受"胡蓝党案"株连的开国功臣墓，其神道石刻的组合均相对完整。

其二，墓主死后仍被追论"胡党"，或墓主的子嗣被作为"胡蓝党案"同案犯者，如开平王常遇春墓、宁河王邓愈墓、永国公薛显墓、海国公吴祯墓、皖国公仇成墓。从考古发现来看，这些在墓主死后仍被追论"胡党"或子嗣受"蓝玉党案"牵连的开国功臣墓，其地下墓室虽然未遭破坏，但地面上的神道碑及其他神道石刻，除宁河王邓愈墓外，或多或少均存在残损佚失的情形，不排除是朝廷为了清除其影响而刻意破坏。

此外，南京近郊也分布着不少墓主失考的明初神道石刻，这些明初失考墓的神道石刻不仅组合不完整，有些甚至被推倒砸毁，破坏得极其

皖国公仇成墓神道石刻

严重，其墓主很可能即是此类被追论"胡蓝党案"以至从公众记忆中被刻意抹去的明初开国功臣。这方面，似可援皖国公仇成墓神道石刻为例以阐明之。仇成墓神道石刻在民国时期一向被标记为明代失考墓，直至20世纪60年代文物部门发掘位于神道石刻后封土之下的墓室玄宫，出土了仇成墓志，这才确认了仇成墓神道石刻的归属。不难想见，如果不是因为机遇偶然的抢救性考古发掘，仇成墓所属的神道石刻无疑仍将继续"失考"下去。

而与之形成鲜明对比的是，江国公吴良墓的神道碑或石坊一类的标识物早亦佚失无存，客观上造成了吴良墓与仇成墓乃至诸多明初失考功臣墓一样，都缺少触目可及、足资明辨墓主身份的最直接的铭刻材料，但吴良墓却始终没有被遗忘，直至20世纪30年代初，甚至连目不知书的土民白丁也可以向前来踏查的古建筑学者刘敦桢指示吴良墓相对准确的所在位置，这与吴良始终未曾受"胡蓝党案"的株连显然有密不可分的关系。另一方面，土民只知与吴良墓毗邻的吴祯家族墓石像生为殁于王事的吴祯之子吴忠墓，竟不知吴忠的父亲吴祯才是这一组石像生的真正主人，这也间接地反映出死后追论"胡党"的吴祯被从公众记忆中抹去的情形。

与明祚相始终的沐英家族墓

黔宁王沐英是与中山王徐达、开平王常遇春、岐阳王李文忠、宁河王邓愈、东瓯王汤和并称的明初开国功臣之一。沐英幼失怙恃，明太祖朱元璋抚以为子。及长，从太祖征伐，克忠职守，屡著功勋，封西平侯。洪武十六年（1383）奉诏留镇云南为屏藩，创建了与明祚相始终的黔国世家。有明一代，沐英家族镇守云南近三百年，对于巩固云南边防，发展云南地区的政治、经济和文化，做出了重大贡献。

沐英卒于洪武二十五年（1392）六月丁卯，赠黔宁王，谥"昭靖"，赐葬于京师长泰北乡观音山之原，侑享太庙，塑像祀于功臣庙。明朝开国功臣传世久而克保令终者，唯沐氏等寥寥数家，故不仅史籍文献中关于沐氏家族的记载甚为详备，南京与云南两地沐英家族墓的相关考古发现亦极丰富。

关于黔宁王沐英墓的所在位置，南京的地方志还曾闹过不小的误会，晚清的《上江两县志》惑于明初南京北郊外郭城观音门之名，而将沐英墓所在的江宁观音山误作南京城北二十多里观音门外的直渎山。沐英墓早在 1949 年已被盗掘，直至 1951 年南京市文物保管委员会和南京博物院联合调查南京南郊古迹时才知道沐英墓的确切地点。由于沐英墓并未经过正式的考古发掘，故南京市博物馆收藏的被认为是沐英墓出土的"元青花"萧何

黔宁王沐英墓志

月下追韩信梅瓶实为征集得来。1959 年春，江宁县东善人民公社的村民再次挖开沐英墓的墓门，在门外的土里（应即墓门前的墓道填土）发现了长、宽均为 1 米的沐英续房妻耿氏的墓志，并取出了劫后残存的随葬品，南京博物院追回了其中的金山（铜质）、银山（铁质）、铜号、铜喇叭等文物，后移交南京市博物馆，但由上应塘村民私藏的沐英墓志并未移交南京市博物馆，而是入藏了南京博物院。

根据考古发现，自沐英之后，其家族的主要成员除少数留葬云南外，绝大部分归葬南京将军山（观音山）祖茔，未能归葬于南京江宁将军山祖茔者，或因为没有子嗣，或因为子女幼稚不克扶榇归葬，遂不得不卜兆于云南昆明。

沐英长子、嗣西平侯沐春墓迄今尚未发现，但 1959 年 5 月至 6 月在将军山清理沐英墓的同时，也发掘了沐英次子黔国公赠忠敬王沐晟夫妇的合葬墓。沐晟墓出土文物中，尤以被认为是"元青花"器的缠枝牡丹纹梅瓶最引人瞩目，此青花梅瓶的造型与传为沐英墓出土的"元青花"器萧何月下追韩信梅瓶相近。

自 20 世纪 50 年代发掘沐英、沐晟父子墓后，文物部门又陆续在周围清理了十多座沐氏家族墓。1974 年，南京市博物馆在将军山南麓发掘了一座明代沐氏家族成员的墓葬，编号为 74JJSM3。该墓与众多沐氏家族墓基本相同，亦由甬道、横前室、并列的双过道及与过道相连的双后室组成。墓中出土金、玉、琥珀、玛瑙、水晶等质地的珍贵文物 180 余件，特别是"黔宁王遗记"金牌、渔翁攫鱼戏荷造型的琥珀杯、"瑶池春熟"金链琥珀挂件、双螭耳玉杯、梅竹纹碧玉簪、乾纲独立铭白玉簪、鸳荷纹金佩饰、錾刻

沐英次子沐晟墓左后室及石门

山水人物纹的金多宝串（又称金事件或金三事）、嵌宝石金镶玉腰带等，皆为文博界耳熟能详的明代文物珍品。关于此墓的墓主，考古简报根据出土墓志上残存有"太保公讳睿"等片段内容，推断为黔宁王沐英十世孙、第十一任黔国公沐睿。然而笔者通过对出土墓志残文的辨识，可知此墓实为沐睿之子、末代黔国公沐天波的父亲、第十二任黔国公沐启元之墓。至于万历三十七年（1609）九月被囚禁死于狱中的沐睿，其墓葬可能迄今尚未被触及。

吴应箕《留都见闻录》记载了明末南京因沐府出殡而引发的一场闹剧："（崇祯）癸酉五月，沐府出殡，所制方相最大，俗号曰'显呆子'，半月前哄动通京。至期，妇人女子皆往南门观之，又有借此观妇女者。于是人益众，至于车骑不通，同伴相失，而妇女皆为轻薄少年亵侮，至遗簪坠履者，不可胜计。盖丈夫不能禁制，妇女贻羞忍辱若此，一时满街编为谣词，听之令人欲呕。"所述应正是末代黔国公沐天波为其父沐启元出殡之事。

1979 年，南京市博物馆继发掘沐英墓、沐晟墓、沐睿墓之后，又在将军山南麓发掘了一座为明代沐氏家族成员所有的砖构券顶多室墓，编号为 79JJSM4。此墓由偏于左侧的甬道、横前室、并列的双过道与并列的纵券双后室构成，甬道后部与过道后部均设有对开的石门一扇，后室的后部皆有砖砌棺床。志盖文字泐失无存，唯志文下部尚未泐尽，其约略可辨者，尚不足正文的三分之一。关于此墓的墓主，考古简报根据贴置横前室右壁的墓志正文首行所辨识出的"配今太子太保世阶上公沐昌祚"等内容，断定为隆庆四年（1570）五月袭封黔国公的沐英九世孙沐昌祚的妻室，并进一步认为 79JJSM4 为沐昌祚夫妇合葬墓。然而笔者在重新释读出土墓志残文时发现，此墓的墓主其实是沐昌祚的伯父、别署"文楼"的沐英八世孙沐朝辅夫妇。至于沐英九世孙、嗣黔国公沐昌祚的墓葬，至今仍当位于南京南郊将军山南麓的沐氏祖茔内，尚有待发现。

此后直至 2005 年，关于明代沐氏家族成员墓大规模的考古发掘工作，经历了较长的沉寂。不过，考古发掘工作的沉寂并不意味着沐氏家族成员墓未被触及，据笔者所掌握的情况来看，这一段时间内，至少有黔宁王沐英尚未出阁的幼女（第五女）墓、黔宁王沐英的五世孙都督同知沐瓒季子沐谏墓、第九任黔国公沐朝弼原配夫人谢氏墓被盗扰。只不过这三座墓由于墓主本身早亡等特殊原因，其墓葬可能都不甚起眼，随葬的墓志均是墓葬被扰乱后而散落。

2005 年 5、6 月，由于复地朗香商品房项目的开发，南京市博物馆在将军山明代沐氏家族墓域又抢救性发掘了沐英四世孙、沐谏的父母、都督同知沐瓒及两位夫人贾氏和刘氏的合葬墓。沐瓒卒于成化十七年（1481）四月，生前一度曾暂代年幼的黔国公沐琮领镇云南，待沐琮出幼后，沐瓒仍以云南副总兵的身份镇守腾冲、金齿地方。史籍称沐瓒在任期间"颇黩货"，这由沐瓒墓出土大量黄金美玉之类的珍宝也可见一斑。自此，伴随着挖土机的隆隆声，明代沐氏家族墓抢救性考古发掘的热潮被再度掀起。

继沐瓒夫妇墓被发掘后的 2006 年 2 月，文物部门又发现了一座由横前堂与并列的四后室组成的砖构多室墓。可惜的是，由于看管不力，墓葬竟在春节期间几乎被盗墓贼席卷一空。根据在墓门外发现的两合墓志，可知这一巨型砖室墓正是卒于万历五年（1577）闰八月的沐英八世孙、黔国公沐朝弼墓。

2006 年 5 月与 2008 年 5 月，在复地朗香商品房项目施工进程中，还触及了沐英之子定边伯沐昂夫妇墓与第三代黔国公沐斌夫妇墓。其中，沐昂夫妇墓同样因为保管不力而在发现后遭盗掘，沐斌与夫人张氏、徐氏的合葬墓以及沐斌继室夫人梅氏墓则保存完好，出土随葬品组合完整，价值颇高。

2012 年下半年至 2013 年初，南京市博物馆考古部对位于南京将军山东南麓、明代沐氏家族墓群所在的九间堂项目开发地块进行了考古调查与勘探，并先后发掘了明代第六任黔国公沐昆和第七任黔国公沐绍勋的墓葬。两墓早年均被破坏得很厉害，尤以沐朝辅、沐朝弼兄弟二人的父亲沐绍勋墓尤甚，其砖砌墓壁、墓顶皆被拆毁无存，但从平面布局上，仍可洞悉沐绍勋墓亦为由横前堂（前室）与并列的四后室组成的砖构多室墓，与其次子沐朝弼墓的形制相同，而劫后残存的出土文物仅见三种，即甬道底部填土中出土的沐绍勋本人的墓志盖，前室东、西两端发现的沐绍勋继室夫人李氏与贺氏两人的墓志。由此可以推断出，沐绍勋墓并列四后室内的被埋葬者，应分别是沐绍勋本人、沐绍勋原配夫人朱氏、沐绍勋继室夫人李氏与贺氏。在具体的分布上，根据墓志的出土位置推断，沐绍勋继室李氏入葬最东端的墓室，沐绍勋另一位继室贺氏入葬最西端的墓室，中间二室葬入的当分别是沐绍勋本人和原配夫人朱氏。

发掘过程中，在与沐绍勋墓最西端后室毗邻的墓圹外侧，清理了一座埋葬较深的竖穴土坑墓，蹊跷的是，这座土坑墓的填土中却并未出土任何遗物。由此看来，这座与沐朝弼生母贺氏所据墓室毗邻的土坑墓，可能正是"获与从太夫人（沐朝弼母贺氏）矣窀岁"的沐朝弼原配夫人谢氏的埋骨之所。从考古发掘揭示出来的种种痕迹来判断，沐绍勋夫妇合葬墓可能早年即经由文物部门发掘清理，否则不大可能被破坏得如此干净彻底，而祔于沐绍勋墓封土内的沐朝弼原配夫人谢氏墓志，也可能是在这样一种背景下入藏南京市博物馆的。

考古发现证明，在整个将军山明代沐氏家族墓地中，始祖黔宁王沐英墓位于中心位置，其子孙墓葬均位于沐英墓前部两侧。沐氏家族墓地前部原本应有神道石刻与享堂建筑，但皆已无迹可寻。有意味的是，明代沐氏家族墓尽管时代跨度大，但其形制结构却不论时代早晚而一以贯之，显示出惊人的相似之处。总的来说，明代沐氏家族墓均为土坑竖穴砖室结构，由墓道、排水沟、墓坑和砖室等部分组成。墓道有斜坡式、台阶式、斜坡台阶混合式三种。砖室总长均逾 8 米，由封门墙、甬道、横前室、过道和后室构成，砌筑考究。沐朝弼的墓砖上还发现有阳文模印的"工"字铭文，印证了《明史》关于工部营造公、侯等高等级贵族墓葬的记载。墓顶均为券顶结构，墓内设有一道或两道高大厚实的石门，后室后部有砖石砌棺床，棺床上置木棺，后室的两侧壁和后壁还辟有壁龛，后室用于分隔各室的墙壁上辟"过仙洞"彼此连通。

由于多为两人或多人合葬墓，故纵贯的后室分别有两室（如沐晟墓、沐瓒墓、沐崑墓、沐朝辅墓、沐启元墓）、三室（沐英墓）、四室（沐绍勋墓、沐朝弼墓）之分。沐氏家族墓中沐晟、沐睿、沐昌祚、沐瓒、沐斌夫人梅氏等墓在考古发掘之际尚保存完好，余墓惜皆遭盗掘。

明代沐氏家族墓出土了数以百计的精美文物，按质地可分为陶瓷、金银、铜铁、锡、玉石、水晶、玛瑙、琥珀、珊瑚、披霞等，其中尤以

嗣任黔国公沐斌继室梅氏墓出土嵌宝石金头面

各类金、玉、宝石器数量大、装饰美、工艺精,令人叹为观止,可称为南京明代艺术品的宝库。金银器主要有束发冠、"黔宁王遗记"金牌、金事件、耳坠、指环、纽扣、锭、冥币及形态各异的首饰,铜铁器主要有盔甲、剑、矛、戟、铜镜、匙、壶、火盆、灶、熏炉等,玉石器主要有玉带、玉簪、荷叶形碧玉碗、白玉杯,陶瓷器主要青花梅瓶、青花碗、陶罐、釉陶缸、釉陶寿星等,锡质祭器主要有炉、盆、壶、盘、盒、灶、瓶、烛台、杯、罐等,宝石和其他类器物主要有镶宝石金镶玉带、金链琥珀坠、镶玉金环、珊瑚簪、披霞杯、琥珀杯、水晶环、玛瑙珠、镶宝石金簪、镶玉嵌红宝石金耳环以及镶行红、蓝宝石和绿松石的金戒指,等等。其中沐启元墓中出土的"渔翁嬉荷"琥珀杯,采用细腻的圆雕工艺,独具匠心地将渔翁雕为杯柄,荷叶、鱼鹰等形象巧妙地与杯身结合,使得妆饰形象生动活泼,代表了明代手工业制作高超的技术水平。沐斌继室夫人梅氏墓中出土的一套金质头饰,有挑心、顶簪、分心、掩鬓、钗簪、耳坠等构件,是我国明代考古发现的最完整的一套头饰。

将军山沐氏家族墓是南京古代最豪华的家族墓地之一,堪称明代地下墓葬博物馆。

赐葬当年礼秩优

——浡泥国王墓

位于南洋加里曼丹岛北部的古浡泥国，即今简称"文莱"的汶莱达鲁萨兰国，与中国交往的历史源远流长。有明一朝，为了摆脱爪哇等南洋大国的欺凌压榨，浡泥国与中国官方的交往尤为频繁。永乐三年（1405）六月，三宝太监郑和率领庞大船队出发，揭开七下西洋的序幕，而仅仅过了五个月，浡泥国王麻那惹加那乃便派遣使者向明廷奉表贡方物，作为回报，明成祖朱棣则于十二月遣使册封麻那惹加那乃为国王，并赐印诰、敕符、勘合、锦绮、綵币。在得到明成祖的正式册封后，麻那惹加那乃率妃及弟、妹、子、女、陪臣共一百五十余人"泛海来朝"，将两国关系推向高潮。永乐六年（1408）八月二十八日，明成祖在南京文华殿会见麻那惹加那乃一行，并在奉天门赐宴款待。但不久麻那惹加那乃却染疾不起，于十月一日病故于南京会同馆。明成祖辍朝三日，遵其"体魄托葬中华"的遗愿，命工部以礼葬于南京安德门外石子岗，赐谥"恭顺"，竖碑神道并立祠于墓所，又访求隶籍中国的西南夷人三户为之守坟。

南京浡泥国王墓的地望，尽管《明史》记载系"安德门外石子冈"，但由于年代久远，岁月销蚀，可能入清后即已湮没无闻，渺不可寻，清代以来的地方志中甚至以讹传讹地出现了不少误会。浡泥国王墓最终被确认，当追溯至1958年5月12日下午，当时南京市文物保管委员会在南郊铁心桥东向花村进行文物普

南京市文物保管委员会工作人员在现场抄录新发现的浡泥国王墓碑碑文

查时，在乌龟山山南发现一石龟趺与一旁衰草中倒卧的残碑，碑文虽已漫漶，但仔细揣摩尚可辨"葬王于安德门外之石子冈""器皿及金银锦绮钱币甚厚赐王妻""浡泥王去中国"等字迹。及至将残文与《皇明文衡》收录的明代大学士胡广所撰《浡泥国恭顺王墓碑》一文核对，发现内容完全相符，始予确认这一涉及历史上中外交流的重要发现。

浡泥国王墓这座肇建于明初的规模宏阔、标志显著的大型墓葬，何以入清之后便湮没不彰？从万历四十五年（1617）八月南京礼部主客清吏司郎中徐从治批复，准许被拘押的耶稣会士王丰肃等起建南京首牖园厅房的物料，用作修葺整治被焚毁的浡泥国王墓这一事件，当不难推知，在万历四十四年（1616）爆发的针对外国人的"南京教案"的风潮中，位于南京南郊安德门外的浡泥国王墓这座外国国王墓也不幸被"殃及池鱼"，而标志着浡泥国王墓墓主身份位望的墓碑乃至享堂建筑等，极可能也在此际被汹涌的愚民砸毁焚掠，遭受严重破坏，这或许正是浡泥国王墓在明清鼎革易代之后被"抹除记忆"的最主要的因素。

值得一提的是，关于浡泥国王墓所在的铁心桥东向花村的得名，《南京市雨花台区地名志》称："（东向花村）明末建村，原属花园村，因村东有小山，名'向马石'，村民迁此居住，1949年后以位于花园村东而称东向花。"然仅仅因为其地"位于花园村东而称东向花"似过于牵强，而且也看不出与村东名"向马石"的小山有何内在联系。以"花""华"同音而言，则东向花村的得名，似也不能排除或与慕义向华而涉海来朝的浡泥国王麻那惹加那乃埋骨于此有关。

浡泥国王墓坐北朝南，东、西、北三山环抱，前临池塘，墓冢前的神道若以墓碑为起点，则略呈自西向东再折为南北走向的曲尺形。其中，浡泥国王墓神道碑至石望柱之间的神道大致呈由西向东走向，石望柱与其后的石马及控马官、石羊、石虎、石武将等石像生则位于南北走向的神道两侧。浡泥国王墓于1982年被公布为江苏省文物保护单位，2001年被公布为全国重点文物保护单位。

浡泥国王墓龟趺墓碑位于石望柱柱座向南再折东计约110米处，石龟趺残长2.5米、宽1.29米，龟趺上的石碑碑额佚失无存，碑身宽1.09米、厚0.3米，业已残断为不完整的两段。其中，接近龟趺的下段碑身残

南北走向的浡泥国王墓神道石像生

高 0.52—1.49 米，系 1958 年 5 月 12 日下午最初与龟趺及其他神道石刻等一并被发现；接近碑额的上段碑身，系原南京市文物保管委员会的金琦先生在 1958 年 8 月开始进行的浡泥国王墓第一次整修工程开展期间，于浡泥国王墓神道西南三十米处前的水沟内发现。两段残损的碑身于浡泥国王墓第四次整修工程中以水泥修补黏合为一整体。此外，文物工作者还于 20 世纪 90 年代仿照参考南京明初西宁侯赠郧国公宋晟墓神道碑的龟趺，配置了已残佚的龟首。

石望柱一对均仅存柱身下承的柱座，柱座下部为正方形，边长 0.65 米；上部平面呈八边形，中心凿有圆窝状的榫眼，原本在柱座上投榫承接的平面呈八边形的柱身已佚失无存。该对石望柱的柱座是在浡泥国王墓第一次整修工程中发现的，而此前包括《浡泥国王墓探源》在内的众多出版物与宣传材料均误会此石望柱的柱座为平面六边形或六角形。

位于石望柱后的石马与控马官彼此不相连属，系分体雕凿而成。石马戴络头，口衔辔，颈系缨穗，身置鞍鞯，马背上覆垫障泥，从辔头两侧向后延伸出的缰绳直掩于障泥与马背之间。障泥外周饰减地雕较为瘦长的如意云纹带，中心雕大朵的海棠花纹，两侧底部分别饰二马追逐纹样。后鞧上垂有条饰，并系缨穗。马腹下四足间石料未掏空，并在石料上表面雕饰祥云，马尾于两后腿之间竖直垂地。高 1.35 米，长 2.5 米，彼此间距 3.8 米。

控马官均双手执马鞭于胸前，戴幞头，冠带系结于领下。身穿圆领窄袖袍服，腰部束宽带，革带表面缀饰浮雕而出作圆桃、鱼尾、排方等造型的玉带版纹样，袍服下露履。高 1.6 米，宽 0.73 米，彼此间距 3.3 米。西侧（右）控马官颔下无须，保存相对较好。东侧（左）控马官颔下有须，所戴幞头原本已残损不全，1974 年 9 月 27 日至次年 1 月 18 日进行的第四次整修工程中以石材补配而成。控马官身材矮小，"风"字形的面型与拱突的嘴唇较其他明初功臣墓前的石像生判然有别，颇为引人瞩目，或许当年石工在雕琢浡泥国王墓神道石像生时，是刻意采用墓主浡泥国王麻那惹加那乃的亲随为原型加以塑造的。

石羊一对，均作跪卧式，长角盘曲。长 1.6 米，高 0.91 米，彼此间距 4 米。其中，东石羊尚较完整，西侧石羊头部原本佚失，浡泥国王墓第一次整修工程期间，于浡泥国王墓西面三百多米处的山凹草丛里寻访到西侧石羊残损的头部，并予黏合修补而成。

石虎一对，均作蹲踞状，前肢与躯体间的石料掏空，体表雕饰虎皮斑，两侧嘴角还刻画出向上龇出的胡须，长尾盘绕贴于腹下。高 1.4 米，彼此间距 3.6 米。20 世纪 30 年代朱偰先生所撰《金陵古迹名胜影集》与《金陵古迹图考》两书著录浡泥国王墓的神道石刻组合为"碑已毁，有石马、石羊（石虎已亡）、武将各一对"，结合南京文物部门后来的考古调查资料分析，朱偰先生当年所谓的"石虎已亡"应是指石虎倾倒并陷没土中。在浡泥国王墓第一次整修工程中，南京市文物保管委员会于土中掘出石虎并与其余倾倒的神道石刻一并予以扶正。

石武像一对，皆为"风"字形脸，两手拄剑而立。头戴兜鍪，顶部洒插长缨，后缀顿项，左右两侧嵌凤翅护耳。肩覆披膊，身披甲胄，下及膝部。胸腹之间围裹宽厚的护腰，护腰上部以两周丝绦横向束勒，并于胸前作结呈"八"字形。护腰中部系束革带，革带表面浮雕素面带版纹样。其中，除三台为双手与剑柄遮挡外，三台两侧的圆桃、鱼尾、排方皆历历可见。手臂裹以臂护，袍袖打结垂于肘下。革带下垂落两股略呈"S"形的束帛。肩部系用于分隔顿项与肩甲的披肩，亦作结呈"八"

字形系于胸前。革带下左右各垂一
片膝裙，中垂圆形鹘尾，披膊、身
甲、膝裙、鹘尾上的甲片均作山纹
甲。膝裙、鹘尾下露履与长及足部
的战袍。肩部系用于分隔顿项与肩
甲的披肩，亦作结呈"八"字形系
于胸前。高2.3米，彼此间距5.5米。
其中，东侧（左）武将颔下有须，
保存相对较好；西侧（右）武将颔
下无须，右足已残，第四次修缮过
程中采用相近的石材修补完整。明
代尚左，即以左为尊，体现于陵墓
神道两侧的石翁仲，则无论文武，
往往是年老有须者居于神道左侧，
年轻无须者居于右侧。浡泥国王墓
神道两侧的石翁仲乃至石马旁的石

浡泥国王墓神道两侧的石翁仲（摄
于 20 世纪 50 年代末）

雕控马官，也都是有须者居左（东）、无须者居右（西），体现出"长
者为尊立于左"的时代风尚。

石翁仲之后尚可见鼓镜式石柱础两件，系浡泥国王墓第一次整修工
程开展期间发现，应即永乐六年奉诏于墓侧所立祠祭之遗存。

鉴于特殊的政治因素，20 世纪 50 年代以来围绕浡泥国王墓进行的考
古调查与历次维修清理工作都非常细致，于此可证浡泥国王墓现存的龟
趺神道碑一通与石望柱、石马及控马官、石羊、石虎、石武将各一对，
应即为浡泥国王墓神道石刻的完整组合，几乎不大可能会有其他大的遗
漏，这也带来了一个重新认识明朝政府给予浡泥国王麻那惹加那乃丧葬
礼制的问题。

关于浡泥国王墓的仪制，自《人民日报》1958 年 6 月 30 日第七版所
刊《南京市南郊发现浡泥国王墓》乃至此后涌现的各类研究文字，无不
异口同声地认定明廷是以"王礼"安葬了浡泥国王麻那惹加那乃。但问
题是，胡广所撰《浡泥国恭顺王墓碑》等相关文献其实只不过明确记载

了明廷"以礼葬王于安德门外之石子岗",这里的"礼"意谓相应的礼仪,后人迳理解为"王礼",恐还是由于明成祖朱棣曾于永乐三年(1405)册封麻那惹加那乃为浡泥国王之故,加之包括《明史·浡泥传》《浡泥国恭顺王墓碑》在内的文献动辄称麻那惹加那乃为"王"所给人造成的先入为主的印象。但事实并非如此。

明代功臣乃至品官墓神道石刻的相关制度,在《明史》的"坟茔之制"里记载得非常详细,殁后封王的功臣之墓,其墓上神道石刻的完整组合除了神道碑一通外,还包括石望柱二、石马及控马官二、石羊二、石虎二、石翁仲四,其中石翁仲又分为武将与文臣各一对。像浡泥国王墓这样神道石刻中只有一对石人(石武像)的,只见于殁后封赠公侯的江国公吴良墓与海国公吴祯墓、皖国公仇成墓、赠中军都督佥事李杰墓等,而《明史》的"坟茔之制"里同样有一、二品官只合使用一对石人的记载,明代公侯品秩视同一品,于此可见明廷所给予浡泥国王麻那惹加那乃墓的葬仪实为公侯之礼,并未臻于王礼。

再者,明廷所给予浡泥国王墓的公侯之礼,也不乏来自史籍方面的佐证,据《明史·浡泥传》所述,浡泥国王麻那惹加那乃一行于永乐六年(1408)初抵京师(南京)之际,"礼官请王(麻那惹加那乃)见亲王仪,帝令准公侯礼"。由此可证,明成祖朱棣给予麻那惹加那乃这位异域国王生前死后的礼遇,自始至终都只限于公侯之礼,在这一方面,史籍记载与浡泥国王墓神道石刻的组合乃至装饰细节所呈现出来的仪制特征可谓前后一致、若合符契。

根据文献记载与实地调查,可知浡泥国王墓在明代后期万历年间的"南京教案"中即曾遭到严重破坏,此后又历经盗掘。参考附近居民的口碑史料,大致可以推断出,浡泥国王墓的平面构成,可能是短甬道、横前堂与并列纵向双后室的组合,与明代沐氏家族历任族长的墓葬形制相近。

伟大的航海家三宝太监郑和墓

明代永宣之际的航海家、内官
监太监郑和，原姓马，小名三宝，
又作三保，云南昆阳（今晋宁昆阳
街道）宝山乡人。郑和是马哈只第
二子，洪武十三年（1380）明朝军
队进取云南时被掠至南京，后送入
燕王朱棣府邸，为道衍（姚广孝）
等收为菩萨戒弟子，法名福吉祥。
成年后的郑和，知兵习战，素有谋
略。靖难之役爆发后，侍奉燕邸的
郑和及一干宦官群从，皆敢战先登，
无所顾惜，郑和更是在郑村坝之役
后被朱棣赐以"郑"姓。朱棣登基
称帝后，对郑和多有倚重。从永乐
三年（1405）至宣德年间，郑和率领庞大船队先后七次出使西洋，堪称
中国交通史上划时代的壮举。

郑和刻印的佛说摩利支天经菩萨像

郑和把毕生的精力都献给了下西洋的伟大事业，并殁于第七次下西
洋归途。但由于种种原因，围绕郑和的葬地及其一系列问题，却一向众
说纷纭，莫衷一是。

有观点认为，郑和卒葬于南洋，位于爪哇的三宝洞所在的"三宝垄"，
相传即是郑和的埋骨处。然据《海岛逸志》卷二《人物考略》载："王
三保者，明宣德时内监也。明宣宗好宝玩，因命王三保、郑和等至西洋
采买宝物……而三宝垄有三保洞，俗云三保遗迹，极有灵应。"郑健庐《南
洋三月记·游三宝洞古迹》亦载："相传景弘卒于南洋爪哇，今三宝洞
旁之土墩，即为景弘之墓，相传为三宝大人埋骨之地。"曾锵波先生《三
宝垄考》一文为之辨析最详："据考在三宝垄三保庙左边附近的亭阁竖

有一块墓碑，就是王景弘病逝后的墓地。但是那些善男信女却相信是郑和的坟墓，因为一般以为王氏死于中国。其实恰巧相反。王景弘死后，按伊斯兰教仪式安葬，并在当地居民中获得了'三保大人的年高德勋的领航员'的尊称，人们总要在阴历初一和十五日往三保洞膜拜郑和雕像和瞻仰王景弘之墓。"由此可见，口碑传说中的爪哇"三宝垄"，显然与另一位内官监太监、曾八下西洋的福建宁洋县人王景弘关系更为密切，而与郑和无涉。

不过，据《明史·苏门答剌传》记载，宣德九年（1434）后，王景弘曾第八次也是最后一次出使西洋至苏门答剌国，但他并未在此次航程中葬身异乡。据《明英宗实录》记载，直至正统元年（1436）三月甲申，朝廷仍"敕王景弘等于府库支胡椒、苏木共三百万斤，遣官运至北京交纳，毋得沿途生事扰人"。庶几可知，王景弘此时仍为官在职，并未埋骨域外。更具说服力的是，王景弘墓出土的买地券也于近年在南京南郊被发现。据券文内容可知，王景弘墓应当也就在明代宦官墓较为集中的南京南郊铁心桥一带。因此，爪哇的三宝洞、三宝墩恐亦不过是与马六甲的三宝城、三宝井以及暹罗的三宝港、三宝庙相类同的一处郑和下西洋的纪念地，系明朝初年"耀兵异域示中国富强"的产物。

另一种观点则认为，郑和殁于南洋，但归葬南京，这种观点近数十年来在郑和葬地的相关讨论中已成为主流。据康熙二十二年（1683）所修《江宁县志》卷五《陵墓》载："三宝太监郑和墓，在牛首山之西麓。永乐中命下西洋，有奇功。密知建文踪迹，回朝皆奏不闻，史称其有隐忠云。宣德初，复命入西洋，卒于古里国，此则赐葬衣冠处也。"法国汉学家伯希和在其名著《郑和下西洋考》一书中也说"郑和墓在南京"，大约即是源据于此。以蒐集整理乡邦文献而著称的清末南京文史学者陈作霖在《金陵物产风土志》一书中记曰："牛首山郑太监坟，即郑和埋骨处也。植红豆树一株，干叶作碧绿色，结实如红豆，予幼时犹及见之，今俱濯濯然矣。"陈作霖既确知郑和墓址，可证其墓之在牛首山麓，早已是一处流传有序的古迹。

其实，就在宣德年间第七次下西洋前夕，年事已高的郑和预感去日无多，曾立有遗嘱，欲以南京聚宝门外能仁里的碧峰寺为终老之地。这份由僧徒代笔的遗嘱内容大致是这样的：师事非幻禅师的内官监太监郑和为了下西洋的往返平安而感戴皇帝与佛祖的呵护，出己缗铸造金铜佛像十二尊、塑妆罗汉像十八尊与古铜炉、瓶、钟、磬、药师灯等供具法器，在家中供奉，将于第七次下西洋归来后，即捐予碧峰寺退居，以充永远香火。所谓碧峰寺退居，即碧峰寺内由非幻禅师营建的非幻庵，宣德四年（1429）司设监太监刘福等为了恭迎郑和第七次下西洋归来后作为终老之所而衔命重建。孰料郑和第七次下西洋期间于宣德八年（1433）

郑和宣德七年泥金书《妙法莲华经》发愿文牌记

死于古里，而蹈继非幻禅师充任灵谷寺住持的宗谦感念郑和平昔的施助，率徒众多次前往郑和宅邸荐度追悼。至宣德十年（1435）宗谦又与郑和的至亲僚属共同计议，将郑和家藏以己缗铸造的法像、法器等物，尽皆交付碧峰寺退居供奉，以完成郑和的心愿。这也可见，尽管有史料支持郑和信奉伊斯兰教，但他最终仍然是以皈依佛教来作为人生的归宿。

《非幻庵香火圣像记》里有一段宣德初年宗谦与郑和同游南京牛首山的内容："有师牧庵谦公继之，至宣德改元，师主牛头，时太监公深契往谒，览兜率崖、辟支佛洞，愕然有感。"与此相谐应的是，2014年8月，南京郑和墓园文保所从南京南郊花神庙征集到一块清光绪十年（1884）九月立、篆额"咸阳世家"的碑碣，碑文称郑和"出使西洋印度诸国，改赐姓郑，守备南京，马府街即赐第处也。殁，敕奠于牛首山西偏……建广缘寺，以祀之礼也。"尽管"咸阳世家"碑碣的时代晚近，其中关于郑和家族早期世系的记载不免攀龙附凤，但关于郑和最终以广缘寺作为坟寺的记载，不仅澄清了郑和研究的一大悬案，对于探究位于牛首山西麓郑和墓的确切位置也有重要的考察价值。据《金陵梵刹志》卷三三《广缘寺》所载：广缘寺属明代牛首山弘觉寺统辖的诸小刹之一，"东去所领弘觉寺二里，北去聚宝门三十五里。山门三楹，佛殿五楹，僧院一房。基址一亩六分，东至弘觉寺山，南至□□□，西至樊家民山，北至大石凹。田、地、山、塘共计五十五亩六分"。也就是说，广缘寺的地理位置接近郑和在牛首山"愕然有感"的辟支佛洞，于此可知，作为明代奉佛宦官之一的郑和为己身创立的坟寺即是牛首山弘觉寺所统之广缘寺，郑和墓理应与广缘寺毗邻。

早在 1959 年，南京文物工作者在郑和后裔提供的家谱等材料的帮助下，已于南京南郊江宁县谷里公社牛首山南麓的周昉村发现了被认为是郑和及其家族成员的墓葬——"马回回坟"。这是一处比较典型的回民墓地：共有三座封土堆，居中的封土呈长方形，高约 3 米；南北两侧各有一抔封土，距离中间的封土各约 150 米。据说，这三座被当地民众称之为"马回回坟"的封土前，原有神道石刻和享殿建筑、牌坊、华表等，享殿建筑早年已毁，1958 年神道石刻又被破坏殆尽。文物工作者赴现场调查之际所能见到的，只有墓前方 50 余米处、已半陷土中的一件方趺石碑座，但这一碑座也于 1982 年被炸毁。碑座前原有一座单拱小桥，现亦无迹可寻。墓前有郑氏坟田三四十亩。墓西有一村落，名郑家村，村民们的先辈相传即是郑和家族墓的守坟户。另据郑氏后裔所述：三座封土中，居中即郑和墓，一侧为下西洋时随侍郑和的亲信海札儿墓，另一侧为郑家未出阁的姑太太墓。由于所述太过富于传奇色彩，其可信度也就大打折扣了。

上述 1959 年发现的郑和墓，距牛首山西南出土"咸阳世家"碑关于郑和坟寺——广缘寺的位置，仍有一定的里程。这表明，众口相传的牛首山南麓周昉村的郑和墓，也许不一定可信，因为诸多信史皆已明示，有相当品秩的郑和最终皈依的是佛教。因此文物工作者根据郑和后裔的口碑史料记录在案的这一具有伊斯兰教色彩的墓地，也可能只是郑和兄长马文铭之子、被郑和养以为子的郑义及其后裔的一处葬地，而并非郑和本人的墓葬。

不过，郑和葬于南京南郊牛首山南麓谷里附近应无疑义，因为无论周坊村抑或明代广缘寺，都位于这一带，所以将周坊村的郑和墓作为郑和的一处纪念地，也略无违碍。有意思的是，郑和卒于南洋古里国，即今印度南部西海岸的科泽科德，也称作卡利库特，而郑和墓所谷里的建置沿革，史籍无征，但谷里与古里谐音，是否因纪念郑和殉职古里而得名，也是很值得留意的。

《康熙江宁县志》记载南京牛首山西麓的郑和墓为"赐葬衣冠处"，也即是说，与诸多殁于域外的明初下西洋官兵一样，南京的郑和墓也采用了招魂葬法，这也是合情合理的。郑和病逝之后，船队下一步的航程是经苏门答剌、爪哇归国，在海上航行的船队不可能冒险保存郑和的遗体。似乎是与此推断相谐应，南京牛首山西南麓的乡镇至今流传着一个与郑和有关的传说，说的是郑和病殁国外后，某日，一黑脸大汉带着郑和的头发和靴子掩埋在牛首山。透过表面的虚幻成分，民间传说往往能给予人们很多有益的启示。这个传说中的黑脸大汉从肤色上看应该符合南亚人的体貌特征，而据《明史》卷三二六《外国传·古里》载："宣德八年，其王比里麻遣使偕苏门答剌等国使臣入贡。其使久留都下，正统元年乃命附爪哇贡舟西还。自是不复至。"郑和病殁古里的当年，古里王即遣使臣入贡明廷，逗留两年始回国，且从此不再至。入贡的古里使臣与传说中携郑和头发与靴子至南京安葬的黑脸大汉有什么联系？是否古里使臣入贡之外的另一项使命便是护送郑和遗骨与遗物回国？都是值得玩味的。

位于牛首山南麓周坊村的郑和墓于1982年被公布为南京市文物保护单位，一直受到高规格的保护。1985年郑和第一次下西洋580周年前夕，南京市文物主管部门按穆斯林葬仪的习惯和风貌，对郑和墓进行了修整，展露于两排苍松之间的神道显得庄严肃穆。神道尽头是水青石料铺砌的石阶和平台，每走完7级台阶便到达一个平台，可以歇脚览景，这样共有28级石阶和4座平台。设计者的意图是：7级石阶象征郑和七下西洋的壮举，4座平台寓示七下西洋造访过的40多个国家，28级台阶则象征郑和航海28年。构思直白，似乎将郑和的航海经历全都浓缩到神道之中了。

位于牛首山麓的郑和墓

　　郑和墓平台顶部的封土，现已改建成与昆明东北郊松花坝的赛典赤·赡思丁墓及扬州普哈丁墓结构造型相同的伊斯兰风格的石椁，其下部两侧雕刻有云水图案，上部饰缠枝蔓藤，再刻画一朵朵美丽的莲花。在蓝天白云的映衬下，仿佛郑和舟师仍在云天碧水间踏浪而行，将泱泱大国的风范远播至和平的彼岸。

明代都知监太监洪保墓

南京是明初郑和下西洋活动的始发地与大本营，先后发现了不少与郑和下西洋有关的明代宦官同僚的墓葬，其中尤以 2010 年 6、7 月间因建设祖堂山社会福利院而经抢救性考古发掘的都知监太监洪保墓最为引人瞩目。宦官洪保是明代永宣之际郑和下西洋使团主要领导成员，史籍中零零星星地也留下了不少关于其出使西洋乃至宗教信仰方面的记载，而出土的洪保寿藏铭，更是详细记述了明初下西洋史事的若干关键细节。鉴于洪保墓所蕴含的重大历史价值，考古发掘结束后的洪保墓已被公布为江苏省文物保护单位，得以原址保护。

洪保墓其实是宣德九年（1434）洪保在身体"康强无恙尚能乘槎泛海"时，因为感怀"人生在世如驹过隙"、出于"生前之早计"所预建的寿藏，即所谓寿墓。洪保墓位于江宁谷里东善桥寺脚村北约 200 米的祖堂山南麓，背靠天盘岭（今称阳山），俯临乌山凹水库，距离中华门约 15 公里。墓葬系竖穴土坑砖室结构，在竖穴式墓坑内所筑的砖室前设墓道和排水沟，砖室由挡土墙、外封门、木门、前室、石门和后室等部分构成。墓门朝西南，方向 220 度，海拔高程 97 米。

洪保墓排水沟开挖于墓葬左前方，宽 1.24 米，底部以特制带凹槽的砖上下扣合形成泄水孔。墓道长 3.6 米，考古发现存在二次开挖现象。

墓葬砖室部分平面整体呈长方形，前后室券顶结构。全长 8.2 米，墓室外宽 3.34 米，通高 3.45 米。通体以多种规

祖堂山明都知监太监洪保墓

格、烧制精良的青砖砌筑，缝隙之间和部分内顶可见以白灰状黏合物填塞涂抹，墙壁规整光滑，结构坚实。

四壁砌 0.32 米厚的高基墙，均以青砖顺向平砌，再以刀形砖起券，砌"二券二伏"八组后变为"三券三伏"。顶部厚 0.76 米。刀形砖之间的缝隙除填塞白灰状黏合物外，个别缝隙还加塞了铁片。

挡土墙砌筑于封门处券顶上部，与墓坑宽度等长，高出券顶顶部一层砖，亦厚 0.32 米。外封门宽 1.6 米，高 1.8 米，是在两层砖之上直立六块黄色砂质矩形条石拼合而成，下又抵一方形小石块。外封门后为券顶过道，券顶同样起于基墙之上。过道长 0.64 米，宽 1.58 米，高 1.74 米。过道后原设木门一道，门扇上安置有两枚葵形带环铺首，已朽烂，底部可见石门槛、石门窝和铺地砖上的门闩插孔。另距墓底 1.94 米高的两侧墙壁上，各有长方形孔洞，应是安装木质门梁所用。

前室平面为长方形，南北内长 2.52 米，东西内宽 2.56 米，以方形砖铺地，但多受挤压变形。紧靠墓底前壁上有一个边长为 4 厘米的孔洞，与外面的排水孔相连。前后室之间同样为券顶过道，过道后设双扇对开的石门一重，门扇上各安置一枚与前室木门相同的葵形附环铺首。顶部的石门梁中间断裂，两扇门之间的空隙中填塞了许多砖块，可见石门梁在墓室营建之际或墓主下葬之前就已经断裂。后室平面也为长方形，同样以一层方形砖铺地，南北内长 3.74 米，东西内宽 2.56 米，中部靠后有长 2.44 米、宽 1.34 米、高 0.3 米的砖砌长方形棺床，三壁皆辟有壁龛。

洪保墓前室保存完好，正中放置一口用作长明灯的油缸，在前室东北角集中放置铅锡明器，多已氧化变形，略可辨有执壶、瓶、罐等器形。后室遭盗掘，不过在棺床上尚残留玉环、水晶串、料器管状物、银钗等饰品，应属朝服葬的孑遗。另有压印"我净常乐"四字的薄片银鎏金冥币。

发掘过程中，在后室盗洞的积土中发现了横七竖八堆积着的经雕琢的若干黄色砂石构件，其中一件可辨为两面坡状屋顶，可能是在墓上组合而成用于祭祀的仿木结构石屋。

紧靠封门前上部，出土洪保寿藏铭一合。寿藏铭的字沟内隐有红色充填物，志盖篆题"大明都知监太监洪公寿藏铭"，系由苏州姜孟圭所书；志文 25 行，满行 40 字，共 741 字，系苏州殷昪述状并书丹，其内容如"永乐纪元，授内承运库副使，蒙赐前名。充副使，统领军士，乘大福等号五千料巨舶，赍捧诏敕使西洋各番国，抚谕远人"及"至宣德庚戌，升本监太监，充正使使海外。航海七度西洋，由占城至爪哇，过满剌加、苏门答剌、锡兰山及柯枝、

明都知监太监洪保寿藏铭

古里，直抵西域之忽鲁谟斯、阿丹等国。及闻海外有国曰天方，在数万余里，中国之人古未尝到，公返旆中途，乃遣军校谕之。至则远人骇其猝至，以亲属随公奉□□效贡。公所至诸国，莫不鼓舞感动……公为人外柔内刚，恬静寡欲，尤能宣布恩命，以德威肃清海道，镇伏诸番。虽国王酋长、雕题椎服之人，闻公之来，莫不归拜麾下，以麒麟、狮、象，与夫藏山隐海之灵物、沉沙栖陆之奇宝，同贡天朝，稽颡称臣焉"，均涉及洪保下西洋之史事。此外，寿藏铭关于洪保"永乐丙戌，复统领官军铁骑，陆行使西域临藏、管觉、必力工瓦、拉撒、乌斯藏等国"的内容，也印证了史籍记载的明初中西交通史的重要内容，值得珍视。

在洪保墓发掘过程中，考古工作者发现洪保墓与前方的乌山凹水库间有一片较平坦的区域，地面分布着大量古代建筑的砖瓦残片，遂亦在该区域开挖探沟进行解剖，出土了灰陶鸱吻、筒瓦、瓦当、滴水、砖雕等建筑构件。结合对墓葬周边调查的收获和文献记载，初步判定墓前的这片建筑遗存，可能即是寿藏铭里记载的洪保生前为自己营建的坟寺——东峰庵亦即宁海寺原址。

明都知监太监杨庆墓后室及葬具

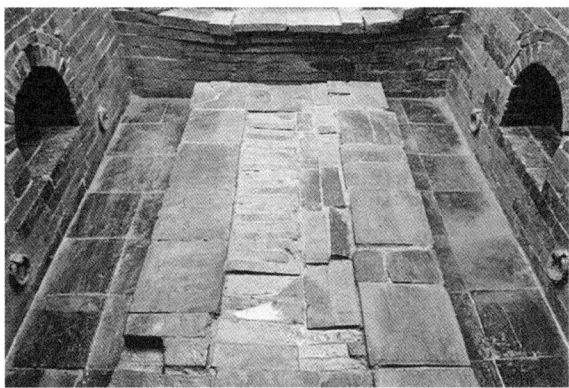

明都知监太监洪保寿藏"铁索悬棺"葬式的孑遗

说到洪保墓，就不得不再说一说2005年在南京江宁正德学院发掘的宣德五年（1430）都知监太监杨庆墓。杨庆、洪保两人同出云南，同时入宫，同侍燕邸，且相继掌都知监太监之职。两人在行迹上稍有不同的是，靖难功成之后，杨庆因为随成祖屡次亲征漠北而深得眷宠，洪保则由于下西洋、通域外建功擢升。特别有意思的是，杨庆、洪保二人的墓葬形制也几乎如出一辙，而尤其表现在墓葬后室左右两壁均安置有铁环四枚，两两对称分布在壁龛两侧，并各自以铁钉嵌入墓壁。所不同的是，杨庆墓嵌入墓壁的铁环上还连接有另一侧可钉入棺木的铁索，很明显地反映出墓主杨庆所采用的是一种"铁索悬棺"的葬式。而洪保墓则仅见铁环，未见与铁环相连的铁索，应是"铁索悬棺"的一种未完成的状态。笔者此前在整理明代都知监太监杨庆墓考古资料时，结合文献记载与北京明代司礼监太监牛玉墓等考古资料，推断这种"铁索悬棺"的葬式应与墓主的道教信仰有关。近年来，随着同作此"铁索悬棺"葬式、素有"高道"之誉的明初道士刘渊然墓的发现，已无可辩驳地证实此种"铁索悬棺"的葬式，确是与墓主的道教信仰密切相关。

有意味的是，文献乃至出土的洪保寿藏铭都明确记载，洪保曾捐资建造寺庙，并度家人为僧侣，俨然一位虔诚的佛教信徒。不过，从宣德九年预建的洪保寿藏内尚存此"铁索悬棺"孑遗来看，当不排除洪保在信仰上其实是佛道兼奉的可能。

洪保寿藏铭是洪保墓考古发掘最重要的收获，考古工作者据洪保寿藏铭中有"至宣德庚戌，升本监太监，充正使使海外。航海七度西洋"云云，并结合文献记载，推断洪保一生至少先后八次出使西洋，其中可以确定的有永乐元年（1403）、永乐十年（1412）、永乐十九年（1421）、宣德五年（1430）。但实际上，洪保七下西洋甚至八下西洋，都是对寿藏铭原文的误读，洪保出使西洋应只有两次而已。洪保第一次下西洋即寿藏铭所述："永乐纪元，授内承运库副使，蒙赐前名。充副使，统领军士，乘大福等号五千料巨舶，赍捧诏敕，使西洋各番国，抚谕远人。"此即史书记载的永乐元年以中官尹庆为正使、闻良辅为副使，出访满剌加即马六甲、苏门答剌、爪哇、古里、柯枝、西洋琐里等国的活动。

洪保第二次下西洋，即寿藏铭所述宣德五年（1430）洪保"升本监太监，充正使，使海外。航海七度西洋，由占城至爪哇、过满剌加、苏门答剌、锡兰山及柯枝、古里，直抵西域之忽鲁谟斯、阿丹等国。及闻海外有国曰天方，在数万余里，中国之人古未尝到，公返旆中途，乃遣军校谕之。至则远人骇其猝至，以亲属随公奉□□效贡"。其中的"航海七度西洋"云云，即便从上下文义来判断，也不宜理解为是在总结洪保一生之中曾七下西洋，而应是特指洪保在宣德五年的这次下西洋行程中，分七次渡过了西洋的各个部分。

之所以这么说，很重要的一点，也是由于西洋本身就存在一些层次的划分。元代陈大震所著《大德南海志》大致将西洋分别为小西洋与大西洋，其中，东南亚地区是小西洋，南亚到西亚、东非的印度洋则是大西洋。直至明末，因受传教士带来的地理知识的影响，才以今大西洋为大西洋，以原大西洋为小西洋。

那么，洪保渡过的是哪七个西洋呢？根据祝允明《前闻记》记载的宣德五年下西洋的详细日程，可以发现从占城"开舡"再至"到忽鲁谟斯"并"开舡回洋"之间的内容，刚好记载了七段行程：即占城到爪哇是一段，爪哇到旧港是一段，旧港到满剌加是一段，满剌加到苏门答剌是一段，苏门答剌到锡兰山是一段，锡兰山到古里是一段，古里到忽鲁谟斯是一段。上述占城、爪哇、旧港、满剌加、苏门答剌、锡兰、古里、忽鲁谟斯，正是西洋最大的八个国家，也是郑和航海的重要节点。这八个大国把西洋航程分成七段，亦即"航海七度西洋"。至于中国到占城一段之所以不算在内，是因为南海本是中国直属，不是西洋。由忽鲁谟斯到阿丹是沿岸航行，不需过洋，所以也不算。由阿丹到天方一段，也是沿岸航行，而且洪保其实也未能亲自前往，所以也不算。

洪保从阿丹准备回国时，临时派了军校去天方，但他本人没有去。洪保寿藏铭对此事记载道："及闻海外有国曰天方，在数万余里，中国之人古未尝到，公返旆中途，乃遣军校谕之。至则远人骇其猝至，以亲属随公奉□□效贡。"那么洪保为什么在亚丁会突然派人去沙特阿拉伯呢？据埃及人马格利兹所著《道程志》记载：由于也门内乱，这些中国人不得不前往麦加的外港吉达，目的是为了抛售他们载来的诸如陶器、丝绸、麝香这些在也门无法交易的货物。有意思的是，如果不看外文记载，仅看洪保寿藏铭和其他中国文献，便可能为明朝人要彰显大国风范的叙事手法所迷惑，而不足以察知中国船队前往天方的真实意图。

洪保率领的从忽鲁谟斯去阿丹的船队本来就是分船队，而从也门遣往天方的则是分船队里的分船队，从埃及的编年史来看，明初下西洋的中国船队应该就只有这一次到达沙特阿拉伯。因为是分船队里的分船队，而且是临时派遣，所以《明宣宗实录》列举第七次下西洋所到二十国中并没有天方。

洪保寿藏铭不仅明确述及永乐元年下西洋有五千料巨舶，还首次提到中国到波斯湾要"七度西洋"，并且印证了宣德五年郑和下西洋船队抵达天方的意外之行。凡此种种，对于中国航海史和郑和下西洋的考察都极为重要，所以洪保墓志无愧为是继太仓卫副千户周闻墓志之后，关于郑和下西洋史料最为重要的发现与突破。

僭用王礼的明代兵部尚书王以旂墓

王以旂，字士招，号石岗，明代南直隶应天府江宁县（今南京）人，正德六年（1511）登进士，授上高县知县。此后授御史，巡按河南等地。明世宗即位后大议礼，欲加兴献帝皇号，王以旂抗言不可。历迁兵部右侍郎、南京右都御史、工部尚书、左都御史，并代陈经为兵部尚书兼督团营。

明代的所谓"三边"，指的是延绥、宁夏、甘肃三地，位于当时西北明蒙边境，大致相当于今河套地区。嘉靖中期，蒙古的鞑靼部落屡屡犯边，朝廷任命王以旂代三边总督曾铣总制三边军务。史载，王以旂在三边镇守六年，屡败"套寇"，最终令"套寇"远遁塞外。此外，王以旂还修筑延绥城堡4500余所，又筑兰州边垣。由于王以旂在西北边陲御虏，擒斩数以千计，加之所修缮障塞堡垒，亦皆坚壮可恃，故边境人民赖之以安，王以旂也因经略三边军务之功，加太子太保。

民间相传，王以旂不但是出督三边的名将，还是一位屋宇朴隘、居之自若的廉吏。据明代顾起元《客座赘语》记载：王以旂的府邸就位于南京聚宝门外小市西边，这里不仅民居杂凑，而且商贩云集，王以旂每次回府都要小心避让。有人建议王以旂迁居，换个好一点的环境，甚至帮他物色好了羊市桥附近的一处宅邸。王以旂亲自去走了一趟，回来对朋友说，这处宅邸门厅广大，恐怕需要有好几位家丁把守才行，我只是一个老书生，没有钱财购置，更别提我的儿孙辈了。这固然只是小说家言，真实的情形如何就不得而知了。

嘉靖十二年（1533）春，王以旂因病在固原镇去世。边民号泣罢市，表达悼念之情。朝廷赐祭葬于南京江宁区东山乡祖堂山麓的白山。追赠少保，谥"襄敏"，荫其一子为国子生。王以旂著有《漕河奏议》《襄敏集》。

王以旂墓位于南京江宁谷里街道王家坟自然村北，与全国重点文物保护单位南唐二陵仅一墙之隔。中国各地村落，但凡以

20世纪50年代的王以旂墓神道石刻

"坟""陵""堆""墩""滩"等命名的，往往都与历史人物、历史事件相关，特别在帝王陵墓或显赫人物的墓葬附近，多还保存着与卒葬者姓氏、身份密切相关的地名和传说。这一方面的例子不胜枚举，即以南京为例，如江宁谷里的汪家坟村，应即是以傍近为郑和下西洋督造过出洋船只的明代后军都督金事汪浩的墓葬而得名；雨花台区东善桥明成祖朱棣之女安成公主墓葬所在地，亦得名为"娘娘坟"。以此而言，紧邻南唐二陵的王家坟村的得名，毫无疑问，应当正是缘起营建于此地的明嘉靖朝兵部尚书王以旂墓。

据20世纪30年代朱偰所撰《金陵古迹名胜影集》与《金陵古迹图考》两书，可知当时王以旂墓的神道前端，尚存东立、西仆的龟趺石碑两通，其中一碑的碑额题"总督陕西三边军务太子太保兵部尚书兼都察院右金都御史王公碑"。石碑周围的地面，散落有成形的石构件，可能为碑额与碑亭的石础等物。两通龟趺石碑之后，依次分布着石狮一对、石武像一对、石文像一对。据朱偰在书中记述，王以旂墓早年即已遭盗掘。笔者数年前因编制《南唐博物馆陈列大纲》之需，前往观摩南唐二陵西

20世纪30年代的王以旂墓神道石刻相对完整的组合

侧新发掘的南唐三号墓，曾取道王以旌墓神道，赫然发现王以旌墓神道石刻之后隆起的墓冢至今仍有迹可循，且墓冢上的盗洞也依然清晰可见，从盗洞内残存的痕迹看，王以旌墓应当是一座竖穴土坑浇浆墓。

令人扼腕的是，王以旌墓的龟趺神道碑已于1958年兴修水利时被砸毁；原本可能是位于石坊前的门狮亦不知毁佚于何时，总之是已无觅处；位于神道西侧的石文像，也在"文化大革命"期间被砸毁。

王以旌墓石文像

王以旌墓现存神道石刻只有石文像一尊和石武像一对。其中，王以旌墓东侧的石文像戴幞头，身穿圆领宽袖袍服，双手执圭形笏板交叠于胸腹间，袖胡过膝。高2.4米，宽0.9米。王以旌墓神道两侧的石武像均两手拄剑而立，蚕眉瞋目，颔下皆无须。头戴兜鍪，顶部洒插长缨，后缀顿项，左右两侧嵌凤翅护耳，眉心部位有起保护作用的向下凸出的锐角，冠带系结于领下。胸甲与兜鍪正面均作相同的中竖而两旁横向伸展的甲纹。肩覆双重披膊，肩头部位饰兽面虎吞，双重披膊的表面均饰鱼鳞纹甲。手臂裹以臂护，袍袖打结垂于肘下。胸腹之间围裹宽厚的护腰，护腰部位饰以云纹，其上部以三道丝绦横向束勒，并于胸前系结。护腰中部束有被双臂遮挡的革带，在双臂里侧落下分别折向两侧的两股"S"形长帛。肩部系用于分隔顿项与肩甲的披肩，亦作结呈"八"字形系于胸前。中垂的膝裙、鹘尾上的甲片为不多见的花叶纹样，可能更多还是具有装饰意味。其中，东侧石武将翁仲面部显得稍长，高2.66米，宽1米；西侧

王以旂墓石武像

石武将面短而宽，高3.1米，宽0.93米。

总体来说，王以旂墓的石武像在整体造型上其实并不完全契合明代中晚期石翁仲的时代风格，而分明流露出对南京明代早期的功臣墓神道石像生造型装饰的刻意追怀。试观王以旂墓石武像交叠抚剑的双手、冠带与披风的"八"字形系结、身前垂落的"S"形长帛等构造与部位，其在刻画造型上的种种生疏与不自然，可见时代的隔膜终究不可能被轻易消弭，这也正是王以旂墓石翁仲予人稍感怪诞的地方。由此也就不难想见，王以旂死后，尽管朝廷曾赐祭葬，但墓上的神道石刻可能是王以旂的家人自行营造。否则，纵使王以旂的品秩、位望再高，于例也是不合配置殁后封王的功臣墓才能享有的文、武各二的石像生的。

王以旂的文韬武略极一时之选，故而近数十年来，在王以旂的故乡南京出土的明代墓志中，出自王以旂撰造、书丹的不下四五种，以这样的概率来看，王以旂生平为人撰造、书丹的碑志一定不在少数。而这些出自王以旂手笔的墓志，其传主多是买官鬻爵之流，与王以旂亦非沾亲带故的关系。于此可知，王以旂平素的润笔收入想必也颇为可观。家资既饶裕，在养生送终的用度上有所靡费，也就是再正常不过的事了。

清代

百战名将鲍虎墓

鲍虎，字云楼，山西大同应州人，是活跃于明末清初的一位武官。生于明万历四十二年（1614），卒于清康熙十五年（1676），享年64岁。

鲍虎传附《清史稿·卷二百五十七·列传四十四》陈世凯传后，但殊为简略，仅云其"初授南赣镇标前营游击。击李成栋有功，累迁浙江严州城守副将。从之芳御精忠，克寿昌。破土寇黄应茂。寻代荣为黄岩总兵"，阙遗极甚。国史馆编《国史馆本传》之《钦定名臣传·汉名臣传》及《国朝耆献类征》亦录存鲍虎传记，内容仍较简略，且绝口不提鲍虎于顺治二年（1645）降清以前的事行。唯清光绪年间所修《江浦埤乘》卷二五《人物四·仕绩三》存录的钱塘翁祖望撰《都督鲍公传》，所述鲍虎生平尚属详备。据此可知，鲍虎自幼果敢善射，并习学兵法，卓尔不群。明末备职戎行，清顺治二年转投豫王多铎麾下，遂掉转枪口随清军参与了平定江南诸役，荐授南赣镇标前营游击。其中值得注意的是，鲍虎"从攻扬州，身先入城，王大喜，赏其功，赐金二十镒"。也就是说，身为汉人降将的鲍虎，也是清初"扬州十日"这一历史惨剧的帮凶。继而，鲍虎又屡次击败李成栋、金声桓等效忠明朝的势力，累迁大同副总兵、山西浑源城守副将、江南狼山营副将。顺治十六年（1659），郑成功率水师北伐，舟舰抵狼山江面，鲍虎"设伏出奇，……不解甲者三日，卒能以寡制众，易危为安"，论功加都督佥事。康熙元年（1662），鲍虎调浙江处州城守副将，其间修葺学宫、创治桥梁兼以平定盗匪诸事，为康熙帝召见并赐宴武英殿，慰劳以名马、文绮。康熙十三年（1674）八月，三藩之耿精忠部作乱，鲍虎率子侄辅仁、志仁、依仁、希仁及效用守备熊仲云等，击敌夺隘，连战连捷，加都督同知，寻擢黄岩总兵。十二月复以生擒伪总兵、招降伪副将及斩贼两千余人，叙功加右都督、宁台镇总兵官。康熙十五年（1676）六月，闽寇大舰逼海门，鲍虎提师进剿，以劳竭成疾而亡。鲍虎病故后，安葬在南京浦口。清廷念其"效力行间，著有劳绩"，赠左都督、荣禄大夫，命内阁"撰文赐祭葬如礼"。

录其子辅仁为参将叙加都督金事，次子志仁邀恩以京员用，其余子侄辈于例皆有赏赍。

鲍虎墓坐落在南京六合区大厂街道九龙洼社区、南钢中板厂发货点西侧（原江北大厂区耿家洼），坐西朝东，三面环山，面对浩瀚大江，占地面积 2000 多平方米。位于神道西端尽头的鲍虎墓墓冢封土高约 10 米，墓冢前的东西向神道两侧尚存包括石翁仲与石马在内的石像生各一对。据当地民众传言，鲍虎墓的起点即东西向神道位于东侧的最前方，原有青石砌成的石桥，当地人称"鲍桥"，应是鲍虎墓神道入口并具有风水功用的标识。今此桥已毁佚，唯存水泥所构的一座九曲桥，桥下的荷塘或为昔年流经鲍虎墓前的河道孑遗。荷塘西侧，立有鲍虎墓石刻于 1992 年 3 月 17 日被南京市人民政府公布为第二批南京市文物保护单位的标志碑。

鲍虎墓神道南北两侧的石刻今尚存石马、石武将翁仲各一对。

石马戴络头，口衔辔，颈系缨穗，身置鞍鞯。马背披鞍鞯，外周饰水波纹带，中心的主体纹饰为大幅如意云纹。缰绳向后扣于马鞍上，马鞍下垂挂马镫。马腹下前腿与后腿之间透空，但两前腿之间、两后腿之间均以石料横向相连，马尾与一侧后腿相连及地，马腿短而粗，作静立状。

鲍虎墓神道北侧石马

石马高约 1 米，长 2.1 米。其中，神道北侧石马保存较为完整，神道南侧的石马保存极差，不仅马首、马腿皆无存，马身也因严重风化只剩下朝东的半扇。

石武将翁仲亦两两相对。其中，北侧的石翁仲保存相对完整，两手交叠挂剑而立；南侧的石翁仲兜鍪处大部残损，双手交叠、挂十三节竹节鞭于身前。两石翁仲皆阔脸瞋目，颌下有三绺长髯，兜鍪顶部洒插长缨，后缀两片式的顿项。肩覆双重披膊，并饰兽首，手臂裹以臂护，披膊兽首与臂护之间以皮带相连，袍袖打结于肘下。肩部系有用于分隔顿项与肩甲的披肩。胸腹之间围裹一周宽厚的护腰，中以革带横向束勒，护腰上部露出护心镜。革带下左右各垂一片膝裙，中垂底部分叉的长鹘尾。膝裙、鹘尾下露出战靴与长及足部的战袍。披膊、身甲上的甲片均作细密的山纹甲；膝裙上部饰云纹，下缘各有一兽首装饰，上下以皮带相连，其间的甲片为齐整的札甲；鹘尾上的甲片为鱼鳞纹甲。通高约 1.8 米。

2005 年 4 月，有市民举报在鲍虎墓封土顶部北侧发现一个直径约 1 米、深度不详的盗洞。为了进一步了解鲍虎墓遭破坏的程度和文物流失情况，

鲍虎墓神道北侧石翁仲　　　　　　鲍虎墓神道南侧石翁仲

同时也是为了配合文物主管部门与南钢集团重新划定鲍虎墓的保护范围，南京市博物馆遂于同年5月13日至6月9日对该片墓地布探方进行了全面揭露。发掘表明，该地实为鲍虎家族墓，墓冢封土以下自北至南共发现了5座一字排开的清代单室墓，规模都不大。其中，主墓两侧的4座墓葬均为竖穴土坑墓，宽仅容棺，葬具、人骨均朽烂无存，唯残存的棺具漆皮彩画仍鲜艳夺目；居中的主墓为砖砌券顶墓，内长3.5米，内宽1.8米，内高1.6米。此墓历史上曾多次被盗，出土文物不多，计有复瓣莲花纹青石方座、刻有精美暗花的白瓷片、小银锭1块、铜钱2枚以及铁棺钉若干，木棺残存的漆皮与两侧土坑墓内出土的漆皮相似，都是在红漆上髹涂金彩图案。在主墓也就是砖室墓的封门墙前，还清理出近10米长、平面呈倒梯形的斜坡墓道，墓道的开口处即石像生所夹的神道地面。由此可知，此墓的墓室虽不算大，但如果算上开挖墓道、墓坑以及堆筑宏大壮观的墓冢封土，其整体规模其实并不小。尽管由于砖砌主墓遭盗掘，未能发现足以证明墓主身份的文字资料，但出土文物的时代大致与鲍虎卒葬的年代相符，加之墓室位于神道正中，地位非常，根据文献与口碑史料关于鲍虎埋葬此地的相关讯息，故推断此次发掘的砖砌主墓即鲍虎墓无疑。至于主墓两侧袝葬的土坑墓，极有可能属鲍虎的子侄辈。

可惜的是，鲍虎家族墓考古发掘结束并回填后，由于建设需要，南钢集团重新规划设计并堆筑的墓葬封土，几乎连原有封土规模的十分之一都未达到，墓葬原先依山而造、天朗气清之际可远眺大江的雄伟气势遂无复得见。

有清一朝，除帝陵设石像生外，品官墓前多只置有石狮或墓碑，设置石像生者，所知如同为明朝降将的洪承畴墓、祖大寿墓，为数寥寥。其中，祖大寿墓的石像生更是在民国时期遭盗运出境，现已成为加拿大皇家安大略博物馆的镇馆之宝。于此，也可见鲍虎墓神道石刻的独特价值所在。

据云，鲍虎墓神道石刻原先完整的组合，包括有石武士、石马、石羊各一对，石碑一通，另有华表和石坊等建筑构件。参照安徽天长的清初武官杨捷墓所存石虎、石羊、石马、石武将、石文臣各一对以及石牌坊、神道碑在内的基本完整的神道石刻序列，则略可想见卒赠左都督、为从

考古发掘后重新堆筑的鲍虎墓封土

一品的鲍虎墓的神道组合之一斑。

关于鲍虎墓神道石刻佚失的种类和数量，因为时间久远难以说得清楚，甚至由省市文物主管部门编纂的《南京文物志》《江苏文物古迹通览》等资料的相关记载，也都语焉不详。笔者于2005年5、6月间进驻南钢集团对鲍虎墓进行调查、发掘的过程中，曾利用各种渠道遍访南钢老职工与附近原住民，并通过这些老职工和原住民提供的零星线索，对鲍虎墓神道石刻的散佚情况进行了仔细的调查。

初步查明鲍虎墓所在地，在20世纪50年代一度属长江砖瓦厂范围，后长江砖瓦厂的故地被辟建为南京钢铁厂（今南钢集团），这一时期内，鲍虎墓前的神道石刻至少包括有石碑一、石马二、石武将二、石羊二。至20世纪五六十年代，住在附近南钢宿舍区的南钢运输公司职工擅自在鲍虎墓及其附近种植麦子和蚕豆，沤肥、灌溉对鲍虎墓神道石刻造成了一定程度的破坏。其中，位于神道前部的石碑所在区域，因长期遭耕垦与积水浸泡，导致基础松动，翻倒在田沟里。此碑碑文其时虽多有漫漶，但碑额篆题"都督鲍公传碑"六字仍清晰可辨。惜乎此碑今已佚失无存。位于石碑后的一对石羊，其中一件早先被长江砖瓦厂干活的劳改犯打碎，用作生产材料；另一件后来也被迁移至同位于鲍虎墓所在地的耿家洼南钢家属宿舍杨姓门前，今亦佚失无存。位于石羊后的石马与石武将各一对，或倾倒田埂，或陷没土中，后均经文物部门提升扶正。另据当地原住民告知，鲍虎墓前原先还曾有石桌、石凳（笔者推测可能是石祭台等物）、石牌坊等。其中，石桌、石凳因具有实用价值，早已为附近村民搬回家中使用，不知所终。石牌坊在很早以前就已倒伏在地，牌坊上保留了狮吼的云纹柱头，被搬迁到南钢附近小公园内的假山旁作为点缀，至今仍存。此即鲍虎墓神道石刻流变之大略情形。

总的来看，雕造于清初的鲍虎墓神道石刻，有几点颇值得注意：就石马而言，明代晚期的石马，腹下四肢间的石料几乎不再掏空，而与石马的腹部、四肢乃至底座成为一个整体，但鲍虎墓石马几乎是腹下透空伫立，至于其两前腿之间、两后腿之间均以石料横向相连的做法，在明代也实属罕见。石翁仲仅仅是兜鍪两侧无护耳与胸腹周匝无护腰这两点，在明代也是极其罕见的，长鹘尾的形态与手掌下的竹节鞭虽然在晚明即已出现，但长鹘尾底部开叉作鱼尾状则多见于清代，如山西浑源清代总督粟疏美墓石翁仲。所有这些都足以表明，鲍虎墓神道石刻更多地还是体现出了较明代石像生迥异的特征，与更多承袭了晚明风格的安徽天长清初杨捷墓神道石刻，尽管时代接近、品秩相当，但至少在造型艺术方面，还是存在明显的差异。

伊斯兰教学者刘智墓

刘智，字介廉，号一斋，回族，上元（今南京）人，清代康熙、雍正年间的著名学者。刘智归真后，就安葬于南京南郊花神庙北中村毛家巷东南山岗上的回民公墓。

伊斯兰教自唐代传入中国，至明末清初已有千年历史，生活在中国内地尤其是江南的回族穆斯林，早已习惯将汉语作为本民族语言，苦于宗教生活中使用的经典依然是阿拉伯文或波斯文原著，这些穆斯林普遍存在对伊斯兰教经典只能诵读而不解其意的现象，久而久之，对伊斯兰教的认识和念经的风气也渐趋淡薄。故以汉文著述宣传伊斯兰教，已然成为当时的客观需要，伊斯兰教汉文译著随之兴起。

其时，南京可谓伊斯兰教汉文译著的中心，立志传播伊斯兰教教义的伊斯兰教汉文译著家王岱舆、张中、马注、伍遵契都曾在南京居住、游学、讲经，使用汉文翻译、阐释伊斯兰教的经典教义。这在中国伊斯兰教史上称为"以儒诠经"活动。刘智的父亲刘三杰（字汉英）就是一位颇有名望的穆斯林伊斯兰教经师，与上述这些伊斯兰教学者均是好友，故而也积极参与其中，并著有《清真教说》一书。

20 世纪 30 年代的刘智墓墓碑

刘智幼承庭训，很早就开始随父研习伊斯兰教经典，同时还深入学习、探究儒家的传统著作和佛教、道教的经典以至宋明理学，这为他以儒诠经，将伊斯兰教教义与中国传统思想有机地联系与结合在一起，打下了坚实的基础。他毕生的艰苦努力，使伊斯兰教在恪守圣训的基础上，又适应了中国实情，变得更富有生命力。在《天方至圣实录》的《著书述》中，刘智曾概述他的学术生涯为："予年十五而有志于学，八年膏晷，而儒者之《经》《史》《子》《集》及杂家之书阅。又六年，读《天方经》。又三年，阅《释藏》竟。又一年，阅《道藏》竟……继而西洋书一百三十七种。会通诸家而折衷于天方之学。"为了访师求经，刘智负笈南北诸省，"历齐鲁""走都门""由襄楚入西秦""过吴门、游武林，越会稽，抵粤东"，"天下名都胜迹游历过半"。此外，刘智还精通阿拉伯、波斯和拉丁语，这也是他能够成为一个具有国际视野的宗教学者，进而将中国的传统哲学与阿拉伯医学以及西方自然科学结合在一起，创建出具有中国特色的伊斯兰教神学的重要前提。

刘智在伊斯兰教中国化方面的贡献非常大。自 15 岁起，直至 66 岁去世，刘智几乎毕生致力于阿拉伯经传典籍的研究，译著宏富，主要有《天方性理》《天方典礼》《天方至圣实录》《五更月》等。这些著作大多是在南京三山街书肆楼上与清凉山扫叶楼完成的。其中，《天方典礼》在清代乾隆年间被列入《四库全书总目提要存目》，是《四库全书》中唯一的一部有关伊斯兰教的书籍，其内容反映了公元 17 世纪中国伊斯兰教哲学思想的最高成就，同时也是当时中国哲学思想的重要组成部分。其所著《五更月》宗教哲理诗，采用诗歌的形式，阐述了真宰、造化、人性、苦行、求真、参悟、访道、养性、游学、末日、归真、复命等一系列宗教哲理，表达了穆斯林通过实践"三乘"达到"天人合一"境界的整个过程，全文九百多字，以文字凝练、寓意幽深、音调和谐、哲理性强而备受广大穆斯林喜爱，很多穆斯林都在正屋中将其制成围屏张挂诵读。

刘智的著作，留传下来的还有《五功释义》《真境昭微》《天方三字经》《天方字母解义》《天方三字幼义》《礼书五功义》等。这些著作，被称为中国伊斯兰教的"汉凯塔布"（汉文经典），是中国伊斯兰教文化的宝贵遗产。清代以来被多次排印，在华北、西北以至全国各地穆斯林中的影响都很深远。

刘智墓环境清幽，堪称佳胜之地。洪杨之役，卜居南京的刘智家族阖门罹难，位于南京南郊花神庙北中村毛家巷回民公墓的刘智墓亦遭毁废，清同治九年（1870）与光绪三十二年（1906）曾先后予以重修。20世纪 50 年代后，刘智墓再度遭到严重破坏。从近年发现的 20 世纪 50 年

20 世纪 30 年代的刘智墓

代南京民委工作资料看,其时,刘智墓入口处的两根石门柱已严重歪斜,稍远处的"典型在望""吾道枢纽"石牌坊两侧的石柱头也已荡然无存。四周荒草丛生,树木凋零。掩映在枯枝衰草中的低矮土冢仅有部分残砖围护,四望则碑石横卧,构件散落,一片衰败萧索的景象。至 20 世纪 80 年代初,南京市文物部门再度对刘智墓进行了全面修缮,大体恢复了清末旧貌,但时任蒙藏委员会主席马福祥于 1931 年在刘智墓道"典型在望""吾道枢纽"石牌坊后所建的一座砖石牌坊并未能得以恢复。马福祥仰慕先贤刘智品学,曾出资整理印行过刘智译著多种,对保存汉文伊斯兰教古籍颇有贡献。据称,马福祥所建的这一砖石牌坊内,不仅镶有马福祥所撰颂扬刘智的碑文,在碑阴还刻有刘智《五更月》全文。

现刘智墓道西向,最外侧为石门柱一对,石柱高 1.5 米,间距 1.4 米,其上均有楷书"刘介廉坟墓"五字。沿青砖路向东十步左右,迎面耸立一座二柱冲天式石牌坊,高 2 米,面阔 1.6 米,坊上正面刻"典型在望",为刘智后裔、清末南京净觉寺掌教刘德坤于光绪三十三年(1907)书刻。石坊背面刻"吾道枢纽",为金彭寿于光绪二十七年(1901)书刻。刘智墓墓冢为长方形,南北向,初为黄土堆筑,现以砖砌水泥封护,高 1.2

20 世纪 50 年代的刘智墓石刻

20 世纪 50 年代的刘智墓墓冢

重新恢复的刘智墓全景

米，长 2.8 米，宽 2.1 米。刘智墓域绿树成荫，墓门后有近 20 米的青砖路直通墓冢南部，而进入墓门三四步的左侧也有石路由刘智墓冢通往墓门，其砖路、石路的设计颇有讲究，似乎是按伊斯兰教崇右的（刘智有"左逆右顺"之说）理念规划的，即前往敬谒刘智墓时先由右侧砖路至墓冢前，再绕墓冢由左侧的石路而出。

刘智墓冢前立净觉寺掌教刘德坤所立"先贤介廉刘公之墓"碑，两旁落款"同治庚午九年吉月京江同人重修，光绪丁未三十三年正月重修。净觉寺后学刘德坤拜撰"。墓冢后有水泥弧形照壁，高 2.6 米，宽 4 米，中嵌石碑五通。正中为近年重建新碑，高 2.17 米，宽 0.56 米，上刻回文，下隶书"清代伊斯兰教学者刘智之墓"。其左为光绪二十九年（1903）十月初十日所立哲赫忍耶始传人马明心四世孙、哲赫忍门宦第八辈教主甘肃马元章及其弟马元超拜撰"道学先觉"碑，高 1.17 米，宽 0.48 米，为梁得思所建。再左为宣统二年（1910）二月十六月净觉寺掌教刘德坤所立"重修刘介廉先生墓碑铭"，高 1.24 米，宽 0.58 米，碑文楷书 23 行，满行 54 字，共计 1200 多字。此碑为金鼎撰、李正华书、金嗣芬篆额、侯仁继刻石，系光绪末年、宣统初年重修刘智墓后所立之碑，较全面地介绍了刘智生平与刘智墓的重建情形，史料弥足珍贵。其右为民国四年（1915）所立原籍上元、寄籍桂林的白润苍教授所书"学贯天人"碑，高 1.09 米，宽 0.43 米，此碑对研究桂林回族白氏的由来也有一定的参考价值。再右为 1982 年南京市伊斯兰教协会新立的"重修刘智墓记"碑。

　　刘智墓现已被公布为江苏省文物保护单位。每年除有大批本市及周边地区的穆斯林前往致敬外，远在我国西北的穆斯林也千里迢迢前来拜谒，并视为毕生之幸事。

杨仁山居士墓塔

在国外享有盛誉的金陵刻经处，位置在南京城内东南，现址为淮海路 35 号。杨仁山居士的墓塔，就位于金陵刻经处内深柳堂后院之内，因此深柳堂后院又被称为塔院。

金陵刻经处是我国著名的佛教文化机构，它创建于清同治五年（1866），是全国最早成立的刻经处，也是近代第一家私人创办的融经书雕刻、印刷、流通及佛学研究于一体的佛经出版机构。金陵刻经处出版的经书，以选本精严、校勘严谨、版式疏朗、纸料讲究著称。它的创始人是我国清末佛教复兴的奠基人杨文会。

杨文会，字仁山，安徽石埭县人。他自幼颖悟，10 岁受读，14 岁能文，但对科举考试很反感，性嗜书，"凡音韵、历算、天文舆地及黄老庄列之术，靡不探赜韫之于胸"。同治二年（1863），其父病故。次年，他染上时疫，病后检阅《大乘起信论》，不禁爱不释手，竟然连续阅读了五遍，终于明白其中的深义。从此，他广泛搜求佛经，研究佛法。同治五年（1866），杨仁山率全家移居南京。当时江南久经战火，文物典籍损毁殆尽，甚至最常见的佛经如《无量寿经》《十六观经》等也难以觅到。他经常与同事王梅叔、魏刚己、赵烈文、刘开生、曹镜初等共同切磋佛学，讨论弘法事业。他认为，在末法时代，只有佛教经典广为流传，才能普济众生，遂于同年创办了金陵刻经处，并首刊《净土四经》。

光绪二十三年（1897）六月初四日，杨仁山居士全家迁入南京延龄巷新居。这是金陵刻经处第四次搬迁。居士当时考虑到金陵刻经处应有一处永久的固定基地，才有发展前途，故在花牌楼杨公井附近购置土地六亩多，于其上新建房屋六十余间。这幢宅院大门朝东，面对延龄巷。门头上写着"金陵刻经处"五个大字，大门右边有"池州杨寓"四个字。宅院前部为经坊（即雕刻、印刷、装订经书的作坊），后部则为家眷住地，而居士的居室在宅院的最西隅，是一座独立的平房建筑。居室的前面有池塘，四周植柳，命名"深柳读书堂"，系取唐人诗句。学者因以"深柳大师"称居士。此处是居士校勘经书、著述讲学的地方。深柳堂共分三间：东间是居士卧室，中间是会客室，西间是书房。杨仁山居士以金陵刻经处作为一切佛教事业的基础，自从迁入新居后，刻经和讲学便进入一个崭新的阶段，而居士一生最后十四年的佛教活动，又与深柳堂密不可分。

宣统三年（1911）八月十八日，杨仁山居士病逝于深柳堂，享年75岁。临终前，居士嘱咐家人："经版所在，即吾之遗体所在。"遵照居士的遗愿，家人及其弟子将居士安葬在经版房与深柳堂之间的空地上，并在墓地周围建起围墙，使与深柳堂连为一体。

居士去世后，深柳堂就不再住人。堂中悬挂着居士遗像，作为纪念凭吊场所。深柳堂后，开有一门，直通塔院。每年，居士在南京的弟子门人都要来塔院悼念居士。后来任支那内学院院长的欧阳竟无居士每逢岁暮，都要来深柳堂缅怀自己的恩师，时值寒冬，院内的蜡梅已经怒放，刻经处内到处荡漾着阵阵清香。辛亥革命后，居士的学生、曾任"祇洹精舍"汉文教习的李晓暾来到金陵刻经处深柳堂内拜谒恩师遗像。抚今追昔，见景色依旧，人事已非，不禁感慨万千。是夜，住宿于自己当年任教的"祇洹精舍"内，提笔作五言律诗《乱后抵金陵宿祇洹精舍拜仁山师遗像》："狮弦悲息响，寂寞掩缁帷；池柳迎人立，山禽傍户窥。禅堂无主客，画像有威仪；勺水分明记，天龙护在兹。"

居士逝世七年以后的1918年，墓塔建成，民国总统黎元洪赠"法幢持世"匾额一方悬挂于深柳堂。杨仁山居士墓塔是藏密式建筑。从塔基到塔顶高8.15米，加塔台0.73米，总标高8.88米。六角型塔基面积14.4平方米。塔身前辟龛，内有一块水泥碑，高1.95米，宽0.97米，上刻一个大梵文吉祥花字，用蓝查体梵字唵、诃、义、摩、罗、娑、啰、耶八个字构成，表示命、心、资具、业、受生、解、愿、神力、法、智十种自在具足。下面从右至左写着"杨仁山之塔"字样，以示墓塔性质。墓塔后部左侧的围墙上，镶有青石碑一块，上面刻有沈曾植撰、魏家骅书《杨仁山居士塔铭》。

1937年12月13日，日本侵略军占领南京。第二天，深柳堂及谭嗣同赠送的一套红檀木家具、黎元洪赠送的匾额均被日寇焚毁，深柳堂后的塔和院也同时被损。此事招致日本佛教界有识之士的责难。迫于舆论

压力，日本驻汪伪大使重光葵乃与
汪伪外交部部长褚民谊商量，拨款
重建被毁的深柳堂与塔院。此事在
李安先生《金陵刻经处》一文中有
记述："民国二十六年（1937）冬，
南京沦陷，刻经处职工，有的避难
于城内难民区，有的避难于外地，
刻经处无人看守。日本侵略军入城
次日，深柳堂被烧毁，塔和院也同
时被损。但因侵略军中有随军传教
的佛教徒，熟悉刻经处性质，招呼
日军未十分骚扰。但刻经处任日寇
占据，已糟得不堪。幸经版房经版
损失不大。尔后在难民区中的部分
职工陆续回来。刻经处负责人徐子

杨仁山居士墓塔

洁于1941年辞职，蒯若木另委陈彦通继徐为代表任职。深柳堂被烧毁，
日本国内的佛教徒谴责日本侵略军把同日本南条文雄最友好的朋友杨仁
山居士创办的刻经处房屋烧毁，损害中日佛教文化交流。民国三十二年
（1943），日伪名下的中日文化协会鸠资二千元对深柳堂和杨仁山墓塔
进行修复，由费友记木器厂承包，将深柳堂和墓塔照原样修建还原。落
成时，汪伪的褚民谊、江亢虎等汉奸和日寇还恬不知耻地举行庆典，褚
并亲自撰书《修建纪念塔纪念堂记》，勒石于塔院后墙右边。"

　　此块记录日本侵略军侵华罪行的石碑，长110厘米，高55厘米。碑
文如下："修建杨仁山居士纪念塔纪念堂记。石埭杨仁山居士，既舍金
陵延龄巷所居为经坊，传刻佛经，传扬法宝。灭度之后，门人诸子即坊
建塔，以葬以旌。丁丑'八·一三'之变，烽燧迫都门，塔损而堂毁。
癸未春月，日本驻华大使重光葵、诗人今关天彭念居士为有清一代学人，
埋骨浮屠讵宜长圮？谋予为理，以事建修。予以彰隐扬幽，文教极则，
因由中日文化协会任其资，课役缘存，成其事，未几而仁山堂塔，焕然
皆新。遂于民国三十二年三月廿九日，即癸未二月廿四日举行落成典礼。

两国贤硕，多士孔休；居士英灵，格其来享。爰书始末，用勒贞珉。吴兴褚民谊撰书。中华民国卅二年三月吉日。"

此碑在抗战胜利后，即被石灰封没。封没的原因有二：一、当时的刻经处负责人陈彦通担心国民政府以石碑为借口，将此地作为敌伪财产，从而没收金陵刻经处全部房地财产。并且，深柳堂的修复也是他介绍当时租住在刻经处内的费友记木器厂承揽工程，施工过程中又偷工减料，导致外界对工程质量啧有烦言，而修复庆典的举行，他也参与其间。因此，他唯恐祸累及身。二、当时借住在刻经处内的杨氏后人对此也有顾虑，认为此事处理不当，危害极大。所以，当时即用石灰将石碑封藏于院墙里面，以免招祸。新中国成立后，刻经处业务恢复，为明了事实，于 1963 年由工人孙国宾将所封的石灰铲除、洗净，抄录碑文后，又重新封存。直到数十年前才重新启封。

每年，都有大批国内外文化界人士和信众来到金陵刻经处，参观中国古代传统的木刻水印技术、全国最大的汉文木刻经版库，并购买线装经书，他们总要走进深柳堂，瞻仰杨仁山居士的遗像与墓塔，向这位中国近代佛教文化史上的伟人致敬。杨仁山居士在南京的后人，每年也要来到居士的墓塔前敬献鲜花，缅怀自己的先人。20 世纪 80 年代初，杨仁山居士墓塔旁种植的四株柏树已长得郁郁葱葱，高耸出塔尖。"老树春深更着花"，杨仁山居士创立的金陵刻经处及其所从事的佛教事业，又迎来了繁花似锦的春天。

民国

玉梅花庵清道人墓

清道人即李瑞清。李瑞清，字仲麟，又称"梅庵"，是我国晚清至民国初著名学者、教育家、书法家。原籍江西临川，自幼生长在湖南。清光绪二十年（1894）中进士，授翰林院庶吉士。后入云贵总督魏光焘幕，历二十九年。魏光焘擢两江总督，李瑞清亦随至，任江南高等学堂监督。光绪三十一年（1905），擢江宁提学使、师范传习所总办。次年任两江优级师范学堂、宁属高等学堂监督，后又兼署江宁提学使。武昌起义爆发之际，江宁新军亦倡义旗，合浙军反攻南京。时两江总督张人骏以下官吏皆四散奔逃，独李瑞清坦然应对，每日仍率诸生上课如常，并受张人骏之命代理江宁布政使，"急购米三十万斛，饷官军助城守，设平粜局赈难民"，但这种力图阻碍革命洪流的螳臂挡车之举，最终只是一幕近乎迂阔的闹剧而已。

南京光复后，李瑞清"衣冠堂皇，矢死不少屈"，但同时又将藩库银十余万两及两江师范学堂清册全部移交民军，并婉拒供职民国。而入城的革命军对这样的遗老也是"不忍加害"。张勋复辟后，李瑞清又一度出任学部侍郎。李瑞清主政两江师范时，以"嚼得菜根，做得大事"为校训，引进西式教育体制，大力延聘日籍教员，改善教学环境，倾力"培育中国之培根、笛卡尔"，使之成为东南首屈一指的名校。

李瑞清"诗宗汉魏，下涉陶谢"，有《梅庵诗文集》《清道人诗集》行世。且书法精妙，"各体皆备，尤好篆隶。尝谓：作篆必目无二李、神游三代乃佳"。意谓作篆籀一定要直追先秦名迹，不能拘泥于李斯与李阳冰的成法。李瑞清在书画艺术方面的非凡造诣，使他晚年成为金石书派的领军人物，尤以独创的金石意味浓厚的魏碑体书法名动中外，世人皆以获其墨宝为荣。晚年遁居上海，黄冠道服，隐姓埋名，自号"清道人"，以鬻书卖画为生。其声誉远播，在日本影响极大。日人或函电订购，或渡海来求，以至清道人每每应接不暇，终日挥毫不止，并从日本定制铁笔以供挥翰。至于其门下弟子如胡小石、吕凤子、张大千，亦皆以书画擅名，驰誉八方。民国九年（1920）七月廿二日晚，清道人忽患中风。八月初一日，经中西医治疗无效，晚九时病逝于上海家中，享年54岁。《清史稿·列传二七三·文苑三》为之列传。

李瑞清死后，清室谥其"文洁"。生前好友曾熙及门下弟

清道人墓旧影

子胡小石等本欲将其卜葬于南京太平门外，与明末遗老杜茶村之墓相邻。后于民国九年（1920）十二月八日扶枢归葬于牛首山麓，即今南京江宁区谷里街道东善桥社区东善桥林场牛首山分场苗圃内，牛首山麓雪梅岭东侧。其时，墓地植梅三百株，并在牛首山宏觉寺塔东侧雪梅岭罗汉泉（一名感应泉）旁筑精舍数楹，榜其额为"玉梅花庵"，以志纪念。玉梅花庵位于牛首山山腰，坐北朝南的清道人墓则位于山麓，上下呼应，一体相承。

值得一提的是，民间也有一种说法，即"玉梅花庵"作为清道人墓的组成部分，很可能承担了清道人墓墓祠的功用。但唐宋以来承担祭祀功用的墓祠，莫不位于墓冢之前或一侧，未闻有位于墓冢之后的，故此"玉梅花庵"可能只是具有纪念意义的建筑而已，并无礼制方面的功用。况且，"玉梅花庵"之名号早在清道人生前就已陪伴着他了。如1916年1月21日《民国日报》刊登的清道人鬻书广告，即标题为《玉梅花盦清道人鬻书直例》，而在润格之后标注的收件人则为"寓靶子路横浜桥南全福里玉梅花盦道士李"。近年南京发现的由清道人为南京夫子庙道署街（今瞻园路）古玩店经古舍题署的"经古舍碑帖书画"店招刻石，落款亦作"玉梅花盦道士清"。庶几可知，所谓"玉梅花庵"其实即是清道人的斋堂号，也是清道人日常起居乃至弃儒从道的皈依修行场所，而在墓冢之后营建精舍数楹仍榜其额为"玉梅花庵"，本意也是清道人作为道教信徒对身后事的安排，这与佛教徒圆寂后埋骨于佛教寺院，在本质上并没有什么不同。

20 世纪 60 年代，清道人墓遭到破坏。1986 年，南京大学中文系侯镜昶受清道人弟子胡小石教授嘱托，由文物工作者王引陪同两次前往寻访，在牛首山水阁林场苗圃重新找到久已荒芜的清道人墓，并由南京市文物管理委员会会同相关部门对墓园予以修葺，侯镜昶立碑并撰文《清道人其人其墓》以纪其事。整修后的墓冢以块石和混凝土砌筑，呈半圆形，高 1.3 米，周围是用水泥砖石砌成的坟圹，长约 20 米，朝南的方向留一处缺口，缺口前为水泥小平台，台前置有香炉，供人们摆放祭品。墓侧现有十多株女贞子和高大乔木，苍翠挺拔。附近为农舍人家，山村水郭，环境十分幽静。1992 年 3 月 17 日，李瑞清墓被南京市人民政府公布为第二批南京市文物保护单位。

2002 年，南京大学百年校庆，经南京大学陈洪渊院士、复旦大学中文系柳曾符教授等倡议，南京大学与江宁区文化局对清道人墓再度予以修缮，并在墓地西侧增建了一处名为"诗雨轩"的凉亭，竖立记有李瑞清生平的花岗岩墓碑。当年的生产队长程吉富还捐献出已保护多年的清道人墓的旧墓碑和香炉，使清道人墓的格局得以完整呈现。同年 4 月 29 日，举行揭碑仪式。2008 年，修复完整的李瑞清墓被列入《南京重要近现代建筑及近现代风貌区保护名录》。值得一提的是，经有心人辗转保存下来的清道人墓碑内容分为三段，正中为"李文洁公之墓"，碑左所镌立碑时间为"岁壬戌秋九月之吉"，碑右所镌"敬建"墓碑的清道人子孙名讳依次为"男承傅、承重"与"孙家超"。清道人墓的墓碑形制苟简，但即便这样一通不起眼的碑碣，居然在清道人下葬两年之后方才镌制竖立，清道人身后的凄凉可想而知。

地方硕儒陈作霖墓

　　论及南京地方历史文化，不能不提晚清文史大家陈作霖，其一生对南京地方史的研究与成果最为令人瞩目。陈作霖，字雨生，号伯雨，晚号可园、可园老人。清道光十七年（1837）四月十四日，陈作霖出生于南京城南红土桥本宅中。陈氏家族以诗书传家，先祖由河南颍川迁居南京，至此凡七世。幼时的陈作霖聪慧过人，4岁起开始接受旧式儒学启蒙教育。识字读书过目不忘，深得先生长辈嘉许，年十四补县学生，被誉为"秀才种子"。咸丰三年（1853）太平军入南京，陈作霖随家迁居安徽宣城、全椒、凤阳及江苏盱眙、宝应等地。同治三年（1864）返回南京，入钟山、惜阴两书院肄业。钟山书院创立于雍正年间，自桐城派名士姚鼐任主讲以后，蔚然负天下文望。惜阴书院创立于清道光年间，由著名学者俞正燮主事，其后主讲者如吴县冯桂芬等人亦以才学闻名。年轻的陈作霖在两书院求学，打下良好的基础。后得中乡试举人。会试屡试不第，遂归乡里，潜心于地方文化事业与著述。他先后任县、府、省志局分纂、总纂，奎光、尊经等书院主讲，上元、江宁两县高等小学堂总教习，两江学务处参议，以及江楚编译官书局分纂、金陵官书局分校和南洋官报局总纂，江南图书馆司书官等职。清末光宣间，朝廷推行新政，南京为东南重镇，纷纷废书院设学堂，编译教科书，兴办官报局、图书馆等，陈作霖皆躬亲其事。潜心于经学与文史领域的研究，成果卓著。

　　民国九年（1920）正月二十三日，陈作霖以84岁高龄病逝于南京。南京学界名流先后敦请北洋政府、国民政府将老人事迹宣付清史馆、国史馆立传，并纷纷著文悼念，陈三立先生为其撰写《江宁陈先生墓志铭》，对可园老人一生及贡献给予了高度评价。可园老人最初葬于清凉山古井庵后，今草场门广场西北角，即今北京西路74号的南京艺术学院新校区南大门内（该地块原属南京动力专科学校）。抗战胜利后，市府当局因在墓地附近建国立音乐学院（今南京艺术学院前身），曾有迁墓之议，当时国民政府教育部部长朱家骅出于对老人历史贡献之尊重，决定保留其墓。

1955 年，因建设需要，在时任南京市人民政府市长彭冲的关心下，陈作霖墓由政府拨款迁至迈皋桥乡奋斗村坟头山自然村，与其子陈诒绂合葬一处。借此机会，江苏省暨南京市文化教育各界举办老人诞生 120 周年纪念会，缅怀可园老人为南京地方志研究做出的重大贡献。"文化大革命"期间，陈作霖墓被毁。1987 年，南京市文物事业管理委员会对陈墓进行整修。由陈作霖的曾孙在墓前立碑。墓冢圆形，上下两层水泥浇筑，不封顶。底层直径约 4.2 米、高 0.55 米，上层直径约 2.6 米、高 0.6 米。青石墓碑通高 1.6 米，碑身高 1.35 米、宽 0.52 米、厚 0.14 米。碑文为"先曾祖父伯雨讳作霖公、母赵太夫人之墓"，上款"生于一八三七年、殁于一九二〇年"，下款"公元一九八七年五月曾孙陈鸣钟、鸣钊、鸣瑜敬立"。墓东南面山坡砌有约 12 米长、2 米高的挡土墙。借陈墓修复的东风，南京市区文化部门于 1987 年 6 月 16、17 日召开了"陈作霖先生诞辰 150 周年纪念会"。会议期间，与会者参观了原上江两县志局、江宁府志局旧址和陈作霖的故居可园，并瞻仰了陈作霖的墓园。1992 年 3 月 17 日，尚位于奋斗村的陈作霖墓被公布为第二批南京市文物保护单位。

2004 年，栖霞区迈皋桥街道呼应全市沿江开发战略，形成工业项目集中区和服务产业配套区的发展格局，启动了创业园建设。奋斗村正位于创业园区内，在创业园施工过程中，陈作霖墓园周围被平整，使得该墓孤零零地成为一座小小的坟山，几乎被半吊在半空，给祭祀和瞻仰带来了不便，而且有坍塌的可能。在这种情况下，街道提出愿意提供场地及费用，负责将陈作霖及赵夫人合葬墓移葬至迈皋桥永寿陵园公墓内，并向市区文物部门提出迁移陈作霖墓的申请。南京市、栖霞区文物部门根据墓地现状，同时考虑到奋斗村本不是陈作霖的原葬地的实际情况，于是批复同意迁移，并征得了陈作霖后人的同意，遂定于 2004 年 4 月 6 日将陈作霖与赵夫人合葬墓迁厝至迈皋桥永寿陵园公墓西南角今址。

清明节刚过的 4 月 6 日上午，天气晴朗，约八时左右，南京栖霞区文物干部管秋惠和文物科科长俞朝辉来到奋斗村陈作霖墓地。这时，街道派来的民工也来到陈作霖墓地，还带来几个黄色的坛子，用来盛殓陈作霖与赵夫人的遗骸。首先破墓圹，接着挖坟。九点多钟，陈作霖的五世孙陈颐和陈颐的族叔来到墓地，他们提出，如果棺木不坏，就连棺木一道移过去。很快就挖到了位居东边的赵夫人的棺木，但见棺木已朽烂，尸骨都集中在腿的位置处，头骨也不完整，衣物也踪迹全无。据推测可能就是当年从古林公园移来时棺木放置不平的缘故。后来挖到一对翠绿色的耳环，陈颐当即要求将耳环及骸骨一并装入坛子里。

迁葬之际的陈作霖骸骨

陈颐又说：陈作霖去世时，由社会各界人士捐款订置一棺，估计质量较好。待挖到陈作霖棺材时，果然很完整，漆色未掉，深紫色，很光亮。打开棺木后，见陈作霖遗骸未动，颅骨稍立起，颅骨上方尚存一带圆环的有青铜绣的帽顶，身体部位有多层红色（已泛色）衣服。在陈作霖的棺材里还发现一串玛瑙。清完衣服后，见棺底有黑白两种颜色的物质，疑为木炭和石灰，用以防潮。陈颐当时要求将棺木一道移走，但民工推说棺木的两头已烂朽，不肯移。遂将棺木撬起，把陈作霖的骸骨、头部的帽顶、随葬的玛瑙一并装入坛子里。装殓完毕，当天便用拖拉机将陈作霖和赵夫人的遗骸及随葬品移葬到兴卫村永寿陵园内，陈作霖墓的文物标志碑与1987年所立墓碑也一同移去。

陈作霖墓继1992年2月被公布为第二批南京市文物保护单位后，2012年又被公布为南京市近现代重要建筑。

巍巍中山陵

　　苍松翠柏环抱的中国伟大的革命先行者孙中山的陵墓，位于南京紫金山中茅山南坡，前临平川，后拥青嶂，视野开阔，天然景色。中山陵海拔158米，东毗灵谷寺，西邻明孝陵，整体建筑都是用白色花岗石和钢筋水泥构筑，从陵墓牌坊至墓冢距离700多米，并铺设有392级花岗石石阶，落差70米。远远望去，给人以庄严肃穆、坚固巍峨之感。

　　孙中山先生致力革命四十年，领导了辛亥革命，推翻了封建帝制，建立了资产阶级共和国。晚年又积极与共产党合作，推行联俄、联共、扶助农工三大政策，在中国近代史上留下了不可磨灭的伟大业绩。孙先生于1925年3月12日病逝于北京。他的遗体经防腐处理后，放在楠木玻璃盖棺内临时停放在北京西郊香山碧云寺。一种广为流行的说法是：孙中山先生辞退临时大总统职务后的一天，前往紫金山打猎，在今中山陵位置休憩时，对同行者说道："他日当向国民乞此一抔土，以安置躯壳尔！"说者无心，听者有意，孙中山先生逝世后，在南京紫金山南坡

与紫金山融为一体的中山陵

营建中山陵的计划随即被提上了议事日程。

北京治丧结束后，中国国民党中央执行委员立即推举出了孙中山先生葬事筹备委员，负责建造中山陵。

中山陵是一项具有历史意义的伟大工程，陵墓设计至关重要。葬事筹备处决定实行悬奖的办法广泛征求陵墓设计图，经评判一致评定青年建筑师吕彦直设计的警钟形中山陵图案获首奖，所有人一致赞同采用吕彦直的设计图，决定聘请他担任中山陵墓的建筑师。

吕彦直早年毕业于清华大学建筑系，被公费派往美国康奈尔大学深造，得到美国著名建筑师茂菲的指导。遗憾的是，因主持建造中山陵积劳成疾，1929 年 3 月 18 日，工程还没有最后完工，吕彦直就去世了，年仅 36 岁。吕彦直设计的中山陵，平面图呈警钟形，有警钟长鸣的寓意。孙中山先生临终遗嘱自陈致力国民革命四十年，"深知欲达此目的，必须唤起民众"。吕彦直的警钟形设计图案，最贴切唤起民众之意。而从设计图形来看，祭堂与墓室分开，祭堂在前，墓室在后，也符合中国古代陵墓的传统规制。

中山陵墓工程浩大，由于受到经费限制，工程分三部进行。悬奖征求陵墓图案时规定陵墓建筑费以 30 万元为限，但实际上后来的工程大大超过了这一限额，到 1929 年 6 月奉安大典前为止，仅第一、第二两部工程就已耗资 143 万元，还不包括购地费及道路、桥梁等费用。到第三部工程完工时，共耗费 240 余万元。

第一部工程包括祭堂、墓室、平台、石阶、围墙及石坡等，由上海姚新记营造厂承建，于 1926 年 1 月 15 日破土动工。姚新记营造厂厂主姚锡舟是国内著名的营造家，中山陵是姚锡舟承办的最后一项工程。陵墓工程开工后，遇到了很多困难。中山陵所用的石料，有的产于青岛，有的出自香港，最远的要从意大利运来，最近的也要从苏州运来。由于军阀混战，时局不定，材料的运输受到严重影响。直至 1927 年春，北伐军进入南京，并在龙潭战役中打败了孙传芳，陵墓工程进度才加快了不少。

1927 年 10 月，上海新金记康号营造厂以 268084 两白银这一最低造价，中标包括水沟、石阶、护壁、挖土、填土在内的中山陵第二部工程。新金记康号营造厂厂主康金宝原是姚新记营造厂的小工头，后来自己开办营造厂，因建成上海江湾跑马厅而崭露头角。由于承包的大部分是土石方工程，康金宝本人又是泥水匠出身，施工经验丰富，因而进展顺利。

为迎接孙中山灵榇，1928年9月，国民政府又暂借华侨飞机捐款150万元，建筑了一条从下关江边直达中山陵的迎榇大道。迎榇大道于1929年5月全线通车。在陵墓工程进行的同时，葬事筹备处聘请专家成立陵园计划委员会，接收了江苏省立第一造林场，把紫金山全部划入陵园范围，开展植树造林，并在陵墓栽植观赏花木，陵墓景致初见端倪。

中山陵的第三部工程是在孙中山葬入中山陵以后进行的。这时，葬事筹备处已经撤销，成立了总理陵园管理委员会，由上海彦记建筑事务所的李锦沛、黄檀甫担任陵墓建筑师。第三部工程由上海陶馥记营造厂承建。陶馥记营造厂承建过不少著名的工程，如上海的国际饭店和大新公司（上海第一百货公司）、广州的中山纪念堂，还有比中山陵工程稍迟一些的灵谷塔、松风阁等。第三部工程包括牌坊、陵门、碑亭、围墙、卫士室等，至1931年底完工。

中山陵批判性地继承了我国传统的陵墓建筑，例如牌坊、神道、陵门、祭堂等，也都是我国古代陵墓中的重要组成部分，但摒弃了古代陵墓前

中山陵"博爱"坊

常见的用于显示帝王威严的神道石刻。进入中山陵，首先来到陵前的广场。广场位于中山陵的正南端，平面呈半圆形。由广场拾级而上，竖立着一座冲天而立的花岗石牌坊，是为陵墓入口。牌坊横楣上嵌镶刻孙中山手书的"博爱"二字的石额。牌坊建于1930年，施工时石匠误将牌坊西首的一根12米高的石柱凿短了一米，吕彦直的同事设法补救，将截下的石料以投榫的办法接上，接合的痕迹今犹可见。

牌坊之后，是长达480多米的神道。神道纵向分为三股，中路宽12米，左、右两路各宽4.2米。中路和左右两路之间，以两排雪松和四排桧柏组成的绿化带予以隔离。

神道的尽头是陵门。陵门前有水泥平台，平台左右筑卫士室。陵门三开间，每个门洞均安装对开的镂花铜门。陵门平面为长方形，宽27米，高16.5米，进深8.8米，全部用福建花岗石建成。屋顶为单檐歇山式，上覆蓝色琉璃瓦。陵门正中上方镶有孙中山手书"天下为公"的石额。孙中山曾多次题书"天下为公"四字，中山陵陵门上的"天下为公"手迹，是取自《电影月报》1929年第9期所刊我国电影事业先驱者之一黎民伟先生的珍藏。陵门前东西两侧，各有一对高约3米的汉白玉石狮，是时任察哈尔省主席宋哲元将军在北平定王府购得，赠送给中山文化教育馆，继由该馆转送给陵园的。

陵门之后，是一座花岗石建造的12米见方、高17米的碑亭。碑亭重檐歇山顶，覆蓝色琉璃瓦。亭的四面各辟一拱门，北侧拱门下设有石栏，不予通行。碑亭内竖立福建花岗石雕琢而成的高8.1米、宽4米的石碑，碑上镌刻谭延闿手书楷体大字："中国国民党葬总理孙先生于此　中华民国十八年六月一日"。石碑顶端正反两面各有一枚中国国民党党徽。

过碑亭再向上行，坡度显著提高，层层石阶之上巍然矗立着雄伟的祭堂。从碑亭到祭堂前的平台，共290级石阶。每段石阶上都有一块平台，全部石阶都是用苏州金山花岗石砌成。石阶间的平台上，还陈列着一些纪念品。其中，第五层平台上有一对巨大的紫铜鼎，上铸"奉安大典"四个篆字，是当时的上海特别市政府捐献的。第七层平台的两侧有一对人造石仿铜狮子，是福建著名雕刻铺蒋源成的第三代传人蒋文子的杰作。

石阶尽头为第十层平台，也是中山陵的最后一层大平台，即海拔158

中山陵雄伟的祭堂

米的陵墓最高处。平台东西宽 162 米，南北进深 38 米，祭堂就位于平台的正中。平台的南沿护以石栏，两侧各有孙科所赠的青石古鼎一只。祭堂的左右两侧，还矗立着一对高大的华表，是用福建花岗石雕琢而成，华表和石鼎都是福建省泉州市的著名雕刻家蒋文子所设计，由蒋源成雕刻铺制作。从平台进入祭堂，还要再登 9 级石阶。这样，从广场直达祭堂，一共是 392 级石阶。

祭堂是一座融合中西建筑风格的宫殿式建筑，长 30 米，宽 25 米，高 29 米，外壁用香港花岗石建造。屋顶为重檐歇山式，上覆蓝色琉璃瓦。祭堂亦三开间，安装有镂空花格紫铜门，门楣上方自东至西分别镌刻国民党元老张静江篆书"民族""民权""民生"，中门的上下檐之间还嵌有孙中山手书"天地正气"金字直额。

祭堂内以云南产大理石铺地，地面上矗立着 12 根巨大的石柱，四隐八现，下承大理石柱础。这些石柱是用钢筋混凝土浇制的，外面裹以青岛产的黑色花岗石。祭堂顶部用彩色马赛克镶嵌成国民党青天白日的党徽图案，四壁上半部贴人造石，下半部嵌黑色大理石，东西两侧的护壁上镌刻孙中山先生手书《建国大纲》全文。

祭堂正中安置高 4.6 米的大理石雕孙中山坐像。坐像身着长袍马褂，双目凝视前方，膝上摊着展开的文卷。此尊坐像是由法国著名的雕刻家保罗·朗特斯基用意大利白色大理石雕刻而成，造价 150 万法郎。坐像底座还刻有取材于孙中山革命实践的六幅浮雕：正面一幅为"如抱赤子"，画面上的中山先生正悉心为患病幼儿治病；东面两幅是"出国宣传"和"商讨革命"，展现了中山先生早年奔走革命和创建同盟会的情形；背面一幅为"国会授印"，展现了辛亥革命后，议会向孙中山授大总统印的场面；西面两幅浮雕，一幅是"振聋发聩"，内容为中山先生正向民众宣传革命的道理；另一幅是"讨袁护国"，内容是孙中山发表演说，声讨袁世凯复辟帝制的倒行逆施。

祭堂内由法国雕刻家保罗·朗特斯基塑造的孙中山像

祭堂后壁正中是墓门，与墓室相通。墓门共有两重，第一重是美国造的两扇对开的紫铜保险门，门外用黑色大理石砌成外框，门额上镌刻孙中山先生为黄花岗烈士墓所题"浩气长存"四字。第二重门是单扇铜门，门上镌张静江所篆题"孙中山先生之墓"。

墓门后的墓室为直径 18 米、高 11 米的半球形封闭式建筑，墓壁共三层，外层用香港花岗石铺砌，中间是钢筋混凝土，内壁用妃色人造石贴面。墓室顶部用彩色马赛克镶嵌成国民党党徽，地面用白色大理石铺墁。墓壁上装置了日光灯，顶上装 8 个反光镜，借使墓室内保持柔和而充足的光线。墓室中央辟一直径 4.3 米、深 1.6 米的圆形大理石墓圹，墓圹外围四周有一圈白色大理石护栏。

石圹底部用白色瓷片铺地，正中的须弥座上为捷克雕刻家高崎历时一年零三个月雕成的汉白玉孙中山卧像。中山先生的遗体，用一具美国出产、造价 1.5 万两白银的铜棺盛殓，安葬在墓圹下 5 米深的长方形墓穴内。墓穴用花岗石铺底，四周砌隔墙。铜棺长 2.24 米、宽 0.8 米、高 0.65 米，

捷克雕刻家高崎用汉白玉塑造的孙中山卧像

前后两端的底侧有供抬棺用的铁制横栓。棺盖边还有启闭棺盖用的木旋。铜棺内四壁和底部，铺垫白色缎子制成的棉褥。

祭堂外西侧辟有边门，可通墓后花木扶疏的庭院，这里可见墓室圆拱形的外观。

中山陵虽历经近百年的风风雨雨，至今仍完好如初，充满了诱人的魅力。

东郊民国名人墓

在中山陵兴建的同时，孙中山先生葬事筹备委员会即有了在中山陵园内开辟祔葬场，用于安葬社会知名人物的构想。今分布于南京东郊、紫金山南麓的民国名人墓，正是这一理念的产物，也都是中山陵的重要组成部分。

韩恢墓

韩恢，字复炎，江苏泗阳人，同盟会早期会员，1922 年 10 月 28 日被江苏军阀齐燮元逮捕，11 月 1 日在南京小营被害，时年 35 岁。

1928 年 11 月 1 日，国民政府在南京第一公园烈士祠内举行了"韩恢烈士殉难六周年纪念大会"，将烈士遗骸从小营迁葬于南京市中山门外卫桥以东、距中山门约 1 公里的公路南边，韩恢成为最早入葬南京东郊的民国要人。韩恢墓坐南朝北，原本由牌坊、墓道、墓冢组成。入口是一座单门冲天式青石牌坊，横额上阴刻于右任手书的"烈士韩恢墓道"六字，字下刻国民党党旗与青天白日旗。石牌坊两侧立柱上镌刻于右任题写的挽联："杀身以成仁志在党国，崇封建华表永慰英灵。"东边立柱的内侧，还刻有一行小字："南京珍珠桥卢正兴石铺建造。"穿过牌坊，原来有一条长约 80 米、宽约 2 米的墓道，墓道尽头便是墓冢。原墓冢建造在石台上，平面呈半圆形，直径约 5 米。墓冢底部由石块砌筑一周，高约 0.6 米，其上堆筑高约 2 米的封土，周围松柏环绕。

与中山陵园范围内的其他民国要

韩恢烈士墓石牌坊

人的墓园相比，韩恢墓显得小而简陋。"文革"期间，韩恢墓园遭到了严重破坏。牌坊被推倒在地，残断成数块，坊额文字被铲去，墓道、墓冢满目荒芜，墓冢下的砌石也被洗劫一空。"文革"过后，由于墓园大部分地段被建筑挤占，致使1988年栖霞区人民政府修复、重建韩恢墓时，已无法恢复原有的墓道和墓冢。

韩恢墓现存唯一的原物是经修复在原位拼接起来的青石牌坊，于右任手书的"烈士韩恢墓道"也被重新镌刻于横额上。遗憾的是于右任手书的挽联因无迹可寻，遂以当代南京书法家刘浚川依照原文书刻其上。牌坊后即是新造的墓冢。

范鸿仙慕

范鸿仙，名光启，以字行。1906年加入同盟会。

南北和议，清帝退位，孙中山辞职，袁世凯被举为临时大总统。1913年3月20日，袁世凯刺杀了国民党领袖宋教仁，警醒起来的部分国民党人士在孙中山领导下发动"二次革命"。讨袁运动失败后，范鸿仙与孙中山东渡日本。1914年2月，范鸿仙受孙中山之命返回上海领导发动讨袁，为上海镇守使郑汝成侦悉，遂收买凶手，于9月20日凌晨将其刺死。

南京国民政府成立后，为表彰忠烈，于1935年追赠范鸿仙为陆军上将，并于1936年2月19日在南京第一公园内为其举行国葬。葬前举行公祭，蒋介石、于右任、冯玉祥、何应钦、李烈钧、柏文蔚、张治中等国府要员数百人前往致祭，于右任、王陆一等执绋，将灵柩运至紫金山东麓的马群五棵松墓地安葬。

范鸿仙墓原本规模宏大，包括墓冢、祭堂、碑亭和石坊等部分，并有于右任题写的"陆军上将范鸿仙之墓"石碑一通，可惜均在"文革"期间遭到严重破坏。1972年9月，民革中央原主席朱蕴山写了一封信请周恩来转呈毛泽东，述说了范鸿仙一生的革命业绩，指出他是旧民主主义革命的代表人物之一，希望将范鸿仙墓妥善保护。1973年4月，江苏省人民政府初步将范鸿仙墓的墓冢与墓碑予以修复。

范鸿仙墓

廖仲恺、何香凝墓

　　廖仲恺、何香凝墓位于紫金山西茅峰西南麓，坐北朝南，东毗明孝陵，西邻琵琶湖，前临燕雀湖，背依天堡城。墓区地势高旷，并广植松柏等名木。

　　廖仲恺原名恩煦，广东归善（今惠阳）人，1905 年参加同盟会，积极追随孙中山进行革命活动，是中山先生最得力的助手。1925 年 8 月 20 日，廖仲恺在广州国民党中央党部门口遭反动势力暗杀，遗体暂厝广州驷马岗。后国民党中央党部决定在南京中山陵附近为廖仲恺建墓，并于 1926 年成立了廖仲恺先生葬事筹备处。

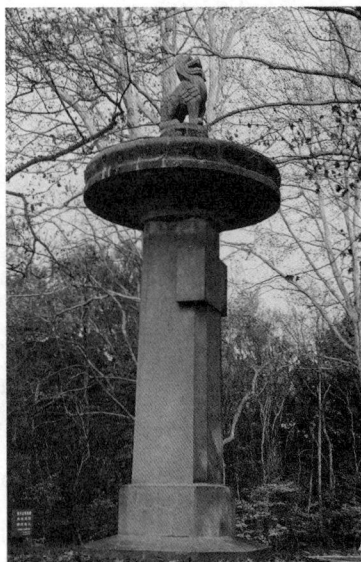

廖仲恺墓前的仿古石望柱

廖仲恺墓由著名建筑师吕彦直设计，墓地范围约 20 亩，依山就势建有卫士室、碑亭、华表、平台、墓冢等，气氛庄严肃穆。由于各种原因，廖墓工程拖延了十年之久，直到 1935 年，廖仲恺灵榇由广州运抵南京下葬之际，仅建成墓冢部分。至于其他设施，直至侵华日军占领南京之前，仍在修造之中。

进入廖仲恺墓的道路，自南而北分为左右两股，北进约 30 米处，筑东西对称的岗亭两所。过岗亭有一片开阔的广场，广场东西两侧分别矗立一座仿南朝帝王陵墓石望柱的华表，顶上置圆莲盖承小辟邪。华表南面辟有半圆形的平台，平台周围做成石椅，供谒陵者休憩。平台中心原本有一座八角形墓表亭，内置八块花岗石碑刻，碑上镌刻有胡汉民手书的廖仲恺生平履历，惜于 1972 年遭拆除。广场北端有门壁两堵，中有阶陛。拾级而上，为宽大笔直的水泥神道。神道尽头，有两层大平台。底层平台左右各建一混凝土仿木结构的方亭，左右方亭的底部分别辟有一个卫士室。

上层平台面积约 330 平方米，位居其上的墓冢呈半圆馒首形，高 7.5

廖仲恺、何香凝墓

米，直径 9 米，下半部作八角形，周边饰以 24 根水泥蜀柱。墓前石碑原本为林森题写的"廖仲恺先生之墓"，1972 年 9 月廖仲恺夫人何香凝合葬时，将碑文磨平改由廖承志题写为"廖仲恺何香凝之墓"。石碑前置雕饰精美的长方形供桌，墓冢后为半月形石砌护壁。

谭延闿墓

谭延闿，号无畏，湖南茶陵县人，辛亥革命爆发后，被举为湖南都督，此后一直追随孙中山。1925 年国民政府在广州成立，一度出任国民政府主席。1928 年任国民政府行政院院长。1930 年 9 月 2 日在南京去世，享年 52 岁。为表彰其勋绩，国民政府特设占地三百余亩的国葬陵墓于南京灵谷寺东侧。1931 年 9 月 11 日，国民政府为谭延闿举行国葬，蒋介石亲自执绋并主持祭礼。国葬典礼之后，即全面兴建谭延闿墓。

谭延闿墓的设计者为基泰工程司关颂声、朱彬、杨廷宝等人，建造者为申泰兴记及蔡春记等营造厂。为了使谭延闿墓呈现出与傍近的中山陵的雄伟气魄所不同的旨趣，建筑师们独具匠心，利用山水的天然条件，构筑了曲折幽深的神道，将谭延闿墓设计成富有江南园林风格的墓园。谭墓之清幽雅致，较中山陵的宏伟壮观，可谓各异其趣，相得益彰。1933 年 1 月 9 日，谭延闿墓举行了落成典礼，林森亲自主祭。

谭延闿墓的神道沿山坡迂曲而上，神道上依次建有龙池、神道石碑、广场、国葬命令碑、祭堂、方亭、华表、墓冢等。

位于谭延闿墓入口处路南的龙池，约 5 米见方，池周护以石栏，内壁镶置南北相向的一对螭首，一出水，一入水，池中泉水以有源头活水之故，终岁不涸。

龙池之北即谭延闿墓的汉白玉质龟趺神道碑，神道碑上原有蒋介石手书"谭公

蒋介石题刻的"谭公延闿之墓"神道碑

20世纪50年代被改题"灵谷深松"
四字的谭碑

延闿之墓",20世纪50年代初期受中央政务院令予以抹去,改由中山陵园管理处第一任处长高艺林所题写的"灵谷深松"四字所替代。龟趺神道碑后有立于树荫中的南湖石质牌坊一座。

经牌坊后约350米的弹石路神道,有小石桥一座。过桥为中心置花坛的椭圆形广场。广场南有一通高5米余、重约40吨的汉白玉纪念碑,此碑内容原先镌刻有谭延闿的生平履历,亦曾由高艺林改写成"泉声日色"四字。广场之北有三门汉白玉石坊,系用北京圆明园石料改制,牌坊左右柱上镌联:"凤翊鹰扬一代羽仪尊上国,龙蟠虎踞千秋陵墓傍中山。"山坡上还有一座汉白玉国葬命令碑,碑上原本镌刻1930年9月26日国民政府为谭延闿举行国葬的命令。

经过石坊,拾级而上,为一段约200米长的水泥神道,神道左侧为仿清官式建筑做法起造的重檐歇山顶、面阔五开间的祭堂,屋顶覆黑琉璃瓦,檐下柱枋均作油漆彩画,门窗亦饰按传统的菱花格子。祭堂内的主要梁柱骨架均为钢筋混凝土结构,外表则仿木构架形式。祭堂的天花枋梁、墙壁皆贴金粉绘,工笔画彩。祭堂正中原立有白色大理石围屏,惜已无存。祭堂设金山石祭台,东侧有极臻精美的汉白玉牡丹花坛。顺道而上,往东即通向墓冢。

谭延闿墓的墓冢位于祭堂后的高阜之上。墓冢呈圆形,皆用钢筋混凝土筑成。墓冢下的墓圹内置铜棺。墓前上下两级平台,周以栏杆,并置铜炉一对,墓冢前置雕饰精美绝伦的石供桌。石阶中部镶有九福云石一块,雕刻细致,颇饶古意。阶下配以两两相对的石狮、华表。据悉,谭延闿墓的这批石雕及广场周围的牌坊、石碑、牡丹花坛等,原均为北

位于祭堂后高阜之上的谭延闿墓墓冢

京昌平东北仙人洞附近的晚清重臣肃顺墓前遗物。稍前的左右两侧各有方亭一座，再前有花岗岩砌造的圆形鱼池，池壁斑驳，古意盎然。

谭延闿墓以钟山为屏，凭借原有林木规划布置而成，又充分利用了自然曲折的蜿蜒水系，在墓葬主体建筑与山径溪流之间，还点缀有浙江省政府在溪流两侧捐建的层叠无尽的园林小景，包括水亭、心亭、虹桥、临瀑阁、香竹芳纪念亭等，置身其间，绿树阴翳，泉声潺潺，最得深秀自然的世外桃源之趣。

邓演达墓

邓演达，字择生，广东惠阳人，保定军校毕业，历任黄埔军校教育长、国民革命军总政治部主任、湖北省政府主席等。1927 年蒋介石发动"四一二"反革命政变，杀害共产党人和革命志士。为此，邓演达和宋庆龄等在莫斯科共同签署和发布宣言，提出捍卫孙中山先生创导的联俄、联共、扶助农工的三大政策。1930 年邓演达回国后，成立"中国国民党临时行动委员会"，开展反蒋斗争。由于叛徒陈敬斋的出卖，邓演达等人在上海被捕，1931 年 11 月 29 日被秘密杀害于南京东郊麒麟门外沙子岗，时年 36 岁。邓演达被杀害的消息直到 12 月 5 日前后才从何应钦那里透露出来，他的哥哥邓演存及其生前好友和行动委员会的同志们于殉难处寻获遗体，置棺殡殓，他的同学好友淞沪警备司令陈铭枢题写墓碑碑文"故友邓择生先生之墓"。

1953 年春，时任江苏省副省长季方提议在紫金山南麓选墓址重新安葬邓演达，并亲自登山勘查，最后选定将灵谷寺东侧约 200 米处的国民革命军阵亡将士第二公墓旧址作为邓演达墓的墓址，从而形成以中山陵居中、廖仲恺与邓演达这两位国民党左派的墓陪侍左右的格局。邓演达墓的设计建造，利用灵谷寺东国民革命军阵亡将士第二公墓原有的半圆形高大围墙为屏障，于 1954 年交南京市房产局施工，至 1955 年落成。1957 年 11 月 29 日，值邓演达烈士殉难二十六年之际，将其遗骸从麒麟门外沙子岗迁葬于此。

邓演达墓坐北朝南，倚山而筑，占地面积 2800 平方米。主体由墓道、墓室、墓园三部分建筑组成。神道呈南北走向，系以混凝土平铺，长约 40 米，宽 6 米，北端跻阶而上即达墓冢平台。墓冢呈圆形覆釜状，高 4.5 米，直径 9.2 米，位于宽约 66 米、高约 3.5 米的平台正中。墓冢前竖立花岗岩石碑，碑座高 1 米、碑身高 4.8 米、宽 1.2 米。碑阳镌刻"邓演达烈士之墓"七个楷书大字，系何香凝题写，碑阴以隶书镌刻邓演达简历。墓道与墓冢两侧分布东西对称的两条曲廊，与墓冢平台相连接，曲廊尽端各建一方亭，曲廊与墓道之间辟为草坪。整个陵墓布局舒展、协调。

邓演达墓

国民革命军阵亡将士公墓与灵谷塔

国民革命军阵亡将士公墓及纪念塔（即灵谷塔）位于紫金山东麓的灵谷公园内。

1928年国民党二次北伐告成后，为安葬在北伐战争中阵亡的官兵，中国国民党中央执行委员会建议设立"建筑阵亡将士公墓筹备委员会"。经多次研究并实地勘查，于1929年9月第五次筹委会上决定，在灵谷寺旧址营建公墓。

公墓地址确定后，筹委会遂迁入灵谷寺办公，聘请各方面知名专家参加公墓的建设。著名的基泰工程司美国建筑师亨利·茂菲被聘为公墓建筑师，中山陵的监工工程师刘梦锡担任公墓监工工程师。筹委会先后召开了17次会议，经过周密规划、充分准备后开始动工营建。

工程从迁坟开始。当时的灵谷寺残破不堪，周围荒冢遍布，其中主要是太平天国时期阵亡将士坟墓。由于这些太平天国将士多为两广籍，筹委会决定请总理陵园代购山地15亩，拨给两广宾馆负责迁葬。

1931年3月15日，蒋介石在灵谷寺审阅了茂菲设计的公墓图纸，实地踏勘后，觉得茂菲所选无梁殿西侧第二公墓的地势太过低洼，并指示迁移至西南方向约200米的高岗上，但因高岗的地形狭窄，蒋介石又主张将第二、三公墓由规划设计的直径各400米改为各300米。全部工程由馥记营造厂承建，总造价92万元。

公墓为正南北向，共分三片，第一公墓居中，位于无梁殿后；第二、第三公墓分别在无梁殿东西两侧各约300米的小山丘上。在中轴线上，依次排列正门、牌坊、祭堂、纪念馆和纪念塔。其中，正门和祭堂分别由灵谷寺的山门与无梁殿改建，牌坊、纪念馆和纪念塔都是新建。

正门即灵谷寺山门，位于万工池北，改建时放大了尺寸，并在东西两侧各辟一边门，以通车马。正门原有蒋介石手书"国民革命军阵亡将士公墓"匾额，20世纪50年代由高艺林改题为"灵谷胜境"四字。

牌坊建于42级石阶之上，面阔五间，正面横额刻"大仁大义"四字，

国民革命军阵亡将士公墓"大仁大义"石坊

背面刻"救国救民"四字，均为张静江手迹。牌坊前左右两侧有一对石虎，是国民党陆军第十七军所赠。牌坊下承东西长 32.7 米、南北宽 16.6 米的台基。正门、牌坊与围墙共耗资 6 万元。

祭堂由灵谷寺无梁殿改建而成，殿内正中有三块高大石碑，嵌入三个大壁龛内，正中的一通碑上镌刻张静江题写的"国民革命军阵亡将士之灵位"，左碑刻蒋介石所书北伐誓师词，右碑刻陈果夫所书中国国民党中央执行委员会祭文。上述碑文均于 20 世纪 50 年代磨去，1981 年重修时，中碑文字内容改为"国民革命烈士之灵位"，左碑文字内容改为"中华民国国歌"，右碑文字内容改为"国父遗嘱"。祭堂四壁嵌有 110块太湖石碑，碑上镌刻阵亡将士姓名，全部碑文共 165000 字，由书法家倪幼耕等人书写，石工唐仲芳、尹铁苍、杨文卿、周梅谷等镌刻。当年祭堂修复竣工后，一度更名为"正气堂"，工程造价 12 万元。

第一公墓面积约 14 亩，内辟蛛网式水泥小道，分列大、中、小各式墓穴 1624 个，墓穴下部用砖砌，上覆水泥板，每一墓上均有小石碑一方。无梁殿东西两侧的第二、第三公墓，面积各为 10 亩，格局与第一公墓相同。当年的公墓造价共计 17 万元，由南京李新记营造厂承建。20 世纪 50 年代后，第一公墓被平毁，改为花圃、草坪，第二公墓改建为邓演达墓，第三公墓渐已荒芜。

纪念馆位于第一公墓正北，东西长 41.7 米、南北宽 19.7 米，分上下两层，钢筋水泥仿木结构，歇山顶，屋面覆绿色琉璃瓦，1933 年 2 月完工，由蒋介石题书"国民革命纪念馆"匾额，1936 年 10 月还曾在此举办全国童子军作品展览。20 世纪 50 年代初改名"松风阁"，由高艺林题写。

纪念馆（即松风阁）后原有梁朝高僧宝志的墓塔，称志公塔或保公塔。当年营建阵亡将士公墓时，对此塔的处置颇费踌躇，初拟原地保留以存古物，并派工程师刘梦锡主持整修维护工作。但在 1934 年 6 月 22 日"建筑阵亡将士公墓筹备委员会"召开第 29 次常委会时，仍决定将该塔拆迁至今址。志公塔拆除后，又继续发掘塔基，果然掘出一具小棺椁，外椁已腐朽，棺内有一石函，内贮陶钵一只，钵内瘗藏佛牙与宝志和尚的舍利，另有明洪武十五年（1382）礼部尚书刘仲质撰写的迁葬碑记一方，碑文记载了志公塔从明孝陵所在的独龙阜迁往灵谷寺瘗藏的经过始末。值此次再行迁葬之际，又重新做了一个石棺，将掘出的石函、陶钵、佛牙舍利全部置于石棺内，并重刻了一块迁葬碑记，于 1935 年 5 月 9 日迁葬于今址。工程拖延至 1941 年 10 月，始由日伪南京市政府募资完工。"文革"期间，这一新建的志公塔又遭到人为毁坏，佛牙、舍利被随意丢弃，幸有文物工作者做了一些力所能及的抢救性清理工作。根据塔基内发掘出土的文物，可知民国时期拆建志公塔之际，所掘出的瘗藏佛牙与宝志和尚舍利的陶钵，其实是一件圆形的有雕花器盖的南宋影青瓷香薰，可见志公塔的地宫早在宋代即曾被开掘过。

纪念塔（即灵谷塔）位于纪念馆后约 100 米处，由建筑师亨利·茂菲与董大酉设计，造价 35.5 万元。塔基部分为直径 30.4 米的大平台，正面陛石上长 5.8 米、宽 2.8 米的白色花岗石浮雕"日照山河图"，由图案专家刘福泰、陈之佛和美术家李毅士共同设计。塔身高 60 米，九级八面，为钢筋水泥架构，苏州花岗石贴面。塔底层直径 14 米，顶层直径 9 米，每一层都以绿色琉璃瓦覆顶，副阶周匝，可供游人凭栏眺望。塔心柱附设螺旋式扶梯，直上九层，共 252 级。

塔内外壁上嵌有诸多青石碑。其中，塔内第二至四层碑石镌刻于右

国民革命军阵亡将士公墓纪念塔——"灵谷塔"

任草书的孙中山先生北上之际在黄埔军校的告别辞，第五至八层的16块碑刻为吴敬恒篆书的1924年6月16日孙中山先生在黄埔军校的开学训词。塔外壁第一层碑石镌刻蒋介石所题"精忠报国"四字，第二层原有叶楚伧书写的蒋介石所撰《遗阡表》全文，第三至八层是蒋介石撰黄埔军校第一至六期同学录序，分别由戴季陶、张静江、钮永健、刘纪文、周伯年、杨生骥书写。以上第二至八层外壁上的碑刻，20世纪50年代初遭涂抹覆盖。现今所见第一层塔外正面的"灵谷塔"三字系高艺林所书，第一层塔外背面镌刻的"有志竟成"及塔东、西两侧分别镌刻的"成功"与"成仁"，均系傅焕光所书。

公墓的烈士营葬工作，早在施工如火如荼进行的同时，即已全面展开。入葬公墓的阵亡将士主要是北伐战争中阵亡的官兵，但因名额太多，公墓不可能全部容纳，经筹委会决定，采用代表葬的办法：即以师为单位，用抽签法抽定若干代表与副代表，再由筹备委员会派出墓地调查专员，分赴各地寻访这些阵亡将士代表、副代表的遗骸下落。抗战阵亡将士则包括1932年"一·二八"淞沪抗战及后来华北长城抗战的阵亡将士，合128具，以象征纪念"一·二八"之意。当时还在第一公墓北侧东西两端竖立一对作方尖碑形制的纪念碑，分别书写"第十九路军淞沪抗战阵亡将士纪念碑"和"第五军淞沪抗战阵亡将士纪念碑"，碑上文字在抗日战争时期被日伪破坏，但碑身至今尚存。华北长城抗战阵亡将士代表经抽签确定后，于1934年底入葬公墓。此外，公墓内也入葬了不少内战阵亡的官兵，如国民政府曾于1947年在阵亡将士公墓内建造了七十四师孟良崮战役殉国官兵纪念碑，但已于20世纪50年代被拆除。

为了美化公墓环境，公墓前的路口还由李新记营造厂承建了一座由刘梦锡设计的亭子，定名"灵响亭"，由叶楚伧题额。后又在无梁殿西侧高阜建造了一座砖石方亭，定名"进思亭"，由陈果夫题额。这两座亭子至今仍完好无损，但匾额均已不知去向。

阵亡将士公墓建成后，各界人士曾捐赠了不少纪念品，包括宋哲元所赠一对高4英尺的紫铜狮，张自忠赠送的一只高5英尺的紫铜鼎炉，顾祝同所赠瓷鼎并同十八军合赠的一

第十九路军淞沪抗战阵亡将士纪念碑

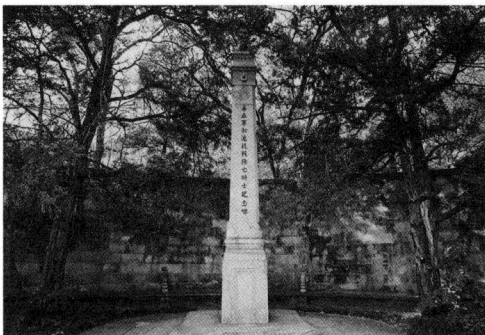

第五军淞沪抗战阵亡将士纪念碑

对周鼎，遗族学校及遗族女校赠送的香炉一只、烛擎一副，北平军分会所赠石狮一对，陈济棠所赠铜香炉一只，江西省政府所赠荷花瓷缸一对，商震所赠铜鼎一座，何键所赠锡鼎一座，万福麟所赠石鼎一对，吴忠信赠铜鼎一座，蒋鼎文赠铜鼎一座，李敬扬赠锡香炉一座，河北省政府赠景泰蓝瓷香炉一只、香烛一千五百件，十七军所赠石虎一对，四十一军所赠铜鼎一座，刘峙所赠铜鼎一座，刘镇华所赠石磬一只、铁花竹挂屏四条，二十路军指挥部所赠铜鼎一座，华侨招待所所赠银鼎一只，卫立煌所赠木质香炉一只，卢兴荣所赠银盾一只，行政院所赠银花圈一只，刘建绪所赠银鼎一只，陈仪所赠石鼎一只。林林总总，不一而足。这些纪念品，由于历经劫掠与破坏，除十七军所赠位于"大仁大义"牌坊前的一对石虎、大门口的北平军分会所赠的一对石狮和纪念馆后刘镇华所赠的一只石磬外，其余都已散失无存。

英名万古传飞将

——航空烈士公墓

　　建于 1932 年的航空烈士公墓，位于南京紫金山北麓王家湾东侧，是一座民国时期的空军公墓。

　　早在 1926 年广东革命政府出师北伐时，就在国民革命军总司令部下设立了航空处，抽调了一批飞机和飞行员参加北伐。1928 年初，国民政府在军政部下设立航空署，成立 4 个航空队，这些航空队在北伐和内战中，先后有一批飞行员阵亡。1931 年 8 月，航空署署长黄秉衡呈请在今灵谷寺国民革命军阵亡将士公墓附近拨地，募资建设空军公墓。蒋介石即令总理陵园考虑划拨地块，总理陵园以紫金山山南各地已有规划，遂改划紫金山山北王家湾现址五十亩地，作为空军公墓建设之用。航空署随即在政府官员及高级将领中进行募捐，共募得捐款 13290 元。空军公墓工程于 1932 年兴工动土，总造价估算约为 26000 元，先由捐款支付，不足之数由航空署改组的航空委员会拨付。

　　空军公墓建筑坐南朝北，依山势而筑，包括牌坊、左右两庑、碑亭、祭堂与坟场。作为公墓主体的坟场分左、中、右三区，左区有坟位 41 号，中区有坟位 190 号，右区有坟位 19 号。每座坟墓之间铺墁弹石路。碑亭中竖立汉白玉纪念碑，碑文由航空署署长黄秉衡撰文并书写，碑阴镌刻空军公墓捐款人芳名与捐款数额。

航空烈士公墓石坊

　　建成的空军公墓定于每年 3 月 29 日举行公祭公葬仪式，首批入葬的有 30 余人。此外，抗战前的一些在国民党航行教学飞行训练中失事丧生的飞行员，也一并葬入了空军公墓。

　　1937 年抗日战争爆发，南京沦陷前，又有一批在沪宁杭地区与日寇鏖战而壮烈牺牲的航空烈士被运到空军公墓。由于时局紧张，这些航空烈士包括击落 11 架敌机的空军英雄刘粹刚在内的 24 人，只是草草合葬于一冢之内，有的甚至还未及下葬。南京沦陷后，空军公墓的灵堂被日寇焚毁，一些未及入葬的航空烈士灵柩也遭殃及。

抗战胜利后的 1946 年春，国民政府征用日军俘虏整修了航空公墓以及由太平门至空军公墓的道路，并于 1946 年 3 月 29 日举行了抗战胜利后的首次公祭，蒋介石亲笔题赠了一副挽联："英名万古传飞将，正气千秋壮国魂。"公祭结束后，举行公葬，将在抗战中牺牲的乐以琴、方长裕、任云阁等空军烈士均迁葬于此。由于抗战中许多空军飞行员葬身各地，有的早已尸骨无存，因此迁葬工作只能分期分批地进行。而一些遗骨下落不明的空军烈士，则由他们的家属申请，亦得以在南京航空烈士公墓设立衣冠冢。

1947 年 3 月 29 日，又举行了抗战胜利后的第二次公祭、公葬典礼。第二次公葬大多是遗体下葬，安葬的空军烈士包括空军二大队大队长金雯、四大队大队长郑少愚等，还有在武汉空战中牺牲的 4 位苏联空军志愿队烈士，也迁入南京航空烈士公墓安葬。

1948 年 3 月 29 日，举行了抗战胜利后的第三次公祭、公葬，入葬的有在武汉大空战中牺牲的四大队大队长李桂丹等烈士。

20 世纪 50 年代后，南京的航空烈士公墓一度得到人民政府的妥善保护，一些烈士得到人民政府的追认，并得到人民政府颁发的革命烈士证书，享受烈士待遇。"文革"期间，在极"左"思潮冲击下，南京的航空烈士公墓遭到严重破坏，除牌坊幸存外，其余建筑均被拆毁，作为公墓主体的烈士坟场被悉数夷平。

改革开放以后，不少航空烈士亲属纷纷要求重修公墓。经中央批准，国家拨款 45 万元予以重修。修缮工程于 1985 年 7 月动工，至 1987 年秋基本竣工，大致恢复了航空烈士公墓的原貌。重修时，对不属于抗日烈士者一律不再立碑。

1985 年 8 月 14 日，江苏省和南京市各界人士在开始兴工的航空烈士公墓前，举行了新中国成立后的第一次公祭活动。1986 年清明和 1987 年 11 月 22 日又在航空烈士公墓举行过两次祭扫活动，省、市领导与各界人

士以及部分烈士亲属、学校学生前来祭扫，公墓成为后人进行爱国主义
教育的纪念地。

鉴于抗日战争中有大批美国和苏联的空军飞行员为支援中国的抗战
而英勇捐躯，一些有识之士在公墓修复以后，建议在公墓后部的山坡上
建造大型纪念碑，以纪念在抗日战争中牺牲的中国、美国、苏联和韩国
的所有空军将士，使公墓成为兼有纪念抗日战争胜利和世界反法西斯战
争胜利功用的纪念地。这一建议得到了社会各界和许多海外同胞的支持，
也引起了江苏省暨南京市人民政府的高度重视。建碑工程于1994年动工，
经过一年多的施工，终得以在纪念抗日战争胜利五十周年的1995年9月
3日举行了落成典礼。

南京航空烈士墓现有的建筑中，只有入口处的牌坊是原航空烈士公
墓仅存的一座建筑物。牌坊为钢筋水泥构筑，四楹三间，建于1932年，
设计者为邱德孝。牌坊正面横额上阴刻"航空烈士公墓"六个大字，两
侧楹柱的正、反两面分别楷书何应钦、蒋介石于1946年所题挽联，均为
已退休的中山陵园管理处职工刘维才重新书写。

由牌坊拾级而上，有亭翼然，中立青石碑，碑上刻"航空救国"四个大字，
字迹是1923年夏孙中山先生在"乐士文"号飞机试飞成功后为元帅府航
空局所题写。碑亭后登33级石阶而上为平台，平台上有祭堂一座。由祭
堂再向上越21级石阶，是一条横向的水泥步道，两侧各排列24座烈士墓碑，
其中美国烈士和苏联烈士各有4名。由此再向上登24级石阶，又有一条
横向步道，东、西两端各有一座白石砌筑的功德碑亭，亭内各有一块功德
芳名碑。东碑是1932年所置，记载了当年建造航空烈士公墓的捐款人姓
名、数目；西碑是1995年所置，记载了重建时的捐款人姓名、数目等。东、
西两座功德碑亭上的山坡之上，各有59座空军烈士墓。

烈士墓后的太平台正中矗立一座高15米的"抗日航空烈士纪念碑"。
纪念碑由两面笔直相交成锐角的巨碑组成，一面中文，一面英文，碑的
上端呈英文字母"V"形，象征着胜利。纪念碑下方有4组浮雕，表现了
中、美、苏空军将士奋勇杀敌的场景。

航空烈士公墓作为抗日英烈的纪念地，目前已经成为广大群众进行
爱国主义教育的重要场所。

主要参考资料

一、著作

南京博物院：《南唐二陵发掘报告》，文物出版社 1957 年版

〔日〕名古屋市博物馆、中日新闻社：《中华人民共和国南京博物院展》，大塚巧艺社 1981 年版

中国社会科学院考古研究所编：《新中国的考古发现和研究》，文物出版社 1984 年版

南京市政协文史资料委员会编：《中山陵园史录》，南京出版社 1989 年版

邹厚本主编：《江苏考古五十年》，南京出版社 2000 年版

明孝陵博物馆编：《明孝陵志新编》，黑龙江人民出版社 2002 年版

明孝陵博物馆编：《明孝陵史料汇编》，中国文史出版社 2008 年版

邵磊：《江苏名刹》，江苏人民出版社 2009 年版

南京市博物总馆、南京市考古研究所编：《南朝真迹——南京新出南朝砖印壁画墓与砖文精选》，江苏凤凰美术出版社 2016 年版

邵磊等编著：《江苏石像生》，江苏凤凰科技出版社 2017 年版

二、论文

南京市文物保管委员会：《南京江宁县明沐晟墓清理简报》，《考古》1960 年第 9 期

李蔚然：《南京富贵山发现晋恭帝石碣》，《考古》1965 年第 6 期

南京大学历史系考古组：《南京大学北园东晋墓》，《文物》1973 年第 4 期

南京市博物馆：《江浦黄悦岭南宋张同之夫妇墓》，《文物》1973 年第 4 期

南京市博物馆：《南京江宁县牧龙镇宋秦桧家族墓清理简报》，《东南文化》1988 年第 2 期

南京市博物馆：《南京西善桥南朝墓》，《文物》1993 年第 11 期

宁林等：《清道人与南京》，《南京史志》1997 年第 3 期

南京市博物馆等：《南京南郊六朝谢温墓》，《文物》1998 年第 5 期

南京市博物馆等：《南京南郊六朝谢琉墓》，《文物》1998 年第 5 期

南京市博物馆：《江苏南京市明黔国公沐昌祚、沐睿墓》，《考古》1999 年第 10 期

南京市博物馆等：《南京司家山东晋、南朝谢氏家族墓》，《文物》2000 年第 7 期

南京市博物馆：《江苏南京仙鹤观东晋墓》，《文物》2001 年第 3 期

南京市博物馆：《南京北郊东晋温峤墓》，《文物》2002 年第 7 期

邵磊：《南京象山东晋琅琊王氏家族墓地申报国家级文物保护单位文本》（初稿），2003 年

邵磊：《早期牌印制度的实物见证——记南宋荣州防御使印及印牌》，《四川文物》2003 年第 5 期

南京市博物馆等：《南京江宁上坊大型孙吴墓考古发掘的主要收获》，载《南京文物考古新发现》，江苏人民出版社 2006 年版

邵磊：《南京郑和后裔与郑和墓》，载《郑和研究之路》，海潮出版社 2006 年版

南京市博物馆：《南京市郭家山东晋温氏家族墓》，《考古》2008 年第 6 期

南京市博物馆等：《南京市湖熟镇窑上村汉代墓葬发掘简报》，《东南文化》2009 年第 4 期

邱敏：《略论陈作霖的南京地方史研究》，《南京晓庄学院学报》2009 年第 4 期

邵磊：《对南朝陵墓神道石刻研究的回顾与反思》，《南京晓庄学院学报》2010 年第 1 期

邵磊：《明代宦官杨庆墓的考古发掘与初步研究》，《东南文化》2010 年第 2 期

邵磊：《明黔国公沐昌祚墓辨讹及其相关问题——从沐朝辅妻陈氏墓志的发现谈起》，《东南文化》2011 年第 1 期

南京市博物馆等：《南京江宁陶吴春秋时期大型土墩墓发掘简报》，《东南文化》2011 年第 3 期

南京大学文化与自然遗产研究所：《南京梅花山区域文化资源调查勘探报告》，2011 年

王志高等：《南京祖堂山南唐 3 号墓考古发掘的主要收获及认识》，《东南文化》2012 年第 1 期

邵磊：《明黔国公沐睿墓辨讹》，《东南文化》2012 年第 4 期

南京市博物馆等：《南京市祖堂山明代洪保墓》，《考古》2012 年第 5 期

邵磊：《陈朝名将黄法氍墓志校正》，《东南文化》2015 年第 5 期

邵磊：《郑和与碧峰寺非幻庵——以非幻庵香火圣像记与非幻禅师塔铭为中心》，载《元氏及民族与边疆研究集刊》第三十辑，上海古籍出版社 2015 年版

邵磊：《礼乐崩沦之绪馀——黄法氍墓的考古发现与认识》，载《六朝研究》第一辑，江苏人民出版社 2018 年版

邵磊：《将相丰碑夹路衢——明代开国功臣墓浅析》，载《南京市博物总馆馆刊》，2018 年

后 记

2018年5月暑假刚开始的一个雨天，我携小儿去扬州冶春吃早茶，刚坐定，便接到南京出版社张龙主任的电话，让我写一册《南京历代陵墓》的书，并且是个急差，希望能在两三个月内就交稿。我在南京从事考古工作二十多年，大抵各个时期的墓葬都接触过不少，材料也比较熟悉，自忖写起来可能并不费劲。加之儿子这段时间对古代墓葬兴致正高，整天缠着问这问那，做这样一本书，让他一册在手，无形中也减免了我不少在书架边爬高上低的翻检之劳，于是不假思索便答应下来。

南京是十朝古都，历史悠久，人文荟萃，历代陵墓众多，即便是浮光掠影、蜻蜓点水般的介绍，恐怕也不是本书的篇幅能够容纳的，这就有必要做一些取舍，至于取舍的原则不外两点：其一是陵墓本身有价值，这个价值可以是艺术价值，也可以是学术价值；其二是陵墓本身要有迹可循，如果有迹可循之余，还可游可赏，那就更好了。

有必要说明的是，本书涉及的南京历代陵墓，有不少我都参与了调查、发掘，并整理过发掘简报或撰写过相关的论文，有的则在我历年参与编纂的图书中曾有涉及，借这次机会又或多或少地融入了一些新的思考与认识。

在本书撰写过程中，曾在南京市博物馆考古部共事的岳涌、陈大海、许志强、王宏、李翔、骆鹏、周保华诸位，都给予我力所能及的帮助，我现在的同事郦英南、钱观也协助整理了不少资料。南京出版社卢海鸣社长与张龙、徐智两位编辑在全书的框架结构与篇目设置方面也费了不少心思。在此，一并致以我由衷的感谢。

邵磊 识于南京朝天宫飞霞阁